本丛书得到何东先生独资赞助

This series of books is financially supported only by Mr. Eric Hotung .

20 世纪中国文物考古发现与研究丛书

旧石器时代考古

王幼平 / 著

文物出版社

《20 世纪中国文物考古发现与研究丛书》编辑委员会

学术顾问　　启　功　宿　白　朱家溍
　　　　　　傅熹年　李学勤　李伯谦

主　　编　　张文彬
执 行 主 编　　朱启新

编辑办公室　　刘曙光　宋新潮　王立梅　周　成

一　北京猿人遗址

二　北京猿人第一个头盖骨
　　（模型）

三 小长梁遗址远眺

四 澧水流域大尖状器

七　鸡公山遗址下文化层生活面

八　穿洞遗址

20世纪中国文物考古发现与研究丛书

序 / 张文彬

　　俗称"锄头考古学"的田野考古学的诞生以及中国考古学学科体系的基本完善，由此而引起的古物鉴玩观赏著录向科学的文物学的转变，是20世纪中国学术与文化界的大事。它从材料与方法两个方面彻底刷新了持续了数千年之久的中国古代史学传统，不但为中国学术界和文化界开拓出更加广阔的研究天地，也为一切关心中华民族悠久历史和灿烂文明的人们不断地提供了可贵的精神滋养和力量源泉。

　　仰古、述古、探古，进而考古，向来为我国传统文化中一个明显的学术特点。先秦时期诸子百家发其端，汉代司马迁撰写《史记》，北魏郦道元作注《水经》。他们对相关的遗迹遗物，尽可能地做到亲自考察和调查，既能辨史又可补史。这种寻根追源的治学态度，为后世学术上的探古、考古树立了榜样。此后，山河间的访古和书斋式的究古相继开展，特别是对古器物的研究，成了唐、宋时期的文化时尚。不少学者热衷于青铜铭文、碑刻、陶文、印章等古文字的考释，进而有了对器物的辨伪鉴定、时代判断、分类命名等，逐渐兴起了一门新的学问——金石学，涌现出许多著名的古器物鉴赏家和收藏家。只是囿于当时的历史条件，金石学家们无法了解所见文物的出土地点和情况，也难以涉及史前时代漫长的演进历程，因而长期以来始终脱离不了考证文字和证经补史的窠臼。即使如此，他们的艰辛努力和取得的成绩，还是为推动我国传统文化的发展起到了积极作用，并且在事实上也为中国考古学和中国文物学的起步铺设了最早的一段道路。

20世纪初，近代考古学由西方传入。中国学者继承金石学的研究成果，学习并运用西方考古学方法，开始从事田野考古，通过历史物质文化遗存，探寻和认识古代社会，揭示人类社会发展规律。早在1926年，中国学者就自行主持山西南部汾河流域的调查和夏县西阴村史前遗址的发掘。随后，我国学者同美国研究机构合作，有计划地发掘周口店遗址，发现了北京猿人。从1928年起至1937年，连续十五次发掘安阳殷墟遗址，取得了较大收获，引起了国内外学术界的重视。自20世纪50年代以后，随着国家大规模经济建设的进行，田野考古勘探、调查和科学发掘工作在全国范围内蓬勃有序地开展，许多重要的典型遗址和墓地被揭露出来，重大发现举世瞩目。它们脉络清晰，层位分明，文化相连，不仅弥补了某些地域上的空白，而且衔接了年代上的缺环，为研究中国古代史、文化史、科学史以及其他学科领域，提供了珍贵、丰富的实物资料，极大地影响着人文社会科学诸多学科专业的研究与发展。这段时间被学术界称为中国考古学的黄金时代。在马列主义理论指导下，具有中国特色的考古学理论体系和方法论逐渐形成。有关研究成果不仅极大地改变和丰富了人们对中国文明起源、中国古史发展等重大问题的认识，同时也扩展了中国文物的研究领域和研究方式。可以说，考古学的发展与进步，直接影响到文物学的形成与发展，而且影响到全社会对文化遗产重要作用的认识以及世界学术界对中国古代文明的重新认识。

从20世纪80年代开始，文物界就中国文物学的创立，逐渐取得共识，在共同探讨的基础上，初步形成了学科体系。不少学者发表了有关论文，出版了专著，就文物的历史价值、科学价值、艺术价值以及在社会主义的物质文明与精神文明建设中如何对文物进行有效保护、合理利用发表意见。这些研究成果已获得学术界的赞同。

在这世纪之交和千年更替之际，对中国考古学和中国文物事业作一次世纪性的回顾和反思，给予科学的总结，是许多学者正在思考和研究的问题。如果能通过梳理20世纪以来重大发现和研究成果，透视学科自身成长的历程，从而展望未来发展的方向，以激励后来者继续攀登科学高峰，无疑是一件很有意义的事。为此，经过酝酿、商讨和广泛征求意见，我们约请一批学者（其中有相当多的中青年学者）就自己的专长选择一个专题，独立成篇，由文物出版社编辑出版一套《20世纪中国文物考古发现与研究丛书》，并以此作为向新世纪的献礼。

从某种意义上说，《20世纪中国文物考古发现与研究丛书》是一套学科发展史和学术研究史丛书。其内容包括对20世纪考古与文物工作概况的综合阐述；对一些重要的考古学文化和古代区域文化研究情况的叙述；对文物考古的专题研究；对重要的文物考古发现、发掘及研究的个例纪实。

此套丛书的内容面广，而且彼此关联。考虑到各选题在某些内容上难免会有重叠或复述，因此在编撰之初，我们要求各选题之间互有侧重，彼此补充，以期为读者了解 20 世纪中国考古学和文物学的发展提供更多的视角。

我国的文物与考古工作，虽在 20 世纪得到了迅速发展，但仍有许多重大学术问题需要进一步探索。我们主持编辑这套丛书，除了强调材料真实，考释有据，写作态度严谨求实外，也不回避以往在工作或研究上曾经产生的纰漏差错和不足之处，以便为今后的工作和研究提供借鉴。虽然我们尽了很大努力，但限于水平，各篇仍很难整齐划一。其不周之处，敬请专家、学者和广大读者批评指正。

在丛书编印过程中，我们得到了文物、考古界的广泛支持。何东先生在出版经费上给予了热情帮助。在此，一并深表感谢。

2000 年 6 月于北京

目　　录

插 图 目 录

前言

　　在历史悠久的中华文明之前，还有更古老的人类生活在中国大陆。从已经发现的证据来看，早期人类在我们这块土地上至少已经生存了上百万年。他们创造了辉煌的中国旧石器时代文化，书写了中国史前史上最古老的篇章。与有文字的历史相比，中国旧石器时代的历史更为漫长。谁是我们最早的祖先，他们怎样生活在中国这块土地上，寻求这些答案一直是中国旧石器时代考古学者在 20 世纪孜孜不倦的追求。

　　在中国大陆探索远古人类及其文化还有着重要的意义。中国位于欧亚大陆的东部，幅员辽阔，自然地理条件优越，是世界上最适合早期人类生活的地区之一。由于新构造运动而不断隆起的喜马拉雅山与青藏高原，自第三纪晚期，尤其是第四纪初期起，将中国大陆与旧大陆西部逐渐分开，造成一个相对独立的自然地理单元和面积巨大的东亚季风区，在第四纪的更新世期间形成独特的自然环境。当时，这里北邻东北亚，通过白令海峡与北美洲相连；南接中南半岛，通过南洋群岛，可以直抵澳洲。所以中国大陆又是早期人类及其文化迁徙、交流的重要十字路口。因此，探讨早期人类在中国境内繁衍生存的历史以及旧、新大陆和澳洲早期人类之间交流的情况，则是中国旧石器时代考古所要承担的另一项重要任务。当今世界史前考古学领域的几项重大课题，无论是认识早期人类起源与现代人类起源，还是农业起源等问题，也都无法离开中国旧石器时代考古学的贡献。

　　人类对自己来源的追寻由来已久。早在文字产生之前，就有各种关于人类起源的传说。中国有女娲氏抟土造人的故事；基督教的《圣经》也有上帝用泥土造人之说。一直到18世纪的后半期，上帝造人之说仍然在欧洲占有绝对的统治地位。但在资产阶级革命的胜利和工业革命开始以后，西欧各国大兴土木，在修筑铁路、公路，扩建城市，开采地下矿藏等工程中，各地河流堆积和洞穴的古老地层中不断有人类骨骼与已经绝灭动物的遗骸等同时发现。这些现象引起地质学者的注意，人类遗骸、文化遗物和绝灭动物的共存关系，证实了远古人类的存在。众多的史前遗址和文化遗存的发现，为人们研究史前文化提供了丰富的资料。正是在这种情况下，人类开始了系统地探索自己祖先的工作。

　　寻找我们祖先的工作在中国境内开始于20世纪初期。1920年，法国古生物学家桑志华在甘肃庆阳县城北的黄土地层中发现了一件人工打制的石核和两件石片。这是中国首次有地层记录的旧石器时代的石制品。中国旧石器时代考古学史上早期最重要的事件是北京猿人遗址的发现与发掘。1929年发现了北京猿人的第一个头盖骨，震动了世界学术界。此前，虽有东南亚爪哇人的发现，但其在人类演化系统中的地位尚未得到学术界的承认。北京猿人及其石器与用火痕迹的发现，使直立人的存在得到确认。北京周口店发掘的意义不仅在发现本身，而且还在于培养了中国第一代旧石器考古学家，奠定了中国旧石器时代考古学的基础。从此开始，经过八十年的发掘与研究工作，积累了大量的关于中国早期人类及其文化的资料。

　　到目前为止，在中国境内已经发现了从直立人到晚期智人等不同早期人类发展阶段的很多人类化石。直立人化石中有时代比北京猿人更早的蓝田猿人，时代与蓝田猿人大致相当的郧县人，时代较晚的和县人以及几年前发现的南京汤山人。这些都是保存比较完整的直立人头骨化石。除此以外，发现零星的直立人化石的地点更多，如云南元谋、湖北郧西与建始、河南淅川与南召、山东沂源等地。属于早期智人阶段的发现也很丰富。其中包括时代较早、从直立人向智人阶段过渡的辽宁金牛山人和陕西大荔人等，都是保存完好的头骨化石。另外，南方的安徽巢县人、广东马坝人、湖北长阳人以及北方的山西许家窑与丁村人等也是此阶段很重要的发现。晚期智人阶段的发现更为丰富，重要的有北京周口店的山顶洞人、广西柳江人及四川资阳人等保存完好的头骨化石。发现零星化石的地点更多于前两个阶段，分布范围也更广泛。

　　与上述各阶段相应的旧石器时代文化的发现更为丰富。时代最早的发现有云南元谋与陕西蓝田等地，还有近几年刚发现的材料十分丰富的河北阳原泥河湾盆地诸地点。以北京猿人文化为代表的中更新世的旧石器文化进入了更为繁荣的时期，已发现的地点从东北南部的辽宁庙后山一直分布到华南的广西百色盆地，文化内容也更为丰富。与早期智人相应的旧石器时代中期文化的主要代表有许家窑、丁村文化等。这是一个承前启后的发展阶段。晚期智人更创造了旧石器时代文化辉煌的顶峰。这一时期的重要发现有北方地区的萨拉乌苏、峙峪、山顶洞、小南海以及泥河湾盆地与晋南的细石器诸地点；南方则有四川盆地、云贵高原、岭南地区的许多发现。

　　这些人类化石与文化遗存的发现将中国历史上溯到百万年以上，同时也丰富了世界史前史，为研究早期人类及其文化的起源与发展提供了不可缺少的资料。

从 1920 年中国第一件出自地层的旧石器被发现开始，中国旧石器时代考古已经走过八十年的发展道路。如果从 20 世纪初的零星发现开始计算，中国旧石器时代考古的历史则已近百年。无论按照哪种算法，中国旧石器时代考古的发展都与 20 世纪的历史进程密切相关。在这个世纪里，它经历了从诞生、发展到逐渐走向成熟等不同的发展阶段。值此世纪之交，回顾中国旧石器时代考古在 20 世纪的历史贡献，审视本学科所走过的发展道路，是一件很有意义的事情。

综观 20 世纪中国旧石器时代考古在不同时期的发展过程与工作特点，可以看出五个比较明显的发展阶段：从 20 年代或更早开始，到 40 年代末，是本学科的开端或者称初创阶段。这一时期，中国旧石器时代考古由西北地区黄土高原的探索而揭开序幕。进而有举世闻名的周口店北京猿人与山顶洞人及其文化的发现。北京人、河套人与山顶洞人的发现是中国旧石器时代考古起步时期的三部曲，奠定了学科发展的坚实基础。50 年代到 60 年代初期，是一个承前启后的阶段。这一阶段的工作从继续周口店的发掘与研究工作开始，配合当时大规模的基本建设工程，把旧石器时代考古的发掘与研究工作逐渐推展到华北地区。60 年代中期到 70 年代末，是中国旧石器时代考古进入蓬勃发展的时期。这一时期先后在华北、西北、西南及东北地区发现数量众多的旧石器时代不同阶段的文化遗存，为中国旧石器文化编年框架的确立奠定了坚实的基础。80 年代是丰收的十年。在此期间，无论是旧石器时代遗址的发现与发掘工作，还是古人类与旧石器文化的综合研究以及理论与方法的探索，都取得前所未有的丰硕成果。在此基础上，中国远古人类及其文化的发展模式问题得以提出。90 年代以来，则是本学科逐渐走向成熟，进入继续发展的新阶段。

　　本书的目的是对 20 世纪中国旧石器时代考古进行简要回顾。以下将按时间顺序分别介绍这一世纪中国旧石器时代考古的主要成就与发展特点。

一 摇篮三部曲

（二十年代—四十年代末）

尽管从本世纪初开始，就零星有过关于早期人类化石或旧石器的报道，但有明确地层关系的发现却姗姗来迟，一直等到20年代初，才有西北地区黄土地层中石制品的发现。从1920年6月在甘肃庆阳发现旧石器开始，一直到40年代末期，是中国旧石器时代考古所经过的最初的发展阶段。在此期间，旧石器时代考古学在中国经历了从无到有的发展。虽然当时从事这项工作的人员很少，条件有限，但依然取得了令世人瞩目的成果。从20年代初发现的"河套人"及其文化，到20年代末至30年代相继发现的北京猿人与山顶洞人和他们丰富的文化遗产，奏出了中国旧石器时代考古初创阶段辉煌的三部曲。在即将跨入新世纪的今天，这些半个多世纪前的发现仍然是中国乃至世界史前史上令人难忘的篇章。

（一）西北地区最初的探索

1. 最早的发现与工作

由于历史原因，最早注意收集中国境内远古人类化石与旧石器的主要是一些西方学者。他们多不是专门的考古学者，而是由于传教、旅游或受雇于当时的中国有关机构，才有机会到中国各地旅行，并接触到远古人类化石与文化遗物的。1903年，德国古生物学家Schlosser, M. 记述的似"人"的牙齿，就是当时一位在华行医的德国医生从中药铺买来的[1]。这是最早见诸报道的中国早期人类化石。

最早发现有明确地层关系的旧石器则要晚到 1920 年 6 月。当时，法国天主教神甫、古生物学家桑志华（E. Licent）在甘肃庆阳县城北 55 公里辛家沟（今属华池县）的黄土层中部，发现 1 件人工痕迹清楚的石英岩石核。8 月，他又在庆阳城北 35 公里处赵家岔（今亦属华池县）的黄土底部砾石层发现了另外 2 件石英岩石片[2]。这两处发现证实了中国境内同样存在着旧石器时代的遗物，打破了一些西方学者关于中国没有旧石器的说法。

1922 年夏天，桑志华将工作的范围扩大到河套地区。在萨拉乌苏河流域调查时，发现了陕西省靖边县小桥畔村以北到内蒙古乌审旗大沟湾一带的含动物与人类化石的地点。次年，桑志华与另一位法国古生物学者德日进（Teilhard de charlin, P.）在河套地区进行了更广泛的调查，并在宁夏灵武的水洞沟和前述的萨拉乌苏进行了发掘。在水洞沟附近还发现有 5 处旧石器地点，采集了大量的旧石器和一些哺乳动物化石，并发现有用火遗迹。在萨拉乌苏也有动物化石与石制品的发现[3]。

在随后进行的室内研究中，德日进从 1922 年在萨拉乌苏采集的一批动物化石中意外地发现了 1 枚石化程度很深的儿童上门齿。这枚牙齿由当时在北京协和医院解剖科工作的加拿大籍学者步达生（D. Black）研究后，定名为"河套牙齿"（the Ordos Tooth）。后来所称的"河套人"即是以此为代表的[4]。

上述发现由桑志华、德日进、布日耶（Breuil, H）及步勒（Boule, M.）等人进行了研究，研究成果发表于 1928 年出版的法文版《中国旧石器文化》（Le Paléolithique de la China）。

布日耶等人认为，水洞沟与萨拉乌苏发现的旧石器与欧洲旧石器相比，既有与莫斯特文化相似之处，亦有与旧石器时代晚期最初阶段的奥瑞纳文化接近的地方，其时代当处在由前者向后者发展的过渡阶段。40 年代前后，裴文中先生将这些发现统称为"河套文化"[5]。

在 1929～1931 年期间，德日进还曾与中国古生物学家杨钟健到山西、陕西、内蒙古、甘肃与新疆等地进行新生代地层考察，也采集到石制品。其中包括发现于黄土与黄土底部砾石层的几十件旧石器[6]。这些与后面将要介绍的北京周口店地区的发掘与研究是中国旧石器时代考古起步阶段的主要工作。萨拉乌苏与水洞沟则是中国旧石器时代考古最早进行正式发掘的两个地点。

2. 萨拉乌苏的发现与研究

萨拉乌苏其实是河流的名字，也称红柳河，是黄河支流无定河的上游，发源于陕西省西北的白于山北麓，向东北流入内蒙古境内，横贯乌审旗的南部。陕西靖边县小桥畔村到内蒙古乌审旗的大沟湾一带，地势平坦，河谷弯曲。由于河流的侵蚀，出露了一套厚达数十米的湖相堆积，这套堆积系由细砂、淤泥和风成沙丘构成。人类化石和文化遗物主要埋藏在距地表深 45 米左右的下部地层中。1922 年夏天，桑志华首次来到此地，在当地的蒙古族村民王斯究克的指引下，找到了含动物化石的地点，并在地表采集到 3 件石化程度很深的人类化石。次年，桑志华与德日进在此进行了正式发掘。出土的遗物有动物化石、人类化石与石制品等，研究结果发表于 1928 年[7]。

这次发现的石制品共 200 多件。石制品多以黑色或灰黑色硅质岩砾石加工而成，也有一些褐红色、灰白色或灰绿色的石

英岩砾石。由于原料本身的体积很小，所以仅有一件长度超过
5 厘米的刮削器，其余均为细小的石制品。石器种类包括刮削
器、尖状器与雕刻器等。原研究者认为，其中的尖状器与欧洲
旧石器时代的莫斯特尖状器相似，刮削器也可与欧洲的莫斯特
和奥瑞纳文化中的同类制品相比。不过在 40 年代前后，裴文
中先生经过仔细研究后则认为，由于原料不同，加工方法有区
别，石器类型也不相同，所以萨拉乌苏的石器工业性质很难与
欧洲的旧石器文化相比[8]。

　　20 年代在萨拉乌苏及其附近发现的动物化石也非常丰富。
其中的哺乳动物多达 33 种，鸟类 11 种。个体的数量也很多，
仅在邵家湾地点发现的羚羊角即有 300 多个[9]。人类化石则仅
有前述的一枚八九岁儿童的左上外侧门齿和地表采集的 3 件肢
骨。

　　萨拉乌苏丰富的发现一直受到中外学者的关注。从 50 年
代开始，我国学者在该地区陆续进行过多次考察和发掘工作。
经过 1956～1960 年、1963～1964 年、1972 年、1978～1979
年和 1980 年的工作，已经发现的石制品的总数达到了 500 多
件，人类化石的数量为 23 件，动物化石的种类增至 45 种[10]。

　　新发现的石制品与 20 年代的发现基本一致。在 1980 年范
家沟湾地点的发掘中，所获的石制品有 130 多件。其中也仅有
一件刮削器的长度超过 5 厘米。多数石器的长度在 2～3 厘米，
宽度在 1 厘米左右。从总体看来，萨拉乌苏石器工业的突出特
点是细小。边刮器是其最主要的工具，形式也较复杂，可分为
直刃、凹刃与复刃等。端刮器也已出现，并且修理细致，形态
典型。尖状器的数量虽然有限，但也可分为不同类型。雕刻器
则很少见到，加工亦不典型。从石制品的特征观察，打片与修

理应主要是锤击法。加工石器的毛坯主要是从石英岩或硅质岩砾石上直接剥取的小石片。石器的修理痕迹非常细小，有些与压制技术的特征很相似。不过，并没有发现间接打击法生产的细石叶与细石核。

随着所发现的人类化石的增多，对河套人的体质特征也有更多的了解。从已发现的化石看，河套人很接近现代人，但仍保留一些原始性质，如头骨骨壁较厚、下颌骨较粗壮、牙齿比较粗大、股骨骨壁很厚、髓腔很小等。这些原始性状，说明河套人属于晚期智人。河套人的门齿舌面呈铲形，并有印加骨存在等特征，则与现代蒙古人种一致[11]。

在萨拉乌苏的几个地点都发现数量较多的带有部分头骨的羚羊角芯，还有一些截去枝杈而只保留基部和部分主干的鹿角。在萨拉乌苏发现的哺乳动物种类还有诺氏古菱齿象、野驴、野马、披毛犀、普氏羚羊、河套大角鹿、原始牛、王氏水牛、赤鹿、纳玛象等。在这个动物群中，食草类占的比例最大，说明当地的环境应以草原为主。而水牛与象类化石的发现，又说明当时的气候是比较温暖、湿润的，应有树林和水域的存在。结合近些年来绝对年代的测定结果来看，萨拉乌苏的时代为距今 4 万年左右，是最后冰期最冷峰之前的间冰阶，因而气候比较温和湿润。

从萨拉乌苏的绝对年代数据看，它正处于旧石器时代的中、晚期之交。就文化性质来看，有学者认为它较多地继承了周口店第一地点及许家窑等北方地区早、中期小石器工业传统的文化因素，但也具有某些旧石器时代晚期的文化特点，如可能有间接技术的使用以及典型的端刮器的出现等。这些特点应是其时代与环境等多种因素综合影响的结果。

3. 水洞沟

虽然萨拉乌苏被发现的时间更早，但水洞沟遗址的发掘时间却先于前者。1923 年 5 月开始，桑志华与应邀前来中国的法国学者德日进在河套地区进行了历时三个多月的考察与发掘。他们经过包头、石嘴山，到银川东渡黄河后，在灵武县横山沿长城东进途中，在水洞沟小店以东 14 公里处的黄土断崖上发现一条黑色的灰烬层，灰烬中含有石制品与破碎的动物骨骼。桑志华与德日进首先在此进行了重点发掘，在 80 多立方米的文化堆积中清理出的石制品重达 300 多公斤，有石核、石片与石器。同时还发现许多动物化石，包括野驴、犀牛、鬣狗、羚羊及鸵鸟蛋皮等。灰烬层及其所含的遗物，说明这里应是一处旧石器时代的营地遗址。另外在附近不到 1 公里的范围内，还发现 4 处旧石器地点[12]。虽然都不及前者丰富，但所发现的石制品也具有同样的文化特征，应是同一时代的产物，也许就是同一遗址的不同部分。

水洞沟遗址的地层情况比萨拉乌苏要简单。德日进等将其划分为 3 层：上层为黄土时期以后的河湖相堆积层；中层为第四纪黄土及其以下的底砾层；下层为蓬蒂纪即上新世红色土层。50 年代以后，裴文中[13]、贾兰坡等先生[14]及宁夏博物馆等单位[15]也曾先后在水洞沟进行工作，对地层进行了更详细的划分。但总体说来仍可与早期所划分的三个单元相对应。上部为含新石器时代遗物的全新世地层；中部为旧石器文化层；下部为更早的堆积。含旧石器文化的堆积为灰黄色的黄土状粉砂层，距地表深约 12 米，厚约 0.5 米。

水洞沟文化遗物主要是石制品。石器原料为来自附近底砾层的砾石，岩性包括白云岩（早期鉴定为硅质灰岩）、石英岩与燧石等，还有少量的玛瑙块。锤击法、砸击法和间接打击法在打片时均有使用，但以锤击法为主，并广泛地使用修理台面的技术。打片有一定的程序，利用形体规整的长方体石核、盘状石核来剥取石叶及三角形石片。在锤击石核中还出现了"似柱状"和"似楔状"石核，可以剥下与细石器工业相同的产品。砸击法使用不多。

水洞沟的石器工业包括了大量的石叶和三角形石片及以它们为毛坯加工的石器。石器类型有尖状器、端刮器、凹缺刮器、各类刮削器（包括单边直刃、双边直刃和半月形等），还有雕刻器和钻具等。尖状器的数量较多，修理细致，采用"指垫法"，形状规整，依形状可分为正尖与角尖两类，还发现了尾部经过修理的类型，可能是为装柄所用。端刮器的数量很多，分长身和短身两式，长身类修理精致，疤痕平远，排列整齐，刃口匀称（图一）。各类刮削器也都修理得很仔细，形状规整，显然与毛坯的形状有关。在各类经过有意修理的石器之外，还有数量相当多的石叶断片，研究者推测其中至少有一部分是用作复合工具的镶嵌"刀片"的。

骨器类仅有骨锥 1 件，残长近 60 毫米，上端较尖，周围有磨制的痕迹，锥身不圆，下端残破，系斜向劈开，器身不规整。装饰品类有鸵鸟蛋皮装饰品 1 件，器身略呈圆形，横径 16.4 毫米，长径 18.9 毫米，周围有单面磨光的痕迹，中间系一人工穿孔，圆形，系刮制而成，发现时，孔周围残留有红的颜色。

遗址绝对年代的测定有 ^{14}C 与铀系法等几个不同的数据。对哺乳动物化石、沉积物粗黏土矿物、植物孢粉等的分析说明，水洞沟文化时期当地所处的是年均气温在 0 度以下，降水

图一　水洞沟文化遗物

（据贾兰坡等，1964）

　　1、2. 尖状器

　　3. 鸵鸟蛋皮装饰品

　　4～6. 端刮器

　　7. 边刮器

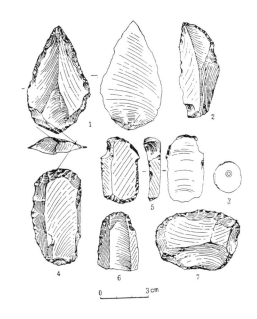

量在 100 至 300 毫米之间的荒漠草原环境[16]。这种环境说明，此时应处于末次冰期最冷期，所以[14]C 测定的结果距今 2 万年左右可能更接近遗址的实际年代。

　　水洞沟旧石器自 20 年代被发现时起，就一直受到中外学者的关注。布日耶在研究后认为，水洞沟文化介于发达的莫斯特文化与早期的奥瑞纳文化之间，或者是两者的混合体。博尔德（F. Bordes）在重新观察了这批现存于巴黎的古生物与人类研究所（Institut de Paléontologie Humaine）的材料后也认为，水洞沟文化是一个给人印象极深的非常发达的莫斯特文化，处于旧石器时代中期向晚期过渡的阶段。不过他又进一步指出，从整体看来，该文化与西方的关系并不深。关于水洞沟文化的来龙

去脉，目前还不完全清楚[17]。有学者认为是由当地较早的旧
石器文化发展而来的，也有学者认为是文化交流的产
物[18][19]。在数量众多的北方地区的旧石器时代晚期文化中，
像水洞沟遗址这样有勒瓦娄哇—莫斯特技术与石叶并存的文化
类型还不多见。虽然有的研究者将呼和浩特平原南部的黄河河
谷地带发现的一些采集品也归入这一类型，但由于没有经过发
掘工作，缺乏详细的地层关系材料，尚难作进一步的分析。

（二）北京猿人遗址的发现与研究

北京猿人遗址位于北京西南 48 公里的周口店龙骨山，发
现于 1921 年，1927 年开始正式发掘，1929 年发现了第 1 个完
整的直立人头盖骨化石。在此后一直到 1937 年抗日战争开始
时的发掘中，又相继发现 4 个较为完整的头盖骨及下颌骨、牙
齿、肢骨等人类化石和大量的文化遗物。不幸的是，这些珍贵
的化石在 1941 年 12 月太平洋战争爆发前后下落不明，成为举
世闻名之谜。从 1949 年开始，经 1951 年、1958～1960 年及
1966 年的发掘，先后又发现了一些人类化石、文化遗物及动
物化石。丰富的人类化石、数以万计的石制品和大量的用火遗
迹使得周口店北京猿人遗址成为辉煌的世界历史文化遗产。北
京猿人遗址的发掘与研究，是 20 世纪中国旧石器时代考古的
最重要的事件之一，它将伴随这门学科的进步而不断深入。

1. 周口店早期发掘与研究简史

与前述西北地区工作差不多同时，北京猿人遗址也被发现
并开始了早一阶段的工作。早在 1918 年，周口店附近鸡骨山
发现的古生物化石即引起当时在北洋政府任矿政顾问的瑞典学

者安特生（Andersson, J.）的注意，当时的短暂考察与试掘虽然并无重要发现，但却揭开了周口店工作的序幕[20]。1921年，安特生与美国古生物学家格兰阶（Granger, W.）、奥地利古生物学家斯丹斯基（Zdansky, O.）赴周口店地区考察时发现了龙骨山北京猿人遗址的洞穴堆积。他们不仅发现了动物化石，而且安特生还注意到堆积中的石英石片，认为可能与古人类的活动有关。随后，斯丹斯基进行了两次短期发掘（1921、1923年），发现了两枚早期人类的牙齿[21]。

从1927年起，由中国地质调查所组织，开始正式发掘周口店北京猿人遗址。当年的工作由中国地质学者李捷与瑞典古生物学者步林（Bohlin, B.）主持。发掘面积东西长17米，南北宽15米。发现了大量的哺乳动物化石与一枚保存完好的人类左下第一臼齿化石。步达生（Black, D.）将人类牙齿命名为中国猿人北京种（*Sinanthropus pekinensis*）。第二年的发掘工作改由步达生、杨钟健与裴文中负责，开掘了一个20米长、12米宽的探方。收获非常丰富，除了大量的哺乳动物化石外，还有很多直立人化石。直立人化石除多枚牙齿外，还有顶骨、额骨、下颌骨、肱骨与月骨等。不过在这两年的发掘中，仅集中精力于人类化石，堆积物中丰富的石制品与用火的遗物、遗迹并未受到关注[22]。

1929年，农矿部准予在中国地质调查所设立新生代研究室，并聘请德日进为顾问。该所仍然组织周口店的发掘与研究工作。这一年是北京猿人遗址发掘史上最重要的一年。发掘工作由裴文中先生主持，在发掘中发现了中国猿人的第一个头盖骨。与此同时，裴文中先生还注意到堆积中烧过和炭化的动物骨骼碎片，并发现一件具有打击痕迹的石英片。遗憾的是，这个发掘项目的负责人步达生并没有马上认识到这些文化遗物发现的意义。在 1930 年的继续发掘中，更多的有颜色的骨片与鹿角片被发现，同时还有人工打击痕迹清楚的数件石制品被发现。同年冬季，由德日进带回欧洲的骨片与鹿角标本经过比较与化学分析后，这些发现的重要性才开始得到肯定。

1931 年在周口店第一地点鸽子堂区发掘时，发现更多的石制品、烧骨、烧石及灰烬等。仅在石英 II 层 54 平方米的发掘区内，就发现了数千件石英及其他岩性的石制品。遗存中灰土的化学分析结果与在欧洲的分析完全一致，使得直立人的用火能力得以确认[23]。布日耶在访问周口店遗址时，肯定了裴文中先生的研究成果。研究成果的发表，进一步确立了周口店北京猿人遗址在世界史前史上的重要地位。

1932 年，是周口店遗址也是中国旧石器时代考古学史上具有划时代意义的一年。裴文中先生总结了 1931 年以前的发掘工作，认识到"漫掘法"的局限性，开始采用探沟与探方相结合的水平发掘法。也是在本年度，裴文中与德日进合作，对已经发现的中国猿人的石制品进行了比较系统的研究[24]。他们指出：中国猿人的石器系粗大的砾石石器与细小石器并存，而不见手斧。中国猿人对原料的依赖性大，但已经开始懂得选用不同的方法与原料，用来加工不同用途的石器。依地层划分出 A、B、C 三个文化带，可以看出石器工业经历了从粗大向细小、精致的发展过程。

1933 年同时发掘了周口店的第一地点（即北京猿人遗址）、第十三地点与山顶洞。山顶洞遗址发现于 1930 年，由于其堆积有别于前者，而未被马上发掘。经裴文中先生的努力，遂成为本年度的发掘重点。针对堆积的特点，发掘方法更为仔细，以 1×1 米为一探方，每 50 厘米厚为一水平层。在 1933 年到 1934 年头一季度的发掘中，发现了丰富的人类化石与文化遗物。其中三个完整的晚期智人头骨、部分头后骨及共存的文化遗物，可能出自一处旧石器时代晚期的墓葬，为研究人类进化与蒙古人种的起源与演化问题，认识中国旧石器时代晚期文化的发展提供了非常重要的材料[25]。本年度还出版了周口店工作的第一本综合性研究报告，即"中国猿人史要"（Fossil Man in China)[26]，简要地介绍了周口店遗址的发现与研究历史、地层与古生物、人类化石与旧石器文化等方面的主要研究成果。

1934 年的工作重点重新转到第一地点，同时也开始了对十五地点的发掘。开始采用系统、规范的发掘方法，即一般所称的打格分方法。以 2×2 米为一探方，每 1 米厚为一个水平层。每一件标本上均标上发掘年份、工作日累计数、方格号与水平层号[27]。这种方法可以系统、准确地记录考古发现的遗物，因而在中国旧石器时代考古发掘中一直使用到最近。

1935 年继续发掘第一地点与十五地点。本年度的发掘工作开始由贾兰坡先生主持。在第一地点有非常丰富的石制品与用火遗迹的发现。十五地点也发现了大量的脊椎动物化石与旧石器。1936 年是周口店遗址发掘大丰收的一年。在属于下文化层的第 25 水平层，仅半个月时间里，就连续发现了三个直立人的头盖骨。与此同时，还有丰富的哺乳动物化石和石制品的发现。1937 年的发掘仍有丰富的人类化石、石制品与用火遗物、遗迹的发现。不幸的是由于卢沟桥事变的战火燃起，连续进行了十年的周口店发掘工作不得不停止。由此开始，中国旧石器时代考古的发掘工作中断时间长达十余年。

2．北京猿人及其文化的发现与研究

北京猿人遗址经过 1927～1937 年的十年工作，共发掘了 2 万立方米的堆积，获得 5 个完整的直立人头盖骨、140 余枚牙齿及一些肢骨，共代表 40 个左右个体。此外，还有数万件石制品与上百种哺乳动物化石等发现。这些资料为研究北京猿人的体质与文化特征提供了直接的证据。在这一阶段的工作中，**魏敦瑞**（F. Weidenreich）对北京猿人体质特征所做的详细研究十分重要。他所发表的五本专著，为北京猿人化石材料全部遗失以后的古人类学研究留下了宝贵的科学依据[28]。中外学者对北京猿人的石制品、用火遗存以及动物化石等也进行了研究并取得成果。

北京猿人遗址即周口店第一地点，位于周口店龙骨山，是一处很大的洞穴堆积，东西长约 140 米，中部宽达 20 米。已发掘的堆积深度达 50 米，尚未见底，但已不见文化遗物。含文化遗物的堆积厚度为 30～40 米，分为 13 层。1927～1937 年共发掘了 29 个水平层，直至堆积的第 12 层[29]。地层堆积如下（图二）：

第 1～2 层：含化石角砾层，中夹多层钙板，有少量石制品发现，厚约 4 米；

第 3 层：角砾岩堆积，含丰富的动物化石及石制品与用火遗迹等，并发现 1 个直立人头骨，厚约 3 米；

第 4 层：灰烬层堆积，发现有数量众多的小哺乳动物化石、石制品，也有直立人化石发现，为上文化层，厚约 6 米；

第 5 层：胶结坚硬的黑灰层，含少量化石与石制品，厚约 1 米；

第 6 层：含化石的角砾层，有较多的大石块，亦有文化遗

图二　周口店第一
地点地层剖面
（据贾兰坡，1959）

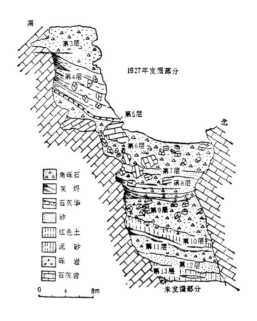

物发现，厚约5米；

第7层：深灰色细砂砾层，保存有较多完整的大哺乳动物
化石及少量石制品与人类化石，厚约2米；

第8～9层：角砾岩层，夹有数个薄厚不等的灰烬层，含
有丰富的动物化石与文化遗物，1936年发现的3个直立人头
盖骨化石即出自此层，也称下文化层，厚约6米；

第10层：红色土层，底部有一薄层灰烬，含动物化石及
少量石制品与人类化石，厚约2米；

第11层：角砾层，夹有鬣狗粪层，含化石，文化遗物很
少，但1929年的第一个头盖骨即出自此层，厚约2米；

第12层：红色砂层，夹带小砾石及有流水冲磨痕迹的少
量破碎化石，未见文化遗物，1937年以前的发掘即至此层；

　　第13层：泥砂层，具水平层理，底部多大块灰岩，有厚层鬣狗粪，化石很少，发现2件可能有人工痕迹的石质标本，厚约2米；

　　第14～17层：均未发现文化遗物与动物化石，应系洞穴形成初期的堆积。

　　从上述地层可知，1927～1937年的发掘已基本到了第一地点文化堆积的底部，完成了北京猿人遗址发掘的主体工程。

　　发掘的最重要的收获之一自然是数量众多的直立人化石的发现。北京猿人化石材料的主要部分来自1927～1937年的发掘。根据这些材料的研究，北京猿人的体质特征得以认识。他们的头骨还保留有许多原始性状：脑量较小，平均脑量为1075毫升（现代人平均约为1400毫升）。头骨高度远比现代人低矮，前额也较低平，头骨上窄下宽，最宽处在耳孔稍上方。头骨壁较厚，平均厚度为9.7毫米，约为现代人的2倍。眶上圆枕粗壮，向前突出，并且左右互相连接。枕骨上有很发达的枕骨圆枕。下颌骨特别发达，下颌枝很宽，咬肌和翼肌附着处的骨面凹凸很明显。整个头骨结构很厚重，有几条发达的脊，这些都与大强度的咀嚼活动有关。北京猿人的吻部显著向前突出。男女两性的头骨差别很明显，男性比女性粗壮得多。枕骨大孔的位置基本上在现代人的范围以内，但比现代人的平均位置要靠后一些。另外，北京猿人的脑髓小而平，前额叶小皱纹简单，前方向下弯曲成尖吻状，类似黑猩猩的脑髓。脑膜动脉的前枝小而后枝大，与大猩猩相似，而与现代人不同。

　　北京猿人的牙齿比现代人的大，上门齿舌面的两侧各有一条凸棱，使整个舌面中部低凹，呈铲形。铲形门齿、宽鼻子、低而扁平的面孔及下颌骨内面靠前部有下颌圆枕等，表明他们具有明显的现代蒙古人种（黄种）的特征。

北京猿人的下肢骨已基本上具有现代人的形状。股骨的大小、形状和肌肉附着点都与现代人的股骨相似，由于长期直立行走的结果，已经出现了人类特有的股骨脊。但在股骨上同时也有一些原始性质，如股骨干上半段的内侧缘显著隆起，股骨干最向前弯曲的部分在骨干中部以下周径最小之处，股骨体从前后方向看比较扁平，这些都与现生猿类接近。股骨和胫骨的原始性质，还表现在内部结构方面：髓腔细小而管壁很厚，海绵骨质致密。其股骨髓腔直径只占骨体最小直径的 1/3，而现代人则为 1/2，其胫骨髓腔则更小。北京猿人的上肢，如肱骨、锁骨和月骨等，都具有现代人的形状。肱骨的原始性也是髓腔较小而管壁较厚。从完整的男性股骨来推算，其身高为156～157 厘米。

北京猿人的寿命是很短的。在可统计的 22 个猿人个体中，死于 14 岁以下的有 15 人，占 68％；死于 15～35 岁和 40～50岁的各有 3 人，各占 13.6％；死于 50～60 岁的只有 1 人，只占 4.6％。

从北京猿人的整个体质特征来看，其身体各部分的进化速度并不一致。肢骨与现代人差别较小，但头骨则有较多的原始性质。这种头骨原始而肢骨进步的现象，在北京猿人发现之初并没有得到合理的解释。法国学者步勒（M. Boule）和沃弗雷（R. Vaufrey）曾解释为周口店存在过两种人类：一种是原始的北京猿人，另一种是"进步的人"，后者吃了前者的肉，留下了头骨。其实这种现象在东南亚的爪哇直立人，还有后来发现的东非坦桑尼亚、肯尼亚等地的直立人标本上也可见到，应是人类进化镶嵌现象的表现。50 年代以后，中国古人类学者将这种镶嵌现象解释为"在人类进化过程中，劳动起着主导作用，人类的祖先由于愈来愈多地使用前肢作为握持的器官而获得了直立姿势，两腿单独负担行动器官的功能，两手更适应于握持的机能，因而四肢发展比头骨较早达到现代人的状况"[30]。

周口店第一地点堆积上、下部的时代相距久远，下部的年代要早于上部数十万年。因此，发现于第一地点顶部堆积中的5号头骨，与其他出自较靠近底部堆积的头骨比较，已经带有较显著的进步特征。其脑量已达1149毫升，头骨壁也已减薄，眉脊的粗壮程度减弱，枕骨圆枕也较为退缩。这些特点说明北京猿人的体质形态应该是随着时代的发展而逐渐进化发展的。

北京猿人化石虽然不是最早被发现的，但却是最早得到学术界承认的直立人化石。正是由于北京猿人化石的发现，被遗忘了三十年的爪哇猿人化石才又重新提起并得到承认，所以有人说北京猿人挽救了爪哇猿人。到目前为止，周口店仍然是发现直立人化石最丰富的遗址。这里发现的猿人化石代表着典型的直立人的特征。

北京猿人遗址发掘工作的另一项重要收获是丰富的文化遗物，主要有石制品、用火遗迹及带有人工痕迹的动物骨骼等。

在北京猿人遗址30多米厚的堆积中，除下部的红色土层和中部的松砂层很少有石器发现外，其他各层或多或少都有石器出土，已经发现的石制品数以万计。石器原料主要有脉石英、砂岩、水晶与燧石等。根据对1935年发掘的第24水平层3000多件石制品的统计，脉石英的比例为78%，砂岩为18%，燧石3%，水晶1%[31]。而最新更详细的统计结果则显示，北京猿人曾经使用的石器原料多达40余种。其中仍以脉

石英为最多，约占全部材料的88.8%，其次是水晶和砂岩，
分别占4.8%和2.6%，燧石居第4位，占2.4%，其他材料使
用得很少[32]。石英和水晶主要来自遗址北约2公里的花岗岩
区，是从风化的石英与水晶碎块中选出来的。其余的石料则多
是来自河滩上的砾石。

北京猿人的石器可以分为刮削器、尖状器、砍砸器、石
锥、雕刻器和石球等6类（图三）。同时还发现很多制造石器
的工具，有石砧、砸击石锤和锤击石锤等。

刮削器是周口店遗址发现最多的石器种类，占石器总数的
75%，形体都比较小，重量很少超过20克。刮削器大多是以

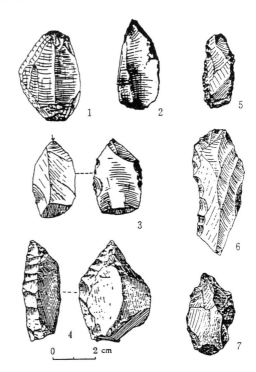

图三　北京猿人石制品

（据张森水，1987）

1. 砸击石核

2. 砸击石片

3. 雕刻器

4～6. 刮削器

7. 尖状器

石片为毛坯，修理成直刃、凸刃、凹刃等不同形状的刃口，按刃口的数量或加工部位不同，还可分为单刃、双刃、复刃和端刃等类型。尖状器数量也较多，占总数的14％。尖状器大多也用小石片为毛坯，故器形也较小，长度多为3～6厘米，按尖刃的位置和数量划分，可分为正尖、角尖和复尖三种，正尖类的数量最多。石锥从加工方式与用途来看，也与尖状器相近。这类石器的形体往往比尖状器更小，长度很少超过3厘米，与尖状器不同之处是尖部修理出有转折的肩，根据肩部到尖的距离长短，还可分成长尖、短尖两种类型。小型石器中还有雕刻器，器体较小，数量也有限，多用断片制成，可分为笛嘴形雕刻器、角雕刻器和平刃雕刻器。

大型石器中砍砸器（早期称斧状器）最为重要，占石器总数的5.4％，多选用砂岩或其他岩性的砾石直接加工，加工方法比较简单，单面加工的数量较多，但也有一些两面加工者。还有一部分砍砸器也被当作砸击石锤使用，器身上留着散漫的坑疤。按刃缘区分，砍砸器可分为单刃、双刃、多刃、端刃和尖刃等不同类型。另一类大型石器为石球，发现的数量不多，形状也不十分典型。

北京猿人使用砸击法、锤击法与碰砧法剥取石片。砸击法主要用于石英原料。砸击法产生的石片数量较多，用这种方法打制的石片，都是比较小型的和长而薄的石片。广泛使用砸击法，且有大量的砸击石片和石核，是周口店石器工业的鲜明特色。锤击法适用的原料广泛，主要用来打制石英、燧石及砂岩，尤以燧石为多。生产的石片大小均有，但以中、小型者居多。碰砧法则多用来生产砂岩大石片，这种方法的使用不如前两者普遍。石器的修理以锤击法为主。修理方式以向背面加工为主，向破裂面、错向和复向加工的比较少。加工石器的毛坯有砸击石片、锤击石片、碰砧石片、断片、小石块、石核和砾石。石核、砾石和碰砧石片主要用于制作大型石器，其余则用于制作小型石器。

上述对北京猿人石器工业的认识是长期研究的结果，特别是 80 年代完成的《中国猿人石器研究》提供了更详细全面的最新成果。然而，在 30、40 年代中国旧石器考古研究的起步阶段的认识则很有限，当时仅有少数几篇论文讨论到北京猿人文化[33]，与人类化石的研究情况相比，呈现出明显的反差。

除了以上北京猿人的体质形态与石器工业特征，对周口店第一地点洞穴遗址长期详细的研究，特别是 70 年代后期以来的工作，进一步提供了早期人类使用洞穴遗址的资料[34]。这个洞穴遗址，东西约 140 米，中部最宽处约 20 米，由中部向西部渐渐变窄。洞穴形成之初，为一封闭的巨大漏斗形深洞。约在早更新世之末或中更新世初，由于周口河的侧蚀作用，在东面形成洞口。但当时洞底陡峭不平，人与动物都无法活动。当流水带来的砂砾泥土形成第 14 层以下的底砾层，将洞底填平，才有人类与动物进入洞内活动（图四）。

人类使用这个洞穴的第一个阶段形成了第 13～8 层的堆积。第 13 层，为成层的泥砂层，仅发现 2 件可能有人工痕迹的石块。第 12 层，为红色砂层，无文化遗物。第 11 层，为含化石的角砾岩层，并夹有成层的鬣狗粪，所含化石很破碎，出土石器很少。第 10 层，上部为含化石的红色土层，下部为薄灰层，此层含较多的哺乳动物化石、少量的石器和人化石。第 8～9 层，为含丰富化石的角砾岩层，夹有几个薄层的灰烬层，发现有丰富的石器和猿人化石，称为下文化层。

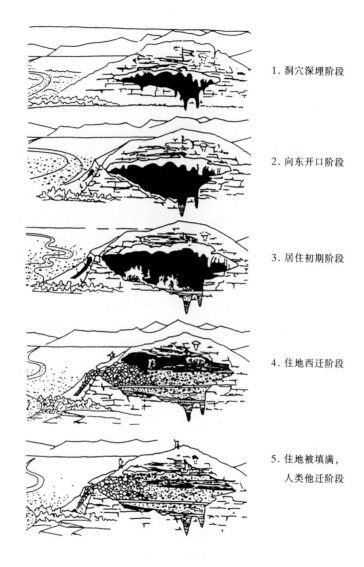

1. 洞穴深埋阶段

2. 向东开口阶段

3. 居住初期阶段

4. 住地西迁阶段

5. 住地被填满，
   人类他迁阶段

图四　北京猿人遗址洞穴演化复原图（据任美锷等，1985）

第一阶段的堆积说明最早的洞穴居住者是鬣狗，留下了成层的鬣狗粪化石。其后，人类化石及文化遗物逐渐增多，人类成为洞穴的居民。此时为中更新世的早期，大约在距今70万年到40万年之间。动物化石、植物孢粉以及深海氧同位素比值的变化曲线，都说明本阶段主要是温暖湿润的暖温带森林环境，特别是第8～9层下文化层形成时期，是一个气候最宜期。这一阶段的石器工业中大型的石器较多，砍砸器主要出自此期，占石器组合的1/3以上，刮削器的形体也多较大。除这两类工具以外，尖状器、雕刻器等小型工具的数量均很少。加工石器的原料主要是石英与砂岩。加工石器的技术则以锤击法为主，砸击法次之，碰砧法也有较多的使用。这一阶段的几个直立人头骨都保留着典型的直立人的特征。

第二阶段的堆积包括第6～7层的堆积，约相当于中更新世中期，距今约40～30万年。第7层是灰色的砂层，带有明显的交错层理，应与流水作用有关。这一层只有少量的石制品及人化石发现，说明此时人类很少在洞内活动。从第6层的底部开始，人类的活动明显增多，留下数量较多的文化遗物及人化石。但到上部，大块的洞顶坍塌的石块增多，由于洞顶的坍塌，人类再次离开洞穴。从已有的环境证据看，此阶段的环境明显不如早期。最突出的特点是草本植物孢粉的剧增，说明当时周口店一带的环境已经转变为以草原为主。这一时期的石器工业与早期有较为显著的不同。石器的形体变小，以中小型石器为主体。石器原料发生重要变化，砂岩的使用明显减少，石英为主要原料，水晶等优质原料的使用增加。砸击技术成为主要的剥片方法，锤击技术退居为第二位。碰砧技术仅偶尔使用。石器组合的变化也很大，砍砸器的比例明显减少，不足石器总数的 7％，尖状器的比例则有较大的增长，雕刻器也有增多，但占最主要地位的还是刮削器。石器工业的转变可能与环境的变化有直接的联系。

第三阶段的堆积为第 1～5 层。在第 6 层上部的洞顶坍塌层形成之后，洞内的环境趋于稳定，人类又较多地使用该洞穴，因而留下了上文化层的巨厚堆积。这一时期的气候虽然仍较温暖，但比较干燥，特别是到第 4 层以上，灌丛草原植被显著增加。这一阶段的石器工业较前两期更为进步，在石料的选择、石器加工技术以及石器类型方面都有明显的变化。质地优良的石英原料的用量增多，水晶与燧石的使用比例也有增加，而砂岩则几乎不再使用。剥片技术以砸击法占据绝对优势，在砸击石片中有很多薄长的标本，标志着砸击技术的高度发展。锤击技术也有所改进，形制规整的锤击石片和修理台面者的数量都有增加。石器组合中最重要的类型仍是刮削器，其中修理精致者增多，端刃刮削器主要出自本期。尖状器、雕刻器的数量也都有增加，加工也更趋精致。加工精致的小型石锥自本期才有出现。以上各类均为中、小型石器，主要以石片为毛坯加工而成。大型石器的数量更少，砍砸器仅占石器组合的 2％。由此可见，晚期石器工业显然与本阶段的环境相适应。另外，选择石料的能力与加工技术的提高也与人类自身的进步密切相关。从发现于本阶段的人类头骨化石观察，进步形态明显增多，脑量也大大增加，整体特征更接近早期智人。

从周口店第一地点的文化层堆积来看，早期人类使用这个洞穴或在其附近活动持续了相当长的时间。关于遗址的绝对年代，曾用铀系法、裂变径迹法、古地磁法等测定年代的方法进行了测定。用铀系法测定的北京猿人遗址第 1 层至第 3 层的年代为距今 30～20 万年，第 6～7 层为 36～35 万年前，第 8～9 层为 40 多万年前，第 12 层为 50 多万年前。按照古地磁的研究结果，第 13 层向上的时代应晚于 70 万年前[35]。综合不同方法所测定的年代数据显示，早期人类使用周口店第一地点的第一阶段为距今 50～40 万年，第二阶段为距今 40～30 万年，第三阶段为距今 30～20 万年。

在周口店第一地点的洞穴堆积中，还发现紫荆木炭、灰烬层及烧过的土块、石块、骨头和朴树籽等。这些与火有关的遗物和石制品等文化遗物同时出现在遗址中，引起发掘者的关注。他们将样品送到巴黎博物馆矿物研究室和当时的北京协和医学院药物学系，分析结果说明北京猿人时期已有某种形式的用火活动。在当时还没有莫斯特文化以前用火的记录，周口店的发现将人类用火的历史提前了数十万年。对火利用是早期人类文化发展的一个非常重要的事件。火的使用可以为人类提供熟食，便于消化，直接促进人类体质的进化。由于火的使用，人类可以在比较寒冷的地区生存，扩大了人类活动的领域。不过从 80 年代中期开始，有的西方学者对北京猿人的用火能力提出疑义[36]。90 年代后期，还有学者根据对现存地层的观察与采样分析，进一步提出此问题，并由此引发讨论[37]。

在第一地点的洞穴堆积中还发现 110 多种动物化石，其中有 90 多种哺乳动物化石。剑齿虎、三门马等是上新世残存的种类或更新世初期的动物。肿骨鹿、中国鬣狗、洞熊等则是中更新世所特有的动物。还有 1/3 以上的种类为现生种。这个动物群是华北地区中更新世的典型动物群。不过在代表三个不同发展阶段的堆积中发现的动物化石并不完全一致。在属于第三阶段的上部堆积中已出现赤鹿、最后鬣狗等华北晚更新世常见的种类，说明其时代应属于中更新世晚期。代表第一阶段的下部堆积中发现的扁角肿骨鹿，系中更新世早期的典型动物，因此下部堆积的时代应为中更新世早期。属于第二阶段的中部堆积中发现最多的动物种类有肿骨鹿、中国鬣狗等，皆系华北中更新世中期的典型动物，故其时代应属中更新世中期。

丰富的哺乳动物化石除了说明遗址的时代，也提供了早期人类生存环境方面的信息。如在偏干冷的阶段，喜冷的动物如狼獾、洞熊、扁角大角鹿、披毛犀、安氏鸵鸟和巨副驼等动物化石有较多的发现。在湿暖阶段，喜暖喜水的动物如竹鼠、硕猕猴、水牛、无颈鬃豪猪、梅氏犀、居氏河狸、水獭等动物则多见。结合最近对孢粉、重矿物、角砾等多方面的研究，可知在早期人类生存的数十万年中，周口店一带的气候和自然环境曾经过冷暖干湿的多次变化。这些变化显然要影响到当时人类的生活。

根据对周口店地区的古地理研究，北京猿人时期，周口店附近的地理环境与现在的差别不大。龙骨山的北面是重叠的高山，西南面为低矮的群山所环绕，东南方是广阔的平原，东边有河流经过。这种环境适合早期人类居住，因而这里在长达数十万年的时间内经常有人光顾。直立人的生存手段是依靠采集和狩猎。采集的对象主要是植物的果实和根茎。洞穴堆积中发现大量的朴树籽都被烧过，估计这些树籽可能是北京猿人的食物之一。北京猿人的狩猎对象主要是鹿类，在发现的兽骨中有70%是破碎的和被烧过的鹿类骨骼。不过最初对于北京猿人狩猎能力的认识，随着近年来埋藏学研究的深入应有所改变。过去一些与石制品共存的动物骨骼往往被简单解释为是原始人类狩猎的证据，但通过对埋藏原因和遗物微痕的分析，说明形成这种堆积的原因是复杂的，简单的将其解释为狩猎活动，是过高估计早期人类狩猎能力的原因之一。中更新世的人类可能与他们的祖先相似，食肉猛兽吃剩的猎物或自然死亡的动物应是其更重要的食物来源。

（三）十五地点与山顶洞

十五地点与山顶洞是在北京猿人遗址发掘过程中发现的两处与北京人文化性质有别的旧石器遗存。这两处发现，特别是山顶洞的发现也是中国旧石器时代考古起步阶段的重要收获。

1. 十五地点

从周口店第一地点向南约 70 米处，有一裂隙或完全坍塌的洞穴，即周口店十五地点。这个地点发现于 1932 年，1934～1937 年间进行了发掘。已发掘的堆积东西长 13 米，南北宽 16 米，深 10 米。最上面一层系浅黄色土，夹钙质管状物，有化石发现，石制品数量不多；中间一层是大块灰岩夹灰烬层堆积，灰烬层中夹有烧过的朴树籽、烧骨和大量的石制品；最下层是红色土夹有棱角的灰岩块、碎骨和石制品，已胶结成坚硬的角砾岩。

该地点发现的动物化石有赤鹿、普氏羚羊、肿骨鹿、披毛犀、虎等 30 多个种类。其中已无第三纪的残余种或早更新世的古老种类，肿骨鹿的下颌骨也已不很肿厚，与第一地点顶部堆积发现的相似，而赤鹿、普氏羚羊则已是晚更新世的典型种。十五地点应处于中、晚更新世之交，并已进入晚更新世[38]。从动物群所反映的生态环境来看，适应于草原环境生活的种类居多，而生活在林地环境者则很少，多数为华北晚更新世动物群的常见种类。所以当时人类应当是生活在温带草原环境。

十五地点亦发现了数以万计的石制品。这些石制品的原料主要是石英、水晶、燧石、砂岩及多种火成岩。同第一地点一样，主要来自周口店当时的河床或附近的花岗岩山坡。尽管十五地点与第一地点时代相距很近，石料的岩性与来源也基本一致，但两者石器技术却很不相同。十五地点主要使用锤击法剥取石片，而很少见到砸击技术的使用。锤击法打下的石片，形体多较小。石片的台面也较小，并以打击台面为多，自然台面次之，可能还有修理台面的存在。有些较规整的石片显示，剥片可能已经有了一定的工序。

石器类型包括刮削器、尖状器、雕刻器和砍砸器。刮削器的数量最多，形体多较小，长度一般在 20～40 毫米之间，按照刃缘的形状可分成直刃、凹刃、凸刃等类型，还有一部分两刃或多刃者（图五）。尖状器的数量也较多，在石器组合中占有重要地位，多是用石片加工的，长度在 30～50 毫米间，主要是向背面修理，也有错向加工的。雕刻器的数量不多，主要是用短小的石片加工的，根据加工的方式还可分成双面、角形和平刃器等。一些雕刻器的侧刃曾经过修理，可兼作刮削器用。砍砸器的数量也不多，大部分是用砾石或石核制作的，个别是用大石片做的，形体差异较大，但重量多在 300～500 克之间，长度在 60 毫米以上[39]。有几件修理过把手的大石片，有的研究者当做砍砸器看待，也有人将其称为手镐。

周口店十五地点旧石器文化的主人可能已不是北京猿人。因为这里的时代晚于第一地点，已经到了中更新世末或晚更新世初。另一方面，两者在石器技术上的差别，也显示它们的主

图五　周口店十五地点
　　　　石制品
　　　（据 Pei，1939）
　　　1. 石片
　　　2～5. 刮削器

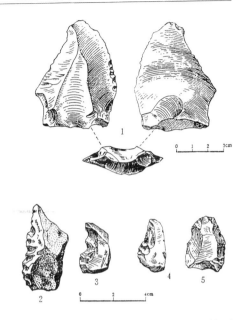

人不是同一人群。十五地点虽然没有人类化石发现，但在其西面近 10 米处的新洞地点却发现了人类牙齿。新洞地点的地层堆积与动物化石所反映的时代特点与十五地点一致，绝对年代的测定数据也说明当属于晚更新世之初[40]。从这里发现的人类牙齿的特征来看，比北京猿人进步，但仍较晚期智人原始，属于早期智人类型。

　　一般认为十五地点的石器文化是直接继承了第一地点的北京猿人文化传统发展而来的。但是与后者相比，十五地点的砸击技术是极度衰落的，而代之的是锤击技术的大发展。从一些形状比较规则的石片来看，十五地点已经可以按照一定的工序来剥取石片[41]。十五地点的石器类型仍和第一地点的较为相似，这可能是两者所从事的生产活动比较相近的反映。

2．山顶洞

山顶洞遗址位于周口店第一地点北京猿人遗址的顶部，1930 年因清理寻找北京猿人遗址堆积的界线而发现。1933～1934 年发掘期间，发现有丰富的人类化石、文化遗物及大量的动物化石。文化遗物包括石制品、骨角器及装饰品。山顶洞文化与动物化石的研究报告由裴文中先生完成[42][43]，魏敦瑞则重点研究了人类化石材料[44]。

山顶洞在发现时尚保存有朝北的拱形洞口和全部洞顶，分为洞口、上室、下室和下窨四部分。洞口高约 4 米，下宽约 5 米。上室在洞穴的东半部，南北宽约 8 米，东西长约 12 米。下室在洞穴的西半部稍低处，即现在还残留着洞顶的地方，深约 8 米。下窨在下室深处，是一条南北长 3 米、东西宽 1 米的裂隙。洞口的最下层堆积与含北京猿人化石的堆积的顶部相连。

山顶洞的堆积都是灰色土，比较松散，并含有大量的灰岩碎块，明显比第一地点的堆积时代晚。整个堆积从上到下共分 5 个文化层，其中在洞口和上室有 3 层。第 1 层、第 2 层都发现有人类化石和装饰品或石制品等文化遗物。第 3 层虽然仅有很少遗物发现，但洞底的石钟乳和石灰岩都有烧烤过的痕迹。这些情况说明洞口和上室可能曾为当时人类居住或活动的场所。下室有 2 个文化层，即第 4 层和第 5 层。最重要的是第 4 层，发现 3 个完整的人类头骨和一部分躯干骨。在骨骼的旁边散布有赤铁矿的粉粒，这说明尸骨可能是当时人类有意埋葬的。第 5 层虽然较厚，但遗物较少，仅发现人牙化石。第 5 层之下的下窨部分，没有人类化石和文化遗物，但发现很多完整的动物化石，并以食肉类为多。这部分堆积应形成于人类来此居住之前。

在山顶洞的堆积中发现动物化石54个种类，其中48种为哺乳动物。在哺乳动物中，仅有最后鬣狗、洞熊和鸵鸟为绝灭种，占整个群体的12.1%，其余均为现生种类。这种情况说明，山顶洞的时代应为晚更新世较晚的阶段。关于该遗址的绝对年代测定，最新结果说明文化层堆积的年代为距今2.7万年左右，下窨开始堆积的年代为距今3.4万年左右。

山顶洞遗址发现了丰富的人类化石材料。其中包括3个完整的头骨、一些残破的头骨碎片、下颌骨与零星的牙齿，以及部分躯干骨。这些材料共代表了包括不同年龄和性别的8个个体。其中有两个成年男性，三个成年女性，一个少年，二个幼儿。在3个完整的头骨中，有一个60岁左右的老年男性，一个中年女性和一个青年女性。3个头骨的共同特征是：前额隆起，与现代人相似，颅穹窿的圆隆程度也接近现代人。脑量增大，达1300～1500毫升。头骨最宽处在顶结节附近，矢状脊消失，头骨壁较薄。前颌部后缩，牙齿细小，齿冠较高。这些特征都说明山顶洞人属于典型的晚期智人类型。

魏敦瑞当时对山顶洞人化石进行研究后认为：老年男性头骨的测量指数接近西欧的克鲁马努人，但据形态观察，又可确定为原始的蒙古人种。中年女性类似爱斯基摩人，青年女性则类似美拉尼西亚人。60年代，吴新智先生认为：山顶洞老年男性的头骨几乎所有的面骨测量指数都和现代的或化石的蒙古人种相近，而不同于西欧的晚期智人，其形态特征如鼻骨较窄、有鼻前窝、颧骨突出且较直，都是较为典型的蒙古人种的特征。中年女性头骨面部的主要测量数据与形态也都更接近蒙古人种，青年女性头骨的测量数据也显示与现代的爱斯基摩人、美洲印第安人和中国人有密切关系。从上述特征来看，山顶洞人当属于原始的蒙古人种。因为，几个头骨的形态都具有不同程度的蒙古人种的特征。其测量数据，除了晚期智人共同具有的原始特征以外，主要方面都和现代蒙古人种接近，反映的是正在形成中的蒙古人种的特点[45]。

山顶洞人的文化遗物包括石制品、骨角制品与装饰品。石制品仅发现 25 件。石制品的原料以石英为最多，也有少量的砂岩和燧石。原料的来源与北京猿人的一样，采自附近河滩或山坡。加工石器技术也包括了锤击法和砸击法。锤击法产生的石片大小都有，长宽均在 20～70 多毫米之间。石片多打击台面，且背面少保留自然面，说明对原料利用较充分。砸击石片、石核均有发现，说明砸击方法仍然使用，但技术水平显然已不如北京猿人。石器类型很简单，仅刮削器与砍砸器两类。砍砸器 3 件，都是用砂岩砾石制作的。制法是在砾石的一端采用交互打击方法修理出较圆钝的刃缘，其他部分则保持自然面。刮削器均是用石片制作的，多为燧石或石英原料，分单直、单凹与平端刃 3 类，其中一件凹刃者加工较为精致。

在骨角制品中具有代表性的是 1 件骨针和 1 件赤鹿角。骨针保存较好，仅针孔残缺，残长 82 毫米，针身微弯，尖部很圆锐，最大的直径 3.3 毫米。针体系用刮、磨方法修制的，针孔则是用尖状器挖成的。赤鹿角的上部残断，但主干的大部分却保留下来，枝杈被人工截去，表面经过刮磨，尖端残缺，用途不详。

山顶洞遗址发现的装饰品很多，有钻孔的小砾石、石珠以及穿孔的海蚶壳、兽牙、鱼骨和刻道的骨管等 100 多件（图六）。

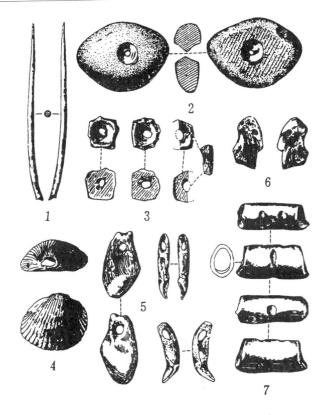

图六　山顶洞骨制品与装饰品（据 Pei, 1939）

1. 骨针　2. 石坠　3. 石珠　4. 海蚶壳　5. 穿孔兽牙

6. 青鱼眼上骨　7. 骨管（3为原大3/4，余为2/3）

　　钻孔的砾石1件，系用自然磨成的椭圆形小砾石制作的。砾石的两面扁平，其中的一面似经人工磨过。砾石长近40毫米，最厚处不足12毫米。其中央部分用尖状器对钻成孔，孔不很圆，两面的最大径不同，一面为8.8毫米，另一面为8.4毫米，发现时，孔部还残留有红色。

穿孔石珠7件。发现于女性青年的头骨附近，应是项串类的装饰品。原料为白色石灰岩，发现时表面染有红色的赤铁矿粉。石珠不很规则，呈多面体形，边缘也不很整齐，但大小比较接近，最大的直径6.5毫米。其制法系先将原料的边缘打击成近方形或多角形，然后将一面或两面磨光，再用尖状器从背面钻孔。

发现最多的是穿孔的兽牙，共125枚。其中以獾的犬齿为最多，近一半，狐的犬齿次之，近1/4，其余为鹿、狸、黄鼬的牙齿，还有一枚虎的门齿。穿孔都在牙根的一端，是用尖状器两面刮挖制成。很多标本的表面和孔部都被磨光，说明曾经过很长时间的使用。穿孔兽牙出土时，有五个是排列成半圆形的。还有一件标本和石珠同时发现于青年女性的头骨附近。这些现象说明穿孔兽牙是当时人穿连成串的装饰品，是头部、颈部等处的饰物。

海蚶壳发现3件。在绞合部之下都有一个圆形或方形的孔。刻道的骨管4件，表面光滑，刻有1～3道短而深的横沟。骨管的内外均有摩擦的痕迹，可能也是佩带的饰物。钻孔的鱼骨1件，为青鱼眼上骨，在其边缘上有一细孔，应系尖部极细的尖状器对钻而成，骨表面也有用赤铁矿粉染红的痕迹。

与旧石器时代中期文化相比，山顶洞人的原始技术发展到了一个新的阶段。尽管其很少量的石制品反映的石器工艺与旧石器时代早、中期没有很大的区别，但骨角制品、装饰品的存在说明山顶洞人已经掌握了前所未有的新技术。从上述的骨针和装饰品的制作可以看到，当时已经掌握了钻孔的技术，不但可以单面直钻，而且可以对钻。青鱼眼上骨的钻孔极细，这要求很高的钻孔技术，当时可能有很细锐的尖状器来承担这样的工作。山顶洞人的刮挖技术也很熟练，既可以在野兽牙根的两面对挖，利用牙腔来自然接通，也能在直径3.3毫米的骨针一端，刮挖出很细的小孔。另一项技术成就是磨制技术的出现。尽管这种技术还很初步，并且只用于加工装饰品类的非生产性的制品，但无疑为这种技术的发展奠定了基础。此外，山顶洞人还能用赤铁矿粉进行染色。

由于掌握了一系列新的技术，这自然会使山顶洞人的生计手段大为改善，并促进其原始经济的发展，山顶洞遗址所发现的遗物正反映了这种情况。海蚶壳与厚壳蚌可能都非周口店所产。海蚶壳是海产品，周口店当时距海岸线的准确距离现在还较难确定，但肯定应有一段距离。厚壳蚌今天多生活在长江流域，可能也不是当时周口店当地的产品。这些无论是山顶洞人自己的产品，还是通过交换而来的，都反映了他们的活动范围可能已经很大，原始经济有了较大的发展。因为长距离的交换，是原始经济与技术发展到一定水平的产物。即使当时还没有发展到有交换的水平，他们能自己到远距离去采集一些非生活的必需品，也足以说明当时的经济较旧石器时代的早、中期更为发展。

从山顶洞仅有的20多件石制品，很难说明其石器工业的整体情况。但结合华北东部地区几个类似的洞穴遗址的石器工业来看，可以知道这些石制品代表了山顶洞人石器工艺的基本水平，也反映了其石器组合的基本情况。他们使用锤击法和砸击法来加工石器，加工较粗糙，石器类型也不很规整。在石器组合中，砍砸器占有一定比例是一个突出的特点。刮削器是最多的一类工具。在别的遗址还发现其他各种工具类型，如尖状器、钻具、雕刻器等，但整体面貌都较粗糙，形体也较大。

　　山顶洞人的石器工艺与其文化发展的整体水平是很不相称的。因此对山顶洞人石器的发现情况就有了不同的推测：一种可能是山顶洞的石器发现得太少，不足以反映其全貌，应该有更精致且代表其工艺水平的石器，只是还没有被发现。另一种可能，即山顶洞人石器技术简陋是因为此时发生了工业重点的转移，人们把更多的精力用于加工骨角制品，因为真正代表山顶洞人技术水平的是其骨角器与装饰品[46]。后一种情况在本地区的其他同类遗址也得到证实。此时的原始技术确实朝着多元化方向发展，改变了石器加工是惟一的工业部门的局面，增加了制作骨角制品的工业，并将重点转移到后者，因而出现了数量较多的骨角制品和装饰品。尽管在山顶洞仅发现了骨针等生活用具，但在其他地点已经发现了制作精美的骨、角质的鱼叉或投射器头。这说明骨角器已经成为此时原始人类工具组合中的一部分，而且是代表了真正工艺水平的部分。

　　上述的工具组合与当地的自然环境的特点是很吻合的。在温暖、湿润的气候条件下，繁盛的植被为人类提供了丰富的果实和根茎类食物来源，广阔的水域也有较稳定的水生食物资源供给人类，山林草原也有动物可供狩猎，并为人类提供肉食和皮毛等。简陋的石器用以采集植物性的食物是足以胜任的，渔猎的工具则可能是由加工精致的骨角制品来承担的。从工具组合与自然环境两方面的特点来看，山顶洞人的经济类型可能是综合型的，即渔猎、采集并重，并且有较为稳定的食物来源，可供在一个较固定的地点作较长时间的居住。有了食物的保证，就能抽出时间去加工生产、生活以外的用品，如装饰品等。

　　从山顶洞遗址发现的 8 个个体的化石来看，山顶洞人的寿命比北京猿人长，死亡率较北京猿人低，也较早期智人要低。人类寿命的延长也是生计手段提高和经济发展的直接结果。而技术与经济的发展，也会促进社会结构的变化。

从已经发现的考古资料来看，早期人类还不知埋葬死去的同伴。在直立人阶段，尚没有发现过有意识地埋葬死者的遗迹。一直到早期智人的较晚阶段，人类才开始埋葬死者。这一阶段的墓葬遗迹，在世界其他地区已经陆续有一些发现。在山顶洞下室的第4文化层中，发现了3个完整的人类头骨及部分躯干骨。在骨骼周围撒有赤铁矿的粉粒，还有数量较多的穿孔兽牙、穿孔石珠、石坠和海蚶壳等装饰品，这些有意识的安排是原始墓葬的共同特点。当时的人们替死者戴上一些装饰品，把死者生前用过的生产、生活用具及食物等同死者埋在一起，并在死者的身上、周围及随葬品上撒上赤铁矿粉粒。结合考古学与民族学资料可以看出，山顶洞人对死者的安排，应是原始宗教意识的最初表现。

（四）中国旧石器时代考古的开端

从1920年到1949年的三十年，是中国旧石器时代考古学的初创时期。中国旧石器时代考古学的诞生，有着两方面的基础，一是1919年"五四运动"吹来的科学之风，一是世界史前考古学尤其是旧石器时代考古学的蓬勃发展。"五四"唤醒中国民众，并掀起学习科学、破除迷信之风。在考古学领域，以近代科学理论为基础的近代考古学理论与方法也传入中国，为中国旧石器时代考古学的创立奠定了基础。与此同时，在西欧发展起来的史前考古学中重要的分支——旧石器时代考古学已逐渐成熟，并开始向旧大陆各地发展。正是这种背景，为桑志华在中国西北黄土沟壑发现中国第一件出自地层的旧石器创造了契机。

处在摇篮中的中国旧石器时代考古，其田野发掘与研究工作都还很有限。发掘工作仅局限于华北、西北地区，而且只有前述的萨拉乌苏、水洞沟与周口店等几个地点。参与工作的人员也很少，只有屈指可数的几位。不过他们却都是处于当时本学科前沿的著名学者。这些学者的开拓性工作，奠定了中国旧石器时代考古发展的基础，成为本学科发展的良好开端。20年代初期在西北地区旧石器的发现，首先改变了中国没有旧石器时代的认识。周口店的发现则进一步证明早在直立人阶段，早期人类即已生活在中国大陆上了。

周口店的发掘与研究工作对中国旧石器时代考古学科的发展尤为重要，它造就了中国第一代旧石器时代考古学家。裴文中、贾兰坡先生等中国旧石器时代考古学奠基人的名字，不但已载入中国考古学的史册，也享誉国际史前学界。在周口店发掘中确立的"水平方格法"，到80年代旧石器考古发掘还在沿用。多条腿走路的多学科综合研究的传统，也一直影响到今天。

作为中国史前考古学的重要组成部分，20～30年代期间，西北地区，特别是周口店地区远古人类及其文化遗存的确认，也为中国史前考古学的诞生作出了重要的贡献。

在世界史前考古学发展史上，中国旧石器时代考古的起步虽然较晚，但其起点却较高。周口店遗址的发掘与北京猿人的发现，使得中国旧石器时代考古刚刚起步就受到世人瞩目。中国远古人类与旧石器的发现具有非常重要的学术意义。在北京猿人之前，已有爪哇猿人的发现。然而，关于爪哇猿人（*Pithecanthropus erectus*）在人类演化历史上的系统地位问题一直争论不休。北京猿人化石，特别是大量的石制品与清楚的人类用火遗迹的发现，以及大量共生的古生物化石的发现和明确的地质年代，使得直立人是人是猿的争论结束，其在人类演化史上的地位得以承认。

注　释

[1] 林圣龙：《中国古人类学的历史回顾》，《中国远古人类》，科学出版社 1989 年版。

[2] Teilhard de Chardin, P. and E. Licent: "On the discovery of a Palaeolithic industry in northern China", 1924, *Bull. Geol. Soc. China*, 3: 45～50.

[3] Boule, M., H. Breuil, E. Licent, and P. Teilhard de Chardin: "Le Paleolithique de la Chine", *Archives de l' Institute de Paleontologie Humaine*, *Memoire*, 4: 1～138. Masson, Paris, 1928.

[4] 同注 [1]。

[5] 张森水：《中国旧石器文化》，天津科学技术出版社 1987 年版。

[6] Teilhard de Chardin, P. and C. C. Young: "Preliminary observation on the Pre-Loessic and Post-Pontion Formation in western Shansi and northern Shensi", *Mem. Geol. Sur. China*, Ser. A, 8, 173～202.1930.

[7] 同注 [3]。

[8] 裴文中：《中国史前时期之研究》，商务印书馆 1948 年版。

[9] 祁国琴：《内蒙古萨拉乌苏河流域第四纪哺乳动物化石》，《古脊椎动物与古人类》1975 年 13 卷 4 期。

[10] 黄慰文、卫奇：《萨拉乌苏河套人及其文化》，《鄂尔多斯文物考古文集》，1981 年版。

[11] 吴茂霖：《中国的晚期智人》，《中国远古人类》，科学出版社 1989 年版。

[12] 见注 [2]、[3]。

[13] 裴文中、李有恒：《萨拉乌苏河系的初步探讨》，《古脊椎动物与古人类》1964 年 8 卷 2 期。

［14］贾兰坡、盖培、李炎贤：《水洞沟旧石器时代遗址的新材料》，《古脊椎动物与古人类》1964年8卷1期。

［15］宁夏博物馆、宁夏地质局区域地质调查队：《1980年水洞沟遗址发掘报告》，《考古学报》1987年第4期。

［16］史培军：《地理环境演变研究的理论与实践——鄂尔多斯地区晚第四纪以来地理环境演变研究》，第154页，科学出版社1991年版。

［17］Bordes, F.："*The Old Stone Age*", New York: McGraw-Hill, 1968.

［18］张森水：《中国旧石器文化》，第239页，天津科学技术出版社1987年版。

［19］李炎贤：《中国旧石器时代晚期文化的划分》，《人类学学报》1993年12卷3期。

［20］Andersson, J. G.："*Children of the Yellow Earth*", 94～97, London, 1934.

［21］Zdansky, O.："Preliminary notice on two teeth of a homind from a cave in Chihli (China)", *Bull. Geol. Soc. China*, 5: 281～284, 1927.

［22］贾兰坡、黄慰文：《周口店发掘记》，天津科学技术出版社1984年版。

［23］见注［5］，第12页。

［24］Teilhard de Chardin, P. and W. C. Pei: "The lithic industry of the Sinanthropus in Choukoudien", *Bull. Geol. Soc. China*, 11: 315～364.

［25］Pei, W. C.: "The Upper Cave industry of Choukoudien", *Pal. Sin. New Ser. D*, 9: 1～41, 1939.

［26］Black, D., P. Teilhard de Chardin, C. C. Young and W. C. Pei: "Fossil Man in China", *Mem. Geol. Surv. China*, Ser. A, 11.

［27］见注［22］。

［28］李传夔：《中国古人类学研究的回顾与展望》，《人类学学报》1990年9卷4期。

［29］见注［5］，第103页。

［30］吴新智、张银运：《中国古人类综合研究》，《古人类论文集》第28～42页，科学出版社1978年版。

［31］贾兰坡：《中国猿人》第85页，龙门联合书局1950年版。

［32］裴文中、张森水：《中国猿人石器研究》，《中国古生物志》新丁种，（12）：1～277，科学出版社1985年版。

［33］邱中郎、李炎贤：《二十六年来的中国旧石器时代考古》，《古人类论文集》第47页，科学出版社1978年版。

［34］任美锷等：《周口店洞穴发育及其与古人类生活的关系》，《北京猿人遗址综

合研究》第 155～184 页，科学出版社 1985 年版。

［35］赵树森等：《北京猿人遗址年代学的研究》，《北京猿人遗址综合研究》第 239～240 页，科学出版社 1985 年版。

［36］Binford, L. R. and C. C. Ho: "Taphonomy at a distance: Zhoukoudian, 'The cave home of Beijing Man?'", *Current Anthropology*, 1985, Vol. 26（4）：413～439.

［37］刘东生等：《对美国"科学"杂志关于周口店第一地点用火证据的文章的评论》，《人类学学报》1998 年 17 卷 4 期。

［38］邱中郎：《中国旧石器时代中期文化》，《中国远古人类》第 1196～1203 页，科学出版社 1989 年版。

［39］Pei, W. C.: "A preliminary study on a new Palaeolithic station known as locality 15 within the Choukoudien region", *Bull. Geol. Soc. China*, 19：147～187, 1939.

［40］顾玉珉：《周口店新洞人及其生活环境》，《古人类论文集》第 158～174 页，科学出版社 1978 年版。

［41］见注［5］，第 169 页。

［42］Pei, W. C.: "The Upper Cave industry of Choukoudien", *Pal. Sin*. New Ser. D, 9：1～41, 1939.

［43］Pei, W. C.: "The Upper Cave fauna of Choukoudien", *Pal. Sin*. New Ser. C, 10：1～100, 1939.

［44］Weidenreich, F.: "On the earliest representatives of modern mankind recovered on the soil of East Asia", *Bull. Nat. His. Soc*. Peking, 13：161～174, 1939.

［45］吴新智：《山顶洞人的种族问题》，《古脊椎动物与古人类》1960 年 2 卷 2 期。

［46］见注［5］，第 227 页。

二　承前启后

（五十年代—六十年代初期）

随着新中国的诞生，连续多年的战争结束，和平建设时期开始，中国旧石器时代考古也跨入了新的发展阶段。从 50 年代初到 60 年代初，是发展阶段的初期。这一阶段的工作具有明显的承前启后的特点。首先是周口店的发掘与研究得以恢复，并且成为本阶段工作的中心。伴随着大规模经济建设的展开，各地也不断有新的旧石器与古人类化石的发现。晋南丁村及其他旧石器文化的发现与研究，则揭开了旧石器考古工作向华北乃至全国发展的序幕。

（一）周口店的继续发掘与研究

1. 田野工作

由于战争停顿了长达十二年之久的周口店发掘工作，在北京解放伊始即得以恢复。周口店遗址这处宝贵的历史文化遗产受到高度重视。当年参加周口店工作的专业人员重新组织起来后，即着手整理标本，制定发掘计划，并由政府拨出专款，重新开始了发掘工作。为了更好地开展工作，政府还修建了遗址陈列馆与有关的建筑设施。鉴于当时的交通状况，又专门修筑了从广安门至周口店的京周公路[1]。

发掘工作从 1949 年秋季开始，由贾兰坡与刘宪亭先生主持发掘工作。这一年首先清理了 1937 年回填的土石，然后又发掘了 125 立方米的原生堆积。发掘收获，除了在坍塌的堆积物中发现的 3 颗北京猿人牙齿外，还有马、犀、猪、鹿的牙齿和食肉类动物的粪便化石、碎骨片及截断的鹿角等。有些碎骨片与鹿角带有明显的人工打击痕迹。在 1951 年的发掘中，又有两颗直立人牙齿发现，同时出土的还有动物化石与少量的石制品。与此同时，在清理碎骨标本时，还找到直立人的肱骨、胫骨各一小段[2]。

　　1958 年再度对周口店北京猿人化石产地进行了较大规模的发掘[3]，分别发掘了"东小洞"、洞穴堆积中部的第 13 层与鸽子堂西部，前后历时八十五天，共发掘了约 1800 立方米土石。这一年的发掘虽然没有发现人类化石材料，但对地层、哺乳动物化石与石器工业等方面都有了新的认识。

　　地层方面的收获很大。在 1958 年之前的三十年，北京猿人化石产地已经过多次发掘，学者们将其深达 34 米的堆积划分为 13 层。其中第 1 至 10 层是德日进与杨钟健早年所划分，第 11 至 13 层则是 1949 和 1951 年继续发掘后划分出来的。这次是从鸽子堂西部的上部堆积开始发掘的，在发掘过程中又得到了全面观察地层的机会。通过发掘与观察有了新的认识——北京猿人遗址的全部地层可以分为三个部分：第 1 至 3 层及其下的灰烬层，即巨大灰岩块以上部分为上部；中部为第 4 至 10 层，包括上、下文化层及最底部的灰烬层；下部则为第 11 至 13 层。

　　这次发掘还在第 3 层下发现一巨大的灰岩块，厚达 5 米，由鸽子堂西端向东延伸 12 米，应是第 3 层形成之前洞顶急剧坍塌的结果。重要的发现是灰岩块上铺有厚层黑色灰烬，最厚处竟达 1 米，其中还发现大量破碎烧骨片与烧过的石块。灰烬的存在与集中分布的情况说明当时人类可能以巨石块的表面为居住面，并且可能已会控制火，使其没有向其他区域蔓延。这个遗迹被引为北京猿人使用火的主要证据之一。

1951 年的发掘已到底砾层，这次在洞穴中部的继续发掘则挖到洞底并且见到了地下水。在靠近下部的第 11 至 13 层，不仅见不到灰烬，化石也很稀少。重要的收获是扁角肿骨鹿的发现。这种鹿类的下颌骨肿厚程度不及肿骨鹿显著，过去曾在十三地点发现过，是中更新统最下部地层的产物。另外同十三地点一样，在底部堆积中也发现一件用燧石石片加工的石器。洞穴堆积底部发现的扁角鹿化石及石制品，说明该层的时代应与十三地点相当，是周口店地区已知的最早的人类活动记录。

1959、1960 年的发掘区仍在鸽子堂的西部，接续 1958 年的工作，由第 27 水平层向下发掘。发掘工作沿用打格分方、按水平层挖的方法。在发掘中详细记录，注意观察各种地层现象与遗物。1959 年共工作 66 天，发掘了 171 立方米的土石，规模远远小于上年，但亦有新收获。最主要的当属在第 10 层发现的一件比较完整的女性直立人下颌骨。同时在该层还发现扁角鹿与肿骨鹿共存的现象。在第 28 水平层下部还发现灰烬层[4]。1960 年的发掘从 5 月 15 日开工，到 10 月 16 日结束时已发掘至第 13 层。在第 13 层发现过去也只见于十三地点的大丁氏鼢鼠化石，还有一件用砂岩石片制成的石器[5]。这些情况再次证明，北京猿人洞堆积底部的时代确实应与第十三地点相当，也就是说，早在洞穴堆积底部开始形成时期就有人类光顾这里了。

2. 研究成果

50 年代到 60 年代初期，除了上述发掘工作外，周口店工作更多集中于资料整理与研究方面。在 1954 年和 1959 年举行的北京猿人第一个头盖骨发现二十五周年和三十周年纪念会的报告和有关的学术书刊上，陆续发表了很多研究成果。

关于北京猿人遗址堆积的划分，在纪念北京猿人第一个头盖骨发现二十五周年的学术报告中，裴文中先生曾根据石器材料提出，至少可以分为前后两期，并认为分期的界限应在第 5 层与第 6 层之间。根据 1958 年的发掘与对地层的观察，贾兰坡先生则提出划分为三个部分的意见，即下部（A 组），包括第 11～13 层，含石制品很少，亦不见典型的肿骨鹿化石；中部（B 组），包括 4～10 层，哺乳动物的种类基本一致，石制品亦无明显变化；上部（C 组），包括 1～3 层，最后鬣狗等较新的哺乳动物出现，也有加工较进步的石器发现[6]。黄万波先生也曾就堆积层的划分及时代等问题发表过意见[7]。

在《对中国猿人石器的新看法》[8]一文中，贾兰坡先生提出：北京猿人曾用砸击法、锤击法与碰砧法三种方法进行剥片。修理石器的方法不仅有锤击法，也有碰砧法。除了一定的打片与修整方法外，石器还有一定的类型。工具也已有一定的分工，即刮削器不能用于砍伐，尖状器也不会用于锤砸。

在 50 年代的中、后期和 60 年代初，对于北京猿人文化发展水平的认识尚有较大的分歧。分歧集中表现在北京猿人石器的进步性与原始性的争论。从 1957 年始，到 1962 年止，围绕此论题，先后共有 20 余篇文章发表[9]。尽管由于当时的发现与研究水平所限，讨论并没有取得一致意见，但对于推动中国旧石器时代考古工作的发展，仍具非常重要的意义。

关于人类化石的研究也有新收获。对北京猿人股骨、胫骨、肱骨、锁骨和月骨化石的研究表明，其上、下肢骨已经十分接近现代人，但其头骨则带有很多明显的原始特征。对此现象，步勒等曾提出，周口店北京猿人地点有原始的和进步的两种人类同时存在。但周口店多年的发掘结果，却无法证实步勒的观点。根据劳动创造人类的理论，吴汝康先生等对北京猿人的体质形态特点提出了新的解释。他们认为：北京猿人的体质形态显示人体各部分发展的不平衡性，在人类演化的过程中，两足直立行走的姿势应首先确立，手从原来的支持作用中解放出来，因而可以制作和使用工具进行劳动。而人脑则是在直立行走的姿势确立之后，经过长期的劳动实践逐渐发展的。这种情况也证明了劳动创造人类的理论[10]。

（二）丁村与晋南等地的发现

在周口店发掘与研究进行的同时，50 年代的大规模经济建设也带来一系列旧石器文化与古人类化石的发现。其中旧石器文化遗存主要发现在晋南、豫西北及晋、陕、内蒙古交界区。

1. 丁村

丁村位于山西省襄汾县城南约 5 公里处的汾河东岸，1953年由于修筑铁路工程挖砂取土而在此发现动物化石和石制品。1954 年在丁村及其附近地区进行了调查和大规模发掘，结果在北起史村、南到苍头村约 15 公里的范围内共发现 14 个化石地点。有 11 个地点发现了数量较多的石制品，其中一个地点还发现了 3 枚人类牙齿[11]。这些地点的编号为 54：90～54：103。发现人类牙齿化石的地点编号是 54：100，1976 年在该地点的发掘中又发现了人类的顶骨化石。

丁村的旧石器地点群的主要地点都在汾河的东岸，地层堆积的情况大致相近。如54:98地点，最上层为土状堆积，上部黄色，下部稍发红，约3米厚。接下去一层为细砂土层，约1米厚。以上两层没有发现化石和石制品。第3层是砂砾层，上部和下部各有一层砾石层，中间为2米左右的交错砂层并夹有灰绿色的泥灰层。在交错砂层和上、下砾石层中都发现有哺乳动物化石、厚壳蚌化石及石制品，厚约4.5米。最下层为细砂，颗粒均匀，未挖掘到底，厚度不清。其他地点的地层及文化遗物的埋藏情况也均与此相近。文化遗物发现于砂砾石层中，是典型的河流相堆积。河流相的文化遗物是经过河流的搬运作用以后形成的异地埋藏，原来遗址的原生地层已经被破坏掉，所以尽管丁村附近有很多石器地点发现，但都没有保留遗迹的现象。

在丁村的14个地点中，除了101、103两地点时代较早和93、95两地点无化石以外，其他地点共发现了28种哺乳动物化石，包括有梅氏犀、披毛犀、野驴、野马、赤鹿、斑鹿、河套扁角鹿、原始牛、水牛、羚羊、德永氏象、纳玛象和印度象等。在100地点发现的鱼化石有鲤、青、鲩、鲶等。另外不少地点都有大量的厚壳蚌化石。上述哺乳动物群出土于不同的地点，因此是广义的丁村动物群。其时代属于晚更新世的早期。通过其他不同方法得出的年代测定结果也与此大致相当。

丁村人化石包括1954年在100地点发现的3枚牙齿化石和1976年发现的右顶骨后部骨片。头顶骨片估计是一个两岁左右幼儿的。3枚牙齿分别为上内侧门齿、上外侧门齿和下第二白齿，均为右侧的。从牙齿的大小、颜色、石化程度及发现于不足2平方米的范围内等情况看，应属于同一个体，年龄约为 12 岁左右。

丁村人的右上内侧门齿舌面中部低凹，两侧增厚且内卷，使舌面成为铲形。舌面的底部有明显的代表原始性质的舌面隆突和指状突，但不及北京猿人的复杂。与北京猿人的门齿相比，不论是齿冠和齿根都比较细小。铲形门齿是蒙古人种的特征，丁村人铲形门齿的特点与现代蒙古人种较为接近，但现代蒙古人种没有明显的舌面隆突和指状突，所以说丁村人较现代蒙古人种原始。幼儿顶骨上带有锯齿状缺痕，表明有顶枕间骨，其骨壁的厚度，较北京猿人的幼儿的顶骨壁薄。从已经发现的丁村人化石的情况看，其体质形态与北京猿人和现代蒙古人种都有相似之处。具有铲形门齿和顶枕间骨等特征，说明丁村人是介于北京猿人与现代蒙古人种之间的过渡类型。

文化遗物主要是石制品，据 1958 年的统计，共 2000 余件。石制品原料以角页岩为主，占总数的 95％ 以上，其次是燧石、石灰岩、玄武岩、石英、石英岩、砂岩等，数量均很少。石料是来源于附近的河滩或冲沟的砾石。这种角页岩砾石的原产地就在丁村以东 7 公里、比现代河床高约 300 米的低山上。由此山向西分布，沿着几条大沟都能找到这种砾石。从很多石制品外表保留的明显棱角来看，它们并未被搬运很长的距离。再从石制品的组成来看，石片和石核的数量是最多的，真正具有第二步加工痕迹的石器的比例很低。所以研究者认为，在丁村附近沿着汾河相当广阔的地区，可能是当时人类制作石器的场所。

根据 50 年代的研究，丁村的石器可以分为两大类，一类为石核石器，另一类为石片石器，并以石片石器为主。石器类型包括有砍砸器、大尖状器、石球、小尖状器和刮削器等。

砍砸器按照素材的情况又分为石核和石片砍砸器。石核砍砸器主要用交互打击法制成，又可再分为单边和多边的两类。单边类只打击石核的一侧或一端的边缘，使其成为厚刃的工具。与刃缘相对的一面多较钝厚，可能是为了便于手握之故。多边类砍砸器是由打击石块的几个边缘加工成的。修出的刃缘可达周缘长度的 70％以上甚至全部。由于系两面加工，有的标本形态较似手斧。石片砍砸器也有单刃和多刃两类。单刃的石片砍砸器，在一边由破裂面向背面加工，与之相对的边缘多较钝厚或为砾石面。多刃砍砸器，也是从破裂面向背面加工，但几个边都有加工，形状有椭圆形、三角形和圆形等。

大尖状器体积厚大，按照尖部的形状又分为三棱尖状器与鹤嘴形尖状器。三棱尖状器以厚石片为素材，主要加工是在两侧边和所夹的角上，由破裂面向背面加工，尖端细锐，横断面呈三角形。由于其形状和制作都具特色，故被称为丁村三棱尖状器。鹤嘴形尖状器，素材与制法均与前者相同，惟尖端扁平呈鹤嘴形（图七）。

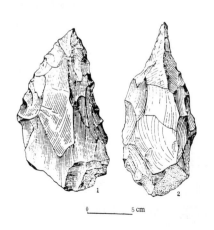

图七　丁村大尖状器

（据裴文中等，1958）

1. 鹤嘴形厚尖状器

2. 三棱大尖状器

0 ____ 5 cm

石球大多是用厚平的砾石加工的，且多数是石灰岩原料，最大的重约1500克，最小的在200克左右，但多在500～1300克间。小尖状器是以小型石片为素材加工的，制作技术与大尖状器相同，其尖端成尖状或扁圆形，在边缘上除了台面以外均作修理，刃缘相当平齐，表现了当时石器制造工艺的水平。刮削器的数量不多，是用单面或交互加工的方法将刃缘修整成凹、直或凸形，其形状有圆形和四边形等。

从总体来看，丁村旧石器以大型为多，砍砸器、大尖状器和石球等大型工具的数量占优势，并以三棱大尖状器为其典型器物，小尖状器、刮削器的数量较少。加工石器的素材以石片为多，但石核或砾石仍占有相当多的比例。关于剥片技术，原报告认为应以碰砧法为主，并有摔击法存在，锤击法居于次要地位。修理技术具有较高的水平，单面加工较多，两面加工也占有一定的比例。器形较规整，刃缘较平齐。

丁村旧石器工业具有很鲜明的特色，但对其文化性质却有不同的认识。一些西方学者往往将丁村旧石器同旧石器时代早期的阿舍利或中期的莫斯特文化相比照，因而强调文化的外来因素。与此相反，中国学者则认为丁村旧石器以石片石器为主，是中国旧石器文化区域性渐进发展中的重要一环。但后一种认识也并不完全一致。尽管大家都承认丁村是一以大型石器为主独具特色的旧石器工业，但对其文化传统却有不同认识。一种认为丁村是华北旧石器文化两大系统中大石器系统的典型代表，即匼河—丁村系（大石片砍砸器—大三棱尖状器系统）；另一种则认为丁村只是华北旧石器时代中期突然出现的大石器文化，其来龙去脉尚不清楚。

丁村是50年代以来首次大规模发掘并进行深入研究的旧

石器遗址。1958 年发表的《山西襄汾县丁村旧石器时代遗址发掘报告》在中国旧石器时代考古发展史上占有非常重要的地位。有学者评价这篇报告关于石制品的研究有几个突出的特点：首先是作了定位描述的规定和说明，其次是将石器按素材分为石核器与石片石器两大类，第三是划分出在以往的文献中没有的厚尖状器与石球两类，第四是通过实验认定丁村的石片大部分是用摔砸碰砧法打制的[12]。

近年来许多学者对丁村遗址 50 年代的资料进行了重新研究，提出许多新的见解。例如有学者认为，丁村发现的石片用锤击法产生的可能性更大，第二步加工技术也应多是锤击法等等[13]。还有学者从类型学的角度分析，认为丁村的发现应分成两组，一组与北方旧石器时代常见的小型石片石器工业接近，另一组则与前者区别较大，大型工具在石器组合中占据着主导地位[14]。

2. 晋南、豫西等地的发现

配合三门峡水库建设，1957 年 11 月，中国科学院古脊椎动物与古人类研究所王择义、翟人杰与黄万波等到三门峡水库区进行调查，在晋南芮城县的涧口、匼河、谭郭、独头，豫西陕县、灵宝与陕西潼关等地发现多处旧石器地点，并采集到石制品与动物化石。这批材料经贾兰坡、王择义与邱中郎先生研究，收入 1961 年出版的《山西旧石器》一书[15]。50 年代末到 60 年代初，在上述地区又进行了工作，其中重要的有匼河、西侯度与三门峡诸地点。

在山西省芮城匼河村附近，中条山南麓的黄河左岸，南北延伸约 13 公里的地带分布着 11 个旧石器地点，即经常说到的匼河旧石器地点。自 1957 年发现起，在这里已经先后进行过五次发掘。已经发表的材料以匼河 6054、独头南沟 6055 两个地点为主[16]。这两个地点系 1960 年所发掘。

从匼河地点出露的剖面上可以见到，最下部是上新世的泥灰岩；泥灰岩之上即为含石制品和动物化石的桂黄色砾石层，厚约 1 米；其上为厚约 4 米浅褐色交错砂层和厚约 1 米的灰黄色细砂层；再上为夹有古土壤和凸镜体砾石层的含粉砂红色土，厚约 21 米；最顶部为厚约 2 米的砾石、灰黄色粉砂及砂质黄土。文化遗物与动物化石的埋藏环境是典型的河流相，从磨蚀程度看，搬运距离较长。

匼河发现的石制品与周口店北京猿人的石器工业很不相同。这里的石器原料除极少数是脉石英，均为石英岩，系来源于附近河滩的砾石。剥片技术以锤击法为主，兼用碰砧法。还发现一件巨形石片，重达 5.35 公斤，体积为（23.5×31.5×7.5）立方厘米，据原研究者的意见，应系"投击法"产生。从数量很多的石核、石片观察，多以砾石面为台面直接剥片，很少利用打击台面，这种情况说明对石料的使用率很低。

石器的种类有砍砸器、刮削器、大尖状器、小尖状器与石球。砍砸器与刮削器的数量相当，各占石器总数的 1/3 强。其他 3 类的总和还不足 1/3。砍砸器与石球主要是用砾石或石核加工的，形体粗大。大尖状器是本区特有的石器类型，是用厚大的石片加工的，共有 3 个面，其 3 个缘交汇成一个三棱状尖，因而也被称为三棱大尖状器。刮削器和小尖状器的形体都较小，系以小型石片加工的。

在这里发现的哺乳动物化石中象类有好几种，包括师氏剑齿象、东方剑齿象和纳玛象。还有马、水牛、野牛、野猪、披毛犀等。鹿的种类也有 3 种，包括肿骨鹿、扁角鹿和斑鹿。对这个动物群所反映的时代尚有不同的意见。一种认为相当于中更新世的早期，早于北京猿人的时代，另一种认为应与北京猿人同时。

在 1962 年研究报告发表以后，一些学者曾撰文就匼河的时代问题进行讨论。鉴于此，1963 年、1978 年又两度对匼河6054 地点的砾石层进行了发掘，1980 年秋季还发掘了6056 地点的泥灰岩层。这几次发掘的收获很大，又有新的石制品与哺乳动物化石被发现。在 6054 地点还发现了引人注目的三趾马牙齿化石。6056 地点新发现的石制品与化石材料与 6054 地点有着较明显的差异。这些新发现说明，匼河可能是一个时代不同的旧石器地点群分布区[17]。

在与匼河同处于山西省芮城县的西侯度村附近，1960 年发现另一个时代更早的旧石器地点。这个地点即以西侯度村命名[18]。动物化石与石制品发现于西侯度村后的一座称为"人疙瘩"的小土山，西距黄河仅 3 公里。土山系黄河左岸高出河面约 170 米的古老阶地，经长期侵蚀而成。文化遗物和动物化石集中分布在约 1 米厚的交错砂层中，交错砂层的时代应为早更新世。砂层上覆盖着中更新世的红色土，再上为晚更新世的黄土层。

西侯度发现的文化遗物包括石制品及带有可能是人工痕迹的动物化石。

石制品有 32 件，包括石核、石片与石器。石制品的原料主要是石英岩，少数为脉石英和火山岩。石核大多是选用磨圆较差的砾石或大石片。从石制品保留的痕迹观察，锤击、碰砧与砸击三种剥片方法均有使用。石核大小悬殊，大的重达 8 公斤以上，小的仅几十克，包括有"两极石核"和漏斗形石核。

石片可分成锤击石片、砸击石片和碰砧石片。石器类型有刮削器、砍砸器与三棱大尖状器等。其中刮削器可分为凹刃、直刃和圆刃几式，砍砸器为单面、双面及有使用痕迹的大石片。

在遗物中发现一个残破的鹿角上有两处创痕，其一可能是人工切割或砍砸的痕迹，另一则可能是刮削的痕迹。另外还有颜色呈黑、灰绿或灰色的哺乳动物的肋骨以及马牙、鹿角等，这些化石可能是被火烧过的。

与文化遗物共存的哺乳动物化石有巨河狸、剑齿象、山西披毛犀、古板齿犀、长鼻三趾马、三门马、双叉麋鹿等。其中绝灭属占47％，绝灭种占到100％，其时代应属于早更新世。从该地点发现的哺乳动物化石看，其地质时代应属于早更新世。古地磁年代为距今180万年。所以一般将西侯度作为我国最早的旧石器时代地点之一。但由于这里所发现的文化遗物经过较为严重的磨蚀，人工痕迹比较模糊，也有一些学者对该地点的文化性质持保留意见[19]。

同一时期，在晋南的垣曲境内，也有旧石器发现。已经报道的石制品数量有200多件，但多采自地表，且分布在垣曲境内的数十个地点。多数地点与芮城的发现相同，属于露天地点，仅南海峪一处为洞穴遗址。

露天地点发现的石制品，也以砾石石器为主。石器以砾石砍砸器最具特色，有用长条形砾石在一端加工的端刃砍砸器，也有在扁方形砾石一侧进行加工的边刃砍砸器。经过第二步加工的石片石器的数量很少，仅见几件刮削器。一件火成岩石片加工的尖状器，亦比北京猿人石器工业中常见的尖状器形体大许多。

南海峪洞穴遗址位于垣曲县城西南海峪沟的山坡上，洞口高出山涧地面约 6 米，紧邻一条流入黄河的小河。1957 年王择义先生发现这个遗址，次年中国科学院古脊椎动物与古人类研究所组织了为期 1 个月的发掘[20]。遗憾的是该遗址在发掘前已经受到严重破坏，仅在北边还保留着部分堆积。从保留文化遗物最丰富的地点观察，由上至下均为褐黄色的土状堆积，中夹灰岩碎块。有数量较多的石制品、烧骨等发现。哺乳动物化石的种类包括犀牛、鹿类和豪猪等，还有一件与周口店第一地点发现的硕猕猴十分相近的猕猴下颌骨。因此这里的时代可能也与北京猿人较为接近，属于中更新世或稍晚。

然而这里的石制品与当地露天地点的发现明显不同，主要是形体较小的石片石器。石器原料多数为脉石英，也有燧石、角页岩、石英岩等。从石片上的特征观察，应主要是石锤直接打击方法的产物。石器有刮削器与尖状器两类，均系形体较小的工具，大型的砍砸器和大型尖状器则没有出现。这种情况与邻近地区露天地点的石器工业正好相反，与相距遥远的北京猿人石器工业则较为接近（图八）。

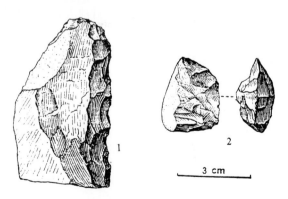

图八　南海峪刮削器（据王择义等，1959）

3. 晋西北、陕北与内蒙古南部的调查

本阶段华北另一个开展工作较多的地区是在山西的西北、陕西的北部与内蒙古南部的交界处。该区在 20 年代曾进行过工作，著名的萨拉乌苏就在这一带。正是因为早期工作打下了基础并遗留下问题，所以进入 50 年代以来，这里又重新成为旧石器考古工作者关注的地方。1956～1960 年期间，内蒙古博物馆的汪宇平先生曾三次到萨拉乌苏一带进行调查与试掘，发现有哺乳动物化石、石制品及烧骨等文化遗物，先后发现的石制品总数超过百件，而且还采集到"河套人"的顶骨与股骨化石。

另一项有计划的调查工作是张森水先生完成的。1958 年 9～11 月和 1959 年 8～9 月他两度去内蒙古中南部、山西西北部的黄河两岸进行调查，在内蒙古托克托县、清水河县、准格尔县及山西偏关县的近百处地点发现打制石器[21]。石制品的种类很多，从石核、石片等初级产品到修理精致的尖状器（图九）、边刮器、端刮器及砍砸器、石球等均可见到。虽然这批

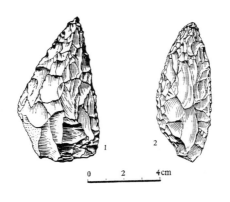

图九　准格尔尖状器（据张森水，1960）

石制品系地表采集品，但根据它们分布的地貌部位与加工技术，不难看出仍应属于旧石器时代。只是对它们的文化性质的认识还有所不同。有学者认为其精致的边刮器、端刮器及长身石核与宁夏灵武水洞沟文化相近，应同属于石叶工业系统[22]。原研究者则将其与山西蒲县薛关的细石器文化等统称为"黄河边上的新文化"[23]。

（三）华南巨猿与人类化石的发现

随着大规模的经济建设展开，华南也有一系列新发现。不过这些发现与华北地区明显不同，主要的发现集中于人类化石方面，旧石器文化遗存则较少报道。50 年代后期在广西洞穴进行的巨猿调查，则是一次有计划并取得丰硕成果的探索。

1. 资阳人的发现

在 50 年代发现的一系列人类化石中，资阳人是最早被发现的。资阳人化石是 1951 年修建成渝铁路时在四川资阳县的黄鳝溪大桥桥墩工程中发现的，系一颅顶保存完整、颅底大部分缺失的头骨，另外还有硬腭一块。同时还发现一件骨椎。动物化石有东方剑齿象、中国犀牛、水鹿、猛犸象、鬣狗、虎、豪猪与竹鼠等。化石发现时已经脱离层位，从化石的含氟量与比重等情况看，可以分为两类：一类的时代可能较早，包括犀牛、水鹿、东方剑齿象等。另一类包括资阳人化石在内，动物化石有马、麂、麝、猛犸象等，时代应较晚，可能属于晚更新世晚期。

资阳人的头骨较小，但在现代中国人头骨的变异范围之内。头骨也表现出一定的原始性状，如眉弓比较发达，枕骨内面的大脑窝比小脑窝深而广，前囟点的位置较现代人靠后，颞骨鳞部较低矮而平整，弯曲度比现代人小，脑膜中动脉前枝虽大但分枝少，后枝比前枝密等。但也有一些与现代人相似的特点，如头骨高度较大，其最高位置在两侧的顶结节处，人字点和枕外粗隆点约在同一垂直线上等。资阳人的上颌骨右侧颧突的外侧缘保存完好，向外向上缓缓延伸，稍呈弧形，这已经相当接近现代蒙古人种的特征。

全面报告有关资阳人研究成果的《资阳人》一书出版于1957年[24]。60年代初，有学者对资阳人的年龄与性别问题提出不同意见。70年代又有关于化石地层时代问题的讨论。尽管尚有不同看法，但从总体来看，化石的性别与年龄特征显示资阳人可能是一个50岁左右的老年女性个体，属于较晚的晚期智人类型。

2. 柳江人

柳江人化石是1958年在广西柳江县新兴农场东面的通天岩旁一个较小的洞穴中发现的[25]。该洞口高出山脚约5米多。洞口附近的堆积为松散的石灰岩角砾，夹砂和土，灰褐色。人类化石即发现于这套堆积中。同人化石一起发现的动物化石有大熊猫、中国犀、东方剑齿象、巨貘、豪猪、牛类、鹿类等。

柳江人化石包括1个除下颌骨外的完整头骨、完整的4个胸椎和全部5个腰椎及骶骨，肢骨保存了右侧髋骨及左、右股骨各一段。从这些化石的石化程度、色泽和发现的范围来看，应属于同一个体。从化石所显示的年龄与性别特征来看，应是一个40岁左右的中年男性。

柳江人的头骨较长，眉脊粗壮，额部稍向后倾斜，前囟点的位置远较现代人为后。股骨壁较厚，比山顶洞人的壁厚而腔细，说明其较后者要原始一些。从柳江人的颅盖高指数、前囟点指数、前囟角、额角和头骨的形态等进行判断，柳江人也较山顶洞人原始。柳江人的颧骨较大而前突，鼻骨低而宽，梨状孔底部圆钝，鼻梁稍凹，鼻前窝浅，犬齿窝不明显，上门齿舌面呈铲形。这些特征显示其属于蒙古人种。从总体特征来看，可以确定柳江人是较早的晚期智人，比山顶洞人和资阳人要早，是至今为止在中国发现的最早的晚期智人化石，是处于形成阶段的蒙古人种的一种早期类型。

柳江人化石另一重要之处是其表现出中国南方人类型的特点，如没有矢状脊，头骨不如山顶洞人长，为阔上面型和特阔鼻型。从柳江人的时代和地理位置来看，柳江人应与日本冲绳的港川人、加里曼丹岛的尼阿洞人等有着密切的亲缘关系[26]。另外，柳江人可能与澳洲发现的晚更新世的化石人类也有某种关系[27]。

3. 马坝人与长阳人

马坝人化石是 1958 年在广东曲江马坝乡狮子山的一个溶洞中发现的[28]。狮子山位于马坝镇西南 1.5 公里，包括两个灰岩孤峰。山上有三排溶洞，人化石和大部分动物化石发现在第二层溶洞的堆积中。堆积分三层，人类化石和动物化石均发现在第一层。动物化石有猕猴、猩猩、华南豪猪、大熊猫、西藏黑熊、猪獾、水獭、花面狸、大灵猫、最后鬣狗、虎、东方剑齿象、纳玛象、华南巨貘、中国犀、野猪、水鹿、水牛等种类，均是常见于华南中、晚更新世的大熊猫—东方剑齿象动物群的成员。其中仅最后鬣狗多见于晚更新世，较具时代特征。铀系法的年代测定为距今 12 万年左右。人化石的特征也属早期智人中较晚的类型。因此其时代应属于晚更新世的早期。

马坝人化石是因当地农民在洞内挖肥取土而发现，所以原来的埋藏情况不清，无法确定是否一处居住遗址。前几年又在当年搬运到洞口的堆积中发现了两件石制品[29]，均是砾石石器。

马坝人头骨化石的石化程度较深，呈浅灰黄色，头骨缝大部分已经愈合，骨面较粗涩，可能代表一个中年男性的个体。发现时已破碎成几块，修补后成一较完整的头盖骨。头骨的特征是：眉脊粗壮，眶后部位明显后缩。头骨最宽处在乳突上脊的稍上处，与欧洲的尼人相似。颅骨的骨壁较薄，颅穹窿较为隆起，脑量可能大于北京猿人。这些都是较典型的早期智人的特征。但与70年代发现的大荔人与许家窑人相比，马坝人的头骨壁厚度、眉脊的厚度和矢状脊的粗壮程度都明显不如前两者，这些说明马坝人是较晚的早期智人。另外马坝人的颧骨较尼人更前突，鼻骨侧面角度大等特征与大荔人相同，而与典型的尼人相去较远等特点都说明马坝人是中国古人类进化系统上的一环。

比马坝人发现稍早同属于早期智人的是长阳人。长阳人化石1956年发现于湖北长阳县西南45公里赵家堰区下钟家湾村的龙洞内。龙洞位于下钟家湾村西北关老山南坡，洞口离耕地地表约10米左右。洞穴内的堆积，除了下部有大小不同的石灰岩碎块和底部靠洞壁的地方局部有含碎石块和化石的坚硬角砾岩外，大部分为深黄色松软的砂质泥土。在角砾岩和松软砂质泥土层中有丰富的动物化石，包括豪猪、竹鼠、古豺、大熊猫、最后鬣狗、东方剑齿象、巨貘和中国犀等。虽然动物化石很多，但并无文化遗物的发现。从堆积的情况看，化石可能是被流水带入的[30]。

长阳人的化石包括一件残破的带有两颗牙齿的上颌骨和一颗左下第二前臼齿。化石具有一定的原始性，如牙齿较大，咬合面有许多皱纹，齿冠较低，齿根较长，左下第二前臼齿的齿根有两个分枝，犬齿隆凸显著，梨状孔的下部较宽，鼻腔的底部较为平坦等。但长阳人也有很多近现代人的特征，如颌前倾的角度不如北京猿人显著等，说明其明显比北京猿人进步。

由于动物群中有最后鬣狗的存在，其时代可能已进入晚更新世。人化石的特征则说明长阳人应属于早期智人类型。

4．寻找巨猿的工作

巨猿的全称为步氏巨猿（*Gigantopithecus blacki*），系1935年荷兰古生物学家孔尼华根据在香港中药铺得到的一枚臼齿化石而定名。古人类学家魏敦瑞在当时曾经认为巨猿是人类的直系祖先，因此提出人类起源于"巨人"说。为了寻找巨猿化石的产地，了解巨猿与早期人类的关系，1956年起，裴文中先生率队赴广西各地进行了考察。考察队首先在大新的黑洞发现巨猿的牙齿及共生的哺乳动物化石，1957年又在柳城的巨猿洞找到更丰富的巨猿化石。经过断断续续六年的发掘，在巨猿洞共发现3个巨猿下颌骨及1000多枚牙齿化石，同时还有大量其他哺乳动物化石[31]。后来在广西巴马、武鸣以及湖北建始等地也陆续有所发现。

到目前为止，巨猿化石在中国都是出自洞穴堆积。但除牙齿外，仅有3件下颌骨，而没有发现完整骨架或其他部位的骨骼。这种情况说明巨猿可能不是穴居者。在发现材料最多的柳城巨猿洞，与巨猿共生的还有猩猩、猕猴等灵长类动物。在巴马则有长臂猿化石与巨猿同时发现。这些情况说明，巨猿可能生活于森林环境。共生的哺乳动物群还说明，中国巨猿的生存时代大约是从早更新世早期一直延续到中更新世。

从化石形态看，巨猿的下颌骨和牙齿既有一些接近人类的特点，也有接近猿类的特点。有人曾估计巨猿的身高可达2.7米，体重达270公斤以上。这种估计虽不十分精确，但也足见巨猿的形体之巨。从早更新世到中更新世，在中国已是早期人类很繁荣的时代，所以，巨猿显然不会是人类的直接祖先。尽管如此，这支形体巨大的中国远古人类近亲的体质特征及其命运，对于研究人类的起源与发展仍是十分重要的[32]。

（四）从周口店到华北地区的发展

50年代到60年代初期，是中国旧石器时代考古学发展史上承前启后的阶段。首先从1949年开始，中断了12年的周口店发掘工作又得以恢复。30年代主持周口店工作的地质调查所的新生代研究室，在50年代先改为中国科学院古脊椎动物研究室，后扩建为古脊椎动物与古人类研究所。从事旧石器时代考古及相关学科的研究力量随之不断扩大。周口店遗址的发掘与研究工作，成为这一时期旧石器考古的中心。中国旧石器时代考古起步阶段所开创的工作得以继承，并继续向前发展。

从田野考古发掘工作来看，也具有明显的承前启后的特点。这一阶段有计划的主动发掘主要集中在周口店。周口店以外的发掘与调查工作，则多是配合当时大规模兴起的经济建设进行的。随着研究力量的成长，特别是大规模经济建设所带来的发现机会，使得50年代的工作并没有仅仅局限在周口店。丁村与晋南、豫西北旧石器文化的发掘与调查，资阳人、柳江人与马坝人等化石的发现也是本阶段的重要成果。这些工作标志着中国旧石器时代考古开始从周口店向华北地区，进而向全国的发展。

在 50 年代到 60 年代初期所发表的研究成果中，北京猿人及其文化仍是学者们关注的中心，与周口店遗址或北京猿人及其文化有关的内容占相当大的比重。特别是围绕北京猿人文化的性质与骨器问题展开的两场讨论，所涉及的学者范围之广、持续的时间之长以及规模之大，在中国旧石器考古学史上都是少见的。尽管由于当时所积累的资料有限，更主要是由于学科发展所处的阶段，讨论并没有取得一致的意见，但这两次讨论对于中国旧石器时代考古学发展的影响，则要远远大于所讨论问题的本身。

丁村的发掘与研究成果在本阶段也占有重要地位。1954年丁村的发掘，在当时是周口店遗址以外规模最大的。丁村文化独具特色的文化面貌，也丰富了中国旧石器文化的内容。它的发现引起学者们的高度关注，推动了旧石器考古工作从周口店向华北其他地区的发展，成为随后华北地区旧石器一系列发现的前奏。1958 年发表的《山西襄汾县丁村旧石器时代遗址发掘报告》，则是 50 年代以来所发表的第一本资料详尽、研究深入的旧石器时代考古发掘报告。它所开创的研究规范，对50 年代后期以来中国旧石器时代考古学研究的发展有着非常重要的影响。

本阶段中国旧石器时代考古学发展的另一显著特点是，中国学者开始独立自主进行发掘与研究。前述的丁村遗址，就是中国学者独立自主进行旧石器考古发掘与研究的第一个项目。与前一阶段有众多国外学者参与，甚至连发掘经费也由国外基金会提供，因而发掘与研究工作均不能自主的情况相比，中国旧石器时代考古学开始进入了独立自主的发展时代，对学科的继续发展有着非常重要的影响。

注　释

[1] 张森水：《中国旧石器文化》第17页，天津科学技术出版社1987年版。

[2] 贾兰坡、黄慰文：《周口店发掘记》第160～165页，天津科学技术出版社1984年版。

[3] 贾兰坡：《中国猿人化石产地1958年发掘报告》，《古脊椎动物与古人类》1959年1卷1期。

[4] 赵资奎、李炎贤：《中国猿人化石产地1959年发掘报告》，《古脊椎动物与古人类》1960年2卷1期。

[5] 赵资奎、戴尔俭：《中国猿人化石产地1960年发掘报告》，《古脊椎动物与古人类》1960年3卷4期。

[6] 见注［3］。

[7] 黄万波：《中国猿人洞穴的堆积》，《古脊椎动物与古人类》1960年2卷1期。

[8] 贾兰坡：《对中国猿人石器的新看法》，《考古通讯》1956年第6期。

[9] 见注［2］，第170页。

[10] 吴汝康：《中国猿人体质发展的不平衡性及其对"劳动创造人类"理论的意义》，《古脊椎动物与古人类》1960年2卷1期。

[11] 裴文中：《山西襄汾县丁村旧石器时代遗址发掘报告》，《中国科学院古脊椎动物研究所甲种专刊》（2），1958年。

[12] 李炎贤：《丁村文化研究的新进展》，《人类学学报》1996年15卷1期。

[13] 李炎贤：《关于丁村文化的几个问题》，《演化的实证——纪念杨钟健教授百年诞辰论文集》第39～49页，海洋出版社1997年版。

[14] 张森水：《管窥中国旧石器考古学的重大发展》，《人类学学报》1999年18卷3期。

[15] 贾兰坡、王择义、邱中郎：《山西旧石器》，《中国科学院古脊椎动物与古人类研究所甲种专刊》（4），1961年。

[16] 贾兰坡、王择义、王建：《匼河——山西西南部旧石器时代初期文化遗址》，《中国科学院古脊椎动物与古人类研究所甲种专刊》（5），1962年。

[17] 陈哲英：《山西旧石器时代考古综述》，《山西旧石器时代考古文集》第1～

14 页，山西经济出版社 1993 年版。

[18] 贾兰坡、王建：《西侯度——山西更新世早期古文化遗址》，文物出版社 1978 年版。

[19] 张森水：《关于西侯度问题》，《人类学学报》1998 年 17 卷 2 期。

[20] 王择义、邱中郎、毕初珍：《山西垣曲南海峪旧石器地点发掘报告》，《古脊椎动物与古人类》1959 年 1 卷 2 期。

[21] 张森水：《内蒙古中南部旧石器的新材料》，《古脊椎动物与古人类》1960 年 2 卷 2 期。

[22] 黄慰文：《中国旧石器时代晚期文化》，《中国远古人类》第 227 页，科学出版社 1989 年版。

[23] 见注［1］，第 244～248 页。

[24] 裴文中、吴汝康：《资阳人》，《中国科学院古脊椎动物与古人类研究所甲种专刊》(1) 第 1～71 页，1957 年。

[25] 吴汝康：《广西柳江发现的人类化石》，《古脊椎动物与古人类》1959 年 1 卷 3 期。

[26] 吴新智：《中国晚旧石器时代人类与其南邻（尼阿人与塔邦人）的关系》，《人类学学报》1987 年 6 卷 2 期。

[27] 吴汝康：《亚洲早期人类的分布与澳大利亚的关系》，《中国—澳大利亚第四纪学术讨论会论文集》第 241～245 页，科学出版社 1987 年版。

[28] 吴汝康、彭如策：《广东韶关马坝发现的早期古人类型人类化石》，《古脊椎动物与古人类》1959 年 1 卷 4 期。

[29] 宋方义、邱立诚、黄志高：《马坝人地点新发现的打制石器》，《纪念马坝人化石发现三十周年文集》第 20～22 页，文物出版社 1988 年版。

[30] 贾兰坡：《长阳人化石及其共生的哺乳动物群》，《古脊椎动物学报》1957 年 1 卷 3 期。

[31] 裴文中：《柳城巨猿洞的发掘和广西其它山洞的探查》，《中国科学院古脊椎动物与古人类研究所甲种专刊》(7)，1965 年。

[32] 张银运：《布氏巨猿》，《中国远古人类》第 269～276 页，科学出版社 1989 年版。

三　走向全国

（六十年代中期—七十年代末）

　　进入 60 年代，特别是 60 年代中期以后，中国旧石器时代考古学的发展进入一个新阶段，开始由华北及西北走向全国。在原来工作基础良好的华北与西北地区，继续有重要的古人类化石与旧石器文化的不断发现。与此同时，在西南、华南与东北等地区，也陆续发现旧石器时代不同时期的人类化石与文化遗存。不过在这一时期，华北与西北仍然是旧石器时代考古工作的重点地区，先后发现了蓝田人、许家窑人与大荔人等一批重要的古人类化石及其文化遗存，以及其他旧石器时代文化遗址如小南海、峙峪、下川与虎头梁等。新发现使得人们对这些地区古人类文化的发展脉络有了比较清晰的认识，同时也为中国旧石器时代文化的发展序列建立了参考标尺。

（一）蓝田人及北方的早期旧石器文化

1. 蓝田人及其文化

　　蓝田地区发育良好的新生代地层很早就受到关注。1959 年，地质部的曾河清先生首先发表了该地区的一个地层剖面图。中国科学院地质研究所刘东生先生也于同年在蓝田泄湖镇与西安市郊进行调查，对第三纪地层进行了划分。1963 年，中国科学院古脊椎动物与古人类研究所的研究人员前往蓝田地区考察，他们首先在蓝田县城东约 16 公里处的公王岭村附近找到化石地点，采集了很多哺乳动物化石，随后又在泄湖镇陈家窝村附近发现直立人下颌骨化石及一些石制品。1964年由古脊椎动物与古人类研究所等11家科研机构与高等学校组成的综合考察队，进行了更大规模的调查与发掘，在公王岭地点发现了直立人的头盖骨化石[1]。

华北与西北地区时代最早、发现也较早的古人类化石是蓝田猿人。蓝田猿人一般是指公王岭的直立人头盖骨与陈家窝的下颌骨化石。因为两地相距很近，又都发现于红色土中，所以原研究者将其放在一起研究并予以复原。这就是我们一般所称的蓝田猿人的来历。随着第四纪研究工作的深入，特别是第四纪年代学研究的进展，很多学者认识到，公王岭与陈家窝两地哺乳动物化石的时代差距较大，两地人化石所显示出的原始特征的程度也不相同。较早测定的陈家窝古地磁年代数据为距今65或53万年，公王岭的数据为距今75～80万年或98万年。按照最近重新测定的结果，陈家窝仍为距今65万年，但公王岭则要早到距今115～110万年[2]。古生物地层学、古地磁年代学所提供的资料及人类化石所具的原始性状都说明公王岭直立人的年代要早于北京猿人。

蓝田地区的红色土分布非常广泛，构成灞河的3、4级阶地。公王岭是灞河左岸的4级阶地。直立人头盖骨和伴出的动物化石，埋藏在30米厚的红色土底部的两条古土壤带之间。在公王岭直立人化石层中，还发现42种哺乳动物化石，其中有少量第三纪的残余种如爪兽、泥河湾剑齿虎，以及早更新世到中更新世早期的种类如丽牛、丁氏鼢鼠、土红鼠等。而现生种的比例仅为1/5。这都说明公王岭的时代较早。另外公王岭动物群还带有明显的南方动物群的特色，如大熊猫、剑齿象、马来貘、爪兽、毛冠鹿、水鹿、秦岭苏门羚等，都是华南更新世大熊猫—剑齿象动物群中的主要成员[3]。这种情况说明当时蓝田地区的气候条件应与华南地区较接近，属于温暖湿润的亚热带森林环境。

公王岭直立人的头骨化石保存了额骨、大部分顶骨、部分颞骨、鼻骨和上颌骨，以及右上第二、三臼齿和左上第二臼齿。头骨的形态既与北京猿人有相似之处，又有一系列特征比北京猿人更原始。比较突出的有以下几点：1. 头骨高度小，低于北京猿人，也低于爪哇直立人，是世界上已经发现的颅高最低的直立人化石标本。2. 脑量小，复原后的头骨脑量仅约780毫升。3. 头骨壁极厚，平均厚度为12.4毫米。4. 眶上圆枕极为粗壮，眉脊和眉间粗壮，左右两侧眉脊在眉间部互相连接，眉间部向前突出，圆枕的外侧段比北京猿人更为向外延伸，因而眶后缩较北京猿人和爪哇人标本的后缩程度都大。5. 牙齿硕大，上二、三臼齿的宽度均超过北京猿人。从头骨的形态看，公王岭头骨所代表的个体可能是女性，年龄约在30多岁[4]。公王岭头骨的额鼻缝和额上颌缝的走向约在同一水平位置，这既与北京猿人相同，也是后来的蒙古人种的特点。

一般所称的蓝田猿人文化系泛指公王岭地点及其附近地区红色土中发现的石制品。公王岭地点曾于1965～1966年进行过大规模的发掘，但所发现的材料不多，只在猿人化石地层之上发现20件石制品。1975年又发现6件。种类包括石核、石片及刮削器。石制品的原料主要是石英岩，也有石英和细砂岩。剥取石片主要采用锤击法，也可能有碰砧法使用。石器修理粗糙简单，向破裂面加工者占半数以上。

在公王岭附近红色土层中发现的石制品有两类，一类出自

图一〇　蓝田大尖状器
　　（据戴尔俭，1966）

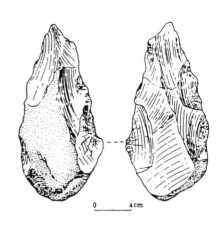

地层，在9个地点共发现12件；另一类采自地表，从其位置及表面粘结物的情况看也当出自红色土层，在19个地点共发现38件。这两类的共同特征是形体普遍较大。石器类型以砍砸器为主，也有石球与大尖状器。砍砸器等大型工具是用粗大的砾石加工的。大尖状器是将整块的石英岩砾石用交互打击法制成的，呈长三角形，但底部仍保留较大的砾石面（图一〇）。当时蓝田地区的自然环境具有很明显的南方色彩，温暖湿润的森林环境为早期人类提供了方便的生存条件。形体粗大的石器应是早期人类适应当地自然环境、进行生产活动的产物。

2．三门峡地区

在与匼河旧石器地点群隔河相望的河南三门峡地区，继50年代后期发现旧石器之后，1963年秋，古脊椎动物与古人类研究所黄慰文、李公卓与河南省文物工作队的郭天锁等又进行了调查，发现6个石器地点[5]。大部分石制品采自红色土的不同层位，也当归入更新世中期。这些地点的分布、埋藏情况与匼河的相似。其中比较重要的是水沟与兴会沟等地点。它们分布在三门峡市东北的会兴镇与上村之间，上述两条流入黄河的冲沟沟口处。石器埋藏在地表之下 50 米深的黏土和粉砂土交互层中。交互层的上部为红色土，下部为砂层和砾石层。

这里发现的石制品也是在河滩上选取砾石为原料，岩性以石英岩、火成岩为主，还有少量的石英、硅质岩和角页岩。从石制品的特征观察，锤击法应是主要的剥取石片的方法，但也有一些大石片带有明显的碰砧法特征。石器类型以砍砸器的数量最多，半数以上是用砾石或石核直接加工的，其次为石球，刮削器很少，形体也较大，另外还有大尖状器或称原手斧类发现。石制品的整体面貌粗大，多保留砾石面。

3. 小长梁

泥河湾盆地自 60 年代中期以来，就不断有旧石器时代文化发现，但都属于时代较晚的旧石器时代中、晚期。旧石器时代早期地点的发现始于 70 年代末，最早发现的是盆地东缘的河北省阳原县大田洼乡官亭村小长梁遗址。小长梁遗址所在的层位接近泥河湾组的顶部。1978 年秋季，尤玉柱、汤英俊与李毅先生等在阳原到蔚县一带进行第四纪调查期间，发现小长梁及其附近另一处含石器的地点[6]。

小长梁附近的地层出露得比较清楚，最上面是浅棕黄色的黄土，厚度 8~15 米不等，时代应为晚更新世。其下即含文化遗物的泥河湾层，总厚度达 72 米，可分为 14 层。石制品与文化遗物出自靠下部的、厚度仅 0.5~0.8 米且具锈黄色条带的砂层中。最下部为前第三纪的变质岩及火山岩。与石制品共生的化石有鬣狗、古菱齿象、三趾马、三门马、羚羊、鹿、腔齿犀等。因保存条件很差，化石十分破碎。

两次小规模的发掘集中在东西长约 100 米、南北宽约 10 米的范围内。文化遗物的分布断续不均，但石块与石器有各自较为集中的区域。发掘及调查采集的石制品总数近千件。绝大部分石料为燧石，还有少量脉石英、石英岩与火山岩。经过二次加工者均为燧石。但燧石的质量较差，节理发育，影响到石器加工的效果，因此产生了大量的废品与断块。剥片主要技术系石锤直接打击法，但研究者也辨认出砸击石核与石片的存在。石器种类有刮削器、尖状器与砍砸器几类，并以前两者为主。有的学者还细分出圆头刮削器与石钻等。

小长梁的发现引起国内外学术界的广泛关注，许多学者对其石器工业的性质、地层与时代等问题展开热烈的讨论。随着泥河湾盆地旧石器考古与第四纪地质学等研究的进展，目前的认识正在逐步接近。根据古地磁学研究的结果，小长梁的文化层位于贾拉米事件以下，时代应为早更新世，距今约 100 万年或稍大于 100 万年。不过也有学者仍坚持其时代应更早的观点。

（二）大荔人、许家窑人及其文化

1. 大荔人及其文化

大荔人是 1978 年在陕西大荔县段家公社解放村附近发现的一个比较完好的早期人类头骨，发现者是当地地质队的刘顺堂先生。大荔人地点位于解放村附近的甜水沟口。1978 年初在这里的砂砾石层中发现了大荔人头骨化石，同年秋进行了发掘[7]。1980 年又第二次发掘，并在附近进行调查，发现了相当丰富的哺乳动物化石和石制品[8]。大荔人地点位于黄土塬与渭河谷地的交接地带，洛河将其附近地区冲成 3 级阶地。大荔人化石、石器及动物化石就发现在第 3 级阶地底部的砂砾石层中。

大荔人地点发现的哺乳动物化石包括了 11 个种属，较有代表性的是肿骨鹿、普氏羚羊、古棱齿象、马、犀牛、河狸等。其中的马类化石，有近似野马的，也有近似三门马的。动物群有较明显的从更新世中期向晚期过渡的特点，但又具较多的晚更新世常见的种类。因而研究者倾向于将其归入晚更新世的早期，或旧石器时代中期的前一阶段。不过铀系法年代测定的数据为距今 20 万年左右。植物孢粉化石发现的不多，有蒿、菊、藜等草本植物及松、柏、云杉等针叶树种。植物群落反映出当时是较干凉的气候。

大荔人的头骨化石保存较为完整，是一个不到 30 岁的男性个体。头骨的多数特征和测量数据如头骨最大长度和最大宽度、颅高、头骨最宽处的高度等，都介于直立人和晚期智人之间，与早期智人较接近。从总体上看，头骨相当低矮，粗大的眉脊，小的眶上裂，很显著的矢状脊，很厚的骨壁，枕鳞枕面和项面之间交接成直角等特征又很接近直立人。脑量为 1120 毫升，稍大于北京猿人的平均值。这些特征说明大荔人是处于直立人到早期智人的过渡时期或是属于早期智人的较早类型。大荔人具有矢状脊、顶枕间骨以及颧骨较向前突、面部扁平、鼻梁不高、鼻根处凹陷不深等特点，显示出中国境内人类化石在进化方面的连续性。

两次发掘共获得石制品 500 多件。石制品和人化石发现于砂砾石层，是典型的河床相堆积。故许多石制品受到较严重的磨蚀，搬运的距离可能较远。石制品的原料的岩性与大小形状均与砾石层的相同，多数为石英岩和燧石，少数为石英。打片的主要方法应是锤击法，偶用砸击法。修理方式以向背面加工为主，也有复向或向破裂面加工的。加工很粗糙。石器多为小型者。石器组合以刮削器为主，尖状器次之，还有石锥和雕刻器等类型。这与附近时代较早的红色土中发现的以砍砸器、大尖状器为主的石器工业，以及时代较为接近的隔黄河相望的丁村的大石器工业都有较明显的区别。大荔人典型的小石器组合独具特色，这种小石器组合可能是适应大荔人生活时代较为干凉的草原或森林—草原环境的产物，而与区域性的文化传统关系不大。

2．许家窑人及其文化

1974年贾兰坡与卫奇先生在赴内蒙古自治区调查细石器的归途中，闻讯在山西省阳高县与河北省阳原县交界处的许家窑附近有"龙骨"发现，即前往调查，发现了这处重要的远古人类文化遗址[9]。许家窑遗址位于阳高县许家窑与阳原县侯家窑之间的梨益沟畔。1974年发现后，经1976、1977和1979年几度大规模的发掘，已经发现顶骨、枕骨、上颌骨及零星的牙齿等，分别属于十多个个体的早期智人化石。发现的旧石器文化材料尤为丰富，几次工作所获的石制品数量已超过万件。

大部分人类化石、石制品及哺乳动物化石发现于侯家窑村西长形沟的河湖相粉砂或粉砂质黏土层。另一部分遗物则分布在许家窑村北两叉沟的河流相冲积黄土中。两地点虽相距不远，但地层的水平岩相变化较大，发掘地点所显示的剖面也不完全一致。在前者的文化层之上，覆盖着8～12米厚的砂质黄土和河湖相粉砂层。从地层堆积情况看，许家窑人生活在泥河湾盆地的古湖滨。当时盆地内的湖水正处于一次大面积的萎缩时期。但在萎缩过程中，也曾经有过多次扩大与缩小的交替变化，所以遗留在湖滨的许家窑人的文化遗物及化石能够被埋藏并保存下来。

许家窑发现的动物化石有 20 个种类，包括鸟类 1 种、哺乳类 19 种。其中有鸵鸟、鼠兔、中华鼢鼠、似步氏田鼠、狼、虎、诺曼古棱齿象、披毛犀、普氏野马、野驴、河套大角鹿、赤鹿、葛氏斑鹿、许家窑扭角羊、裴氏扭角羊、黄羊、鹅喉羚、原始牛、野猪等。这个动物群的绝大部分是晚更新世常见的种类。这些种类可以适应寒冷条件。特别是野马、河套大角鹿、赤鹿、原始牛等都是末次冰期期间常见的化石种类，即晚更新世的典型种[10]。从动物所要求的生态环境来看，这里既有适应森林和灌丛环境的虎、野猪、赤鹿等，也有适应沙漠草原条件的野马、野驴、羚羊及各种鼠类。植物孢粉的研究表明，草本植物占优势，种类有蒿、藜、菊等，木本则以云杉、松为主。上述的动植物的构成说明，许家窑人生活在干凉气候下的森林、灌丛和草原环境中。铀系法测定的年代为距今10～12.5万年。动物群的时代特征和绝对年代测定的结果都说明许家窑人的时代属于晚更新世的早期。

许家窑地点的人类化石材料虽较零碎，但发现的数量较多，代表的个体数目也较多，包括顶骨 12 件、枕骨 2 件、带牙齿的左上颌骨 1 件、颞骨与下颌枝各 1 件、牙齿 3 枚等，分别属于十多个不同的个体。许家窑人的头骨壁相当厚，超过了尼人的最大值，达到了北京人的平均值而小于其最大值。顶骨的曲度，在横向上没有北京人的弯，但比现代人弯，纵向上则接近北京人，较现代人扁平。其枕骨圆枕比北京人弱得多，位置也高，不像北京人那样低平。上颌骨粗壮，外壁不平，上颌骨吻部前倾的程度属中等，与尼人相近。而牙齿巨大，齿冠嚼面纹理复杂，又接近北京人。以上特征说明许家窑人当属于早期智人类型。许家窑人也有顶枕间骨，门齿也是典型的铲状，这些又说明其具有中国远古人类进化过程中的共同特征。另外，从许家窑人化石标本上还可以观察到某些病理现象，如可能因缺乏某种维生素引起的"骨小孔病"，以及由于饮用含氟量高的水而形成的牙齿黄斑等。

许家窑人的文化遗物以石制品为主，几次发掘所获数以万计。石制品的原料主要是石英、燧石，其次是火山岩及石英岩，其他岩性的石料数量都很少。原料的体积不大，均来自附近。有一些使用了劣质石英，说明优质材料不是很充足。许家窑人使用锤击法和砸击法两种方法剥取石片，但以锤击法为基本方法，砸击法仅少量使用并限于石英材料。锤击法剥取的石片多较小、较薄，绝大部分是打击台面，自然台面或可能是修理台面的标本都很少。石核的大小相差较大，大者 500 余克，小者仅数克，有单、多台面之分，按形状可分成原始柱状和盘状石核两类。砸击技术的使用不多，技术也不熟练，所见的多是一端石片，与北京猿人的砸击技术相比，呈现很明显的衰落状态。修理方法较简单，仅使用锤击法。主要是向背面加工，向破裂面加工和错向加工也有使用，并有少数复向加工的。修理的水平明显受到石料的影响，脉石英等加工的石器很粗糙，而燧石等加工的则器形规整，刃缘匀称，反映了较高的修理水平。

许家窑的石器包括刮削器、尖状器、石锥、雕刻器、砍砸器和石球等 6 类[11]。刮削器数量最多，超过石器总数的一半以上，多是用片状毛坯修制的，加工较细致，可分成直刃、凹

刃、凸刃、两侧刃、龟背状、复刃、短身圆头等，短身圆头者
与细石器中的端刮器较相似。尖状器数量不多，均为小型，形
状不规则，可分成较多的样式，但每类的数量都不多（图一
一）。石锥，也属小型工具，亦可看成是尖端较长的尖状器。
雕刻器，数量很少，也不典型，体积均很小，最大长度不超过
30 毫米。砍砸器仅一件，是用较大的厚石片制作的，长 72 毫
米，重量 100 克，是所有石器中最大的一件（不包括石球），
也可归入刮削器类。石球，是该遗址最具特色的工具类型，数
量相当多，在整个石器组合中所占的比例仅次于刮削器，高达
36％。其形体大小不一，大者重 1200 多克，小者仅 100 余克。

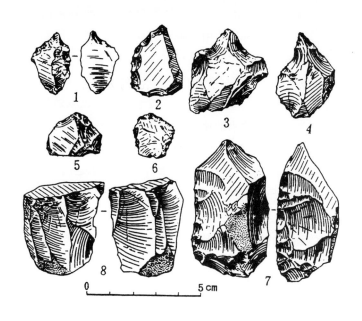

图一一　许家窑石制品（据贾兰坡等，1976）

1、3、4. 尖状器　2. 雕刻器　5～7. 刮削器　8. 石核

打击方式多数与一般石核不同，打击不定向，也无剥片痕。发现的情况表明，从开始加工到最后成型各阶段的标本都有，所以可以肯定是经过专门加工而具有一定用途的工具[12]。研究者推测其可能是狩猎所用之器。

许家窑人石器工业的突出特点是以刮削器为主体的小石器工业并兼有大量的石球，这种石器组合所反映的文化性质是很独特的，目前在国内还没有另外的发现。许家窑人的石器工业被认为是北京猿人文化的继续，也是华北细石器工业的前身，它是联结中国北方旧石器文化发展的重要环节。尽管学者们对华北旧石器发展的谱系有不同的认识，但对许家窑人石器工业以小石器为主体，是继承北京猿人文化发展而来的观点意见却是比较一致的。

（三） 北方晚期文化的发现

在60～70年代，有更多的旧石器时代晚期文化在华北地区发现。其中发现较早、文化面貌也比较接近的有山西朔县峙峪与河南安阳小南海，有学者称其为小石器文化。还有晋南的下川与泥河湾盆地的虎头梁，则是典型的细石器文化。过去发现的细石器多系地表采集，一般认为时代较晚，晋南与泥河湾的发现将其提早到旧石器时代晚期。另外在内蒙古呼和浩特东郊大窑村附近还发现了旧石器时代晚期的石器制造场遗址。

1．峙峪

峙峪遗址发现于1963年的初夏。王择义、尤玉柱、王向前与武文杰先生等在雁北地区调查时，根据西安矿业学院煤田普查队提供的线索，发现了这处重要的旧石器时代晚期遗址[13]。遗址位于山西朔县县城西北峙峪村的附近，在桑干河上游支流峙峪河的2级阶地上，其北、西、南三面环山，东临平原。由于峙峪河和另一条小冲沟的侵蚀，遗址所在处已经形成一个面积约1000平方米的小孤丘，上部为晚更新世的河流相堆积。堆积最上一层为18米厚的灰黄色粉砂层；其下为9米厚的灰—灰白色砂层，为粗细砂的交替层；第3层即文化层，含大量的石器及动物化石，厚0.9~1.5米，为灰、灰黑、褐色亚砂土及灰烬，灰烬带呈透镜状分布，在灰烬的外围，还有一些较大的不规则分布的石块，很可能是砸击动物骨骼或架木燃火的垫石；文化层之下为砂砾石层，厚约1米左右；再下即为二迭纪的砂岩。

　　文化遗物主要是石制品，有15000多件。石制品的原料主要为脉石英、石英岩、硅质灰岩、石髓及火成岩等，且大多为砾石。剥片的技术主要为锤击法，也有砸击法使用。有修理台面的痕迹存在。相当数量的石片较规整，呈梯形、三角形或近石叶，均较薄长。石器组合有刮削器、尖状器、端刮器、雕刻器、石锯、斧状器等。刮削器的数量最多，可分为直、凹、凸三种单刃和双刃等，长度多在20~30毫米间，修理较细致。尖状器的数量也较多，也可分为正尖与角尖两式，很少超过30毫米长，多用小而薄的石片制作，修理细致。雕刻器也较多见，有修边、双面及角雕刻器等几式。端刮器的数量也较多，均属短身类型，长宽相近或宽大于长，修理非常仔细，刃缘规整匀称。石锯与斧状器均很少见，也有人将其视为刮削器中的特殊类型（图一二）。

　　装饰品1件，原料为石墨，一面钻孔，一侧面及边缘都经过磨制，发现时已经残缺一半，用途当同山顶洞的同类制品。

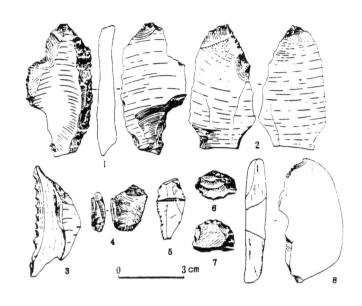

图一二　峙峪文化遗物（据贾兰坡等，1972）

1. 斧形石刀　2. 石镞　3. 锯齿状刮削器　4. 石核

5. 石片　6、7. 刮削器　8. 石墨装饰品

没有发现定型的骨角制品，但发现在一些骨片上有刻划的条痕。此外，还有少量的烧石、烧骨和大量人工打击的碎骨及各类动物的牙齿达5000多枚，并有1件人类的枕骨化石发现。

与文化遗物共存的动物化石有赤鹿、河套大角鹿、普氏羚羊、鹅喉羚、王氏水牛、披毛犀、野马、野驴等种类，其中的现生种占60％，绝灭种为40％，与萨拉乌苏动物群的性质较为接近。其时代属于晚更新世的较晚阶段，绝对年代的^{14}C数据为距今2.9万年左右，稍晚于萨拉乌苏，但仍属于旧石器时代晚期的较早阶段。

在出土的动物化石中，有蹄类所占的比例最大，其种类占70%，而数量更高达95%。其中主要的是典型的草原型动物，如普氏野马、野驴、普氏羚羊、鹅喉羚等，还有适合森林草原环境的赤鹿和灌木草原的河套大角鹿。综合动物群的情况可知，峙峪人当时的生活环境是草原与灌木草原地带，年均气温要低于现代并且较为干旱。这是由间冰阶开始向最冷峰发展的现象。在这种环境中，原始人类的主要生计手段只能是狩猎，峙峪遗址发现的大量动物骨骼是很好的说明。动物化石以野马、野驴的数量为最，仅据初步的统计，两者的个体数目就有200多个。与萨拉乌苏大量的羚羊的发现相比较，峙峪人是以马类为主要捕猎对象，因而有人称其为猎马人。

峙峪遗址的地层堆积清楚，文化遗物丰富，包括大量的石制品和与人类狩猎活动有关的动物骨骼，还有装饰品及可能是人类刻划的骨片。更为重要的是存在着灰烬层和周围的石块所构成的遗迹现象。这些都说明该遗址应是一处原始人类营地，也反映了旧石器时代晚期原始居民在干凉草原地区的生产与生活情况。

2. 小南海

小南海是一处有着多层堆积的洞穴遗址，发现并发掘于1960年，1978年再度发掘。遗址位于安阳市西南约30公里的小南海附近一个洞穴中。共有7个文化层，各层均发现石制品和用火遗迹，同时也有动物化石。其上部（第2、3层）的时代为距今1.1万年左右，下部（第6层）的时代为距今2.4万年左右。虽然持续的时间较长，但看不出早晚文化性质的变化，其哺乳动物群的性质也没有区别，均反映的是森林—草原型的生态环境。

小南海的文化遗物主要是石制品，另有一件装饰品。在 1960 年的试掘中发现了数以万计的石制品，但其中 98％以上为石片、石核及碎屑、碎块[14]，经过第二步加工的石器还不足百件。这种情况说明该洞穴不但是居住地，也是加工石器的场所。石制品的主要原料是燧石，也有少量的石英、石髓和石灰岩。石料原来的体积不大。加工石器的方法以锤击法为主，但砸击法也占据相当重要的地位。在华北地区，砸击法主要是用以加工石英材料的，用于燧石材料的加工还不多见到。这可能与小南海的石料体积较小，不便手握直接用锤击法打片，而使用砸击法较容易产生合用的石片有关。

在小南海的石器组合中，有刮削器、尖状器和砍砸器三类。砍砸器的数量较少，形体也小，在石器组合中不占重要地位。尖状器的数量多于砍砸器，按器刃口可以分成正尖、角尖和扁尖三种类型，一般均较小，仅在尖部和侧缘加工。刮削器是数量最多的，又可细分为圆刮器、长刮器、弧背长刮器、双边刮器与多边刮器等多种类型。

3. 下川

1970 年夏天，山西省垣曲县文化馆吕辑书先生在山西南部的沁水县下川盆地发现细石器。1972 年 10 月，山西省文物管理委员会王建、王向前、陈哲英先生等与吕辑书到下川调查，找到出石器的原生地层。1973 年与 1976～1978 年进行了两次发掘。1978 年发表了第一次调查与发掘报告[15]。下川发现的石制品非常丰富，绝大部分是用燧石等优质原料加工的细石器。如此丰富多彩的细石器工业，在已发现的中国旧石器文化中尚不多见。根据 ^{14}C 年代测定数据，下川文化的时代大致在距今 2.3～1.6 万年之间。

下川细石器地点群位于山西沁水县的下川盆地。在下川周围的沁水、阳城和垣曲 3 县交界处的 20～30 公里的范围内，共发现文化性质相近的地点十多处。下川盆地晚更新世的堆积主要在盆地边缘地带较高的位置上，并构成 2 级阶地。大量的细石器及零星的动物化石出自阶地上部。其下部还有一层微红色亚黏土层含打制的粗大石器。微红色亚黏土层即下文化层，属晚更新世晚期的较早阶段，绝对年代测定为距今 3.5 万年左右；灰褐色亚黏土层属晚更新世晚期的后一阶段，绝对年代为距今 2.3～1.6 万年之间。

下川的细石器是指灰褐色亚黏土层即上文化层的发现。在上文化层的上、中部，细石器极为丰富，粗大石器极少。在上文化层的下部，粗大石器多，细石器很少。上、中部和下部石器性质的差别，可能反映了文化的时代不同。

细石器的原料，主要是燧石，又以黑燧石为最多，灰、白、紫、绿等色次之，其他原料如水晶、脉石英、石英岩等均很少。剥片方法有锤击法和间接打击法两种，但修理方法均采用间接打击法。细石叶和石叶的数量很多，均为间接法打制，其特点是长而薄，台面很小，背面有长远的石片疤，其横断面呈三角形或梯形。石核分为锥状、楔状、柱状、漏斗状等多种。石核的台面和形体都经过细致的修理。锥状石核最多，又分为整锥体和半锥体两种。楔状石核分为宽楔和窄楔两种。柱状石核则是将锥状石核的尖部截去而成（图一三）。

石器类型中端刮器的数量最多，分为长身、短身和两端 3式，以短身型的数量为最多。刮削器类数量也较多，可分为凹刃、直刃、圆刃等几式。琢背小刀是将石片的一侧修理成钝厚面，以便于手握或镶嵌为复合工具，可细分为几式，如三角、

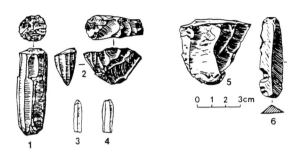

图一三　下川石制品（据王建等，1978）

1、2. 细石核　3、4. 细石叶　5. 石核　6. 石叶

长方和有肩等，这类制品在其他地点尚不多见。尖状器是另一重要类型，可以分为两面加工尖状器、扁底三棱尖状器、三棱小尖状器、宽尖尖状器、薄长尖状器和微形尖状器等。石镞分圆底和尖底两式，用压制法修理出锐尖和两边。雕刻器的数量也较多，分为修边、双面和鸟啄状3式，修理得很精致。另外还可以见到石锯等类型。

　　大石器多出自上文化层的下部，数量不多，在石器组合中不占重要地位。这类石器的原料主要为砂岩和石英岩砾石。剥片方法为锤击法和砸击法。石器类型有尖状器、刮削器、砍砸器、石锤、砺石和磨盘等。

　　下川的石器工业以细小石器为主体，细小石器占95%以上，粗大石器仅占5%。细石器中的锥状、柱状、楔状石核以及细石叶、短身端刮器、尖状器、石镞等，都是中国典型细石器工业的代表性器物。但下川也有一些独具特色的石器类型，如琢背小刀、石核式石器、三棱尖状器等。具有相同性质的石器地点同时分布在一个较大的区域内，又都有明确的地层堆积，而且其中的一些已经过发掘或试掘，这就为了解下川细石器地点群提供了保证。尽管绝对年代的测定结果说明这些地点时代较早，但其细石器技术已经很成熟。

4. 虎头梁

冀西北泥河湾盆地的虎头梁村附近保存有丰富的细石器文化遗存。60年代中期，王择义先生在虎头梁村西南发现于家沟等两个地点。1972～1974年期间，盖培与卫奇先生连续进行了三年野外工作，在虎头梁村附近共发掘了9个地点，发现石制品数量多达数万件[16]。虎头梁的细石器文化遗物埋藏在桑干河2级阶地后缘的砂质黄土中。与文化遗物共存的有野马、野驴、鹿、羚羊、鸵鸟等十多种动物化石。

石制品非常丰富，原料以石英岩为主，少数为燧石和流纹岩。技术也是直接打击与间接打击并用，前者用于加工一般石器，后者用于加工细石器。石核有楔形、柱形等。最引人注目的是数量众多的各式楔形石核。这种楔形石核的加工技术稳定、规范，在经过仔细预制的石核上可连续高效地剥取细石叶。其分布的范围在东北亚地区也比较广泛。石器组合以端刮器为主体，长身和短身两式的数量比较接近。其次是各类尖状器，也有各种不同的类型，引人注目的是底部经过修理的类型，明显是为了加柄所用。再次为各类边刮器，有半月、盘状、双边等，数量都很有限。雕刻器也有一定数量，分修边与双面两式。

装饰品13件，系用贝壳、鸵鸟蛋皮、鸟的管状骨及石块等穿孔制成。这些制品都采用了穿孔和磨制技术。在几个地点发现数块赤铁矿，最大的一块长35毫米。另外还有红色的泥岩遗存，估计这些是用来染色的材料。

虎头梁发掘的另一项重要收获是注意到遗址的平面布局，

在报告中发表了火塘及周围遗物关系的平面图。在虎头梁的73101地点发现3个"炉灶坑"呈"品"字形分布。在炉灶坑的范围内保存有大量的木炭粒、烧骨、鸵鸟蛋壳和少量石器，有的坑内还发现了穿孔贝壳和赤铁矿块。在3个灶坑之间散布有大量石片、石片碎屑及不同时期的石核和细石器（图一四）。这种平面分布，与西欧旧石器时代晚期狩猎文化的短期营地遗址的结构比较相似，应属于同类遗存。

在虎头梁附近的9个地点中，各地点的平面分布和保存遗物的情况并不一致。除了上述的73101地点外，另如65040地点，只发现十多件完整石器，没有发现打制石器时产生的废料，据此推测此地可能仅是狩猎时的临时停留地点。65039地

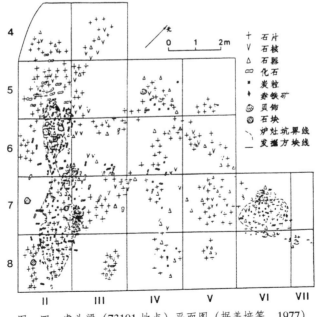

图一四　虎头梁（73101地点）平面图（据盖培等，1977）

点临近水泉，所含石器主要是尖状器和刮削器，也发现一些残破的羊角和动物的末端肢骨，可能是动物的肢解地点。72117地点出有大量的石核、石器、半成品和石片碎屑，应是石器加工的地点。

虎头梁地点群的发现很重要。其丰富的文化遗物，特别是不同地点的遗物、遗迹的平面分布情况，为研究旧石器时代晚期狩猎人群的活动方式提供了难得的资料。在发掘与研究过程中开始注意到遗物、遗迹的平面分布，这在中国旧石器时代考古发展史上是一个很重要的变化。遗憾的是这种变化在其后的很长一段时间里，并没有得到广泛的响应。

5. 大窑石器制造场

1973年以来，内蒙古博物馆的汪宇平先生陆续在内蒙古呼和浩特东郊的大青山山前地带发现多处石器制造场，西距呼和浩特市约33公里的大窑村南山二道沟即是比较典型的一处[17]。南山由太古代的花岗片麻岩、大理岩与燧石破碎带构成，燧石出露很多，适合打制石器。这一带的山坡上有薄厚不等的黄土堆积，其上部应与晚更新世的马兰黄土相当，含很多石制品，当属旧石器时代晚期。1976年汪宇平与内蒙古文物工作队的田广金、北京大学的吕遵谔先生等进行了发掘，在黄土层中发现大量石制品及少量赤鹿与普氏羚羊化石，时代应为旧石器时代晚期。

在大窑石器制造场发现有开采石料、打制石片与加工石器等不同生产阶段的遗物、遗迹。在原生岩层开采石料并加工石器的旧石器时代晚期遗址，此前在中国尚未见报道。这里发现的石制品包括大量的石核、石片，其中还有可以拼合的标本——这可能是中国旧石器考古中最早发现的可拼合标本。石器同其他地点相比，也具有一些鲜明特色，如砍砸器的数量较多，这在同期华北旧石器文化中并不多见。数量众多的龟背状刮削器，形制规整定型，也不见于其他遗址。另有石球、宽身与舌状尖状器等亦具自己的特色。

（四）元谋人与南方旧石器的发现

从 60 年代中期开始，中国旧石器时代考古工作也扩展到西南地区。1964 年首先在贵州黔西县观音洞遗址发现旧石器，次年又在云南元谋县的上那蚌发现两枚直立人牙齿化石。进入 70 年代，中国南方旧石器时代的考古发掘与研究工作进一步展开。

1. 元谋人及其文化

元谋人发现于 1965 年夏天。中国地质科学院地质力学研究所的钱方先生等在云南元谋县东南约 5 公里的上那蚌村附近进行地质考察时，发现了两颗早期人类的上门齿。这一发现受到学术界的极大重视，中国科学院古脊椎动物与古人类研究所、云南省博物馆和中国地质科学院地质力学研究所等单位曾多次前往调查和发掘。1973 年冬季，在元谋人化石出土地点及附近曾进行过大规模的发掘。在以后的工作中虽然没有再发现新的化石材料，但有打制石器、破碎的哺乳动物化石及零星的炭屑等发现[18]。这些材料证明在云贵高原上确实有早期人类曾经生存。

人化石发现地点在元谋盆地的东缘，系一座由棕褐色黏土构成的小土丘。其地层为河湖相沉积。在元谋盆地内，第四纪以来的堆积物的总厚度达千米以上，其中的元谋组有近 700 米厚，从下到上共分 4 段 28 层。元谋人化石及文化遗物、哺乳动物化石发现在第 4 段的第 25 层。该层分为上、下两部：上部为棕褐色黏土，下部为褐色砂质黏土组成的河流—湖滨相沉积物，堆积的出露厚度为 6 米。

从这里发现的动物群的组合特征来看，既有第三纪的残余种如爪兽、泥河湾剑齿虎、最后枝角鹿、纤细原始狍、轴鹿等，也出现早更新世的代表种类如桑氏鬣狗等，同时一些南方大熊猫—剑齿象动物群的成员如中国犀、剑齿象也已出现。上述特点说明该动物群的时代较早，应属于更新世早期，反映的生态环境是较为温暖的森林—草原类型。

元谋人化石只有两枚上内侧门齿发现，一左一右，属于同一成年个体。牙齿的石化程度很深，颜色灰白，齿冠保存完整，齿根末梢残缺，表面有碎小裂纹，裂纹中填有褐色黏土。这两颗门齿粗大，唇面比较平坦，舌面模式较复杂，呈现着很明显的原始特征。铲形的上门齿又说明元谋人与中国境内其他地点的古人类及现代蒙古人种具有一致的特征。

在元谋人地点虽然经过较大规模的发掘，但在人化石层出土的石制品只有三件，另有三件是脱层的。地层出土的石器都是用石英岩原料加工的。其中 2 件是石块制作的，1 件是石片制作的，均可归入刮削器类。在 3 件脱层的石制品中，1 件是石核，另 1 件是石片，还有 1 件可归入尖状器。石制品数量很少，很难说明石器工业的全部情况。但仍可以看到：元谋人主要使用石英岩石料，剥片方法采用锤击法。石器类型以刮削器为主，形体不大。第二步加工以复向加工为主。

另外在化石出土的层位还有很多炭屑发现。这些炭屑多掺杂在黏土或粉砂质黏土中，大致分 3 层，层间距为 30～50 厘米，分布很不均匀。最大的炭屑的直径可达 15 毫米，小的仅在 1 毫米左右。由于是在人类化石及文化遗物出土的地层发现，所以有研究者认为可能与人类用火活动有关。不过这种看法仍需要寻找更多相关证据的支持。

元谋人的化石及其文化遗物虽然都不丰富，但由于与其伴出的哺乳动物群时代属于早更新世，所以一直受到各方面的关注。关于元谋人的时代学术界主要有两种意见，一种意见认为时代很早，为早更新世，另一种则认为不会早过中更新世。前者主要根据两个古地磁年代数据，一是中国地质科学院地质力学研究所的古地磁年代数据，为距今 170±10 万年，另一个是中国科学院地质研究所的测定结果为距今 164～163 万年，这种意见认为元谋人的地质时代为早更新世，绝对年代应为距今 170 万年左右[19]。后者是一些第四纪地质学者的看法，他们对元谋盆地的地层进行详细研究后，将原来的元谋组重新划分为两组：元谋组代表早更新世，上那蚌组（即人化石出土层位）为中更新世。他们认为，上那蚌组的时代不超过距今 73 万年，而人化石的时代在距今 60～50 万年之间[20]。

2. 观音洞及其他早期洞穴遗址

1964 年冬季，中国科学院古脊椎动物与古人类研究所与贵州省博物馆的联合考察小组，在贵阳市西北约 152 公里，黔西县沙窝区沙井乡井山村的观音洞，发现富含哺乳动物化石的堆积与石制品。观音洞遗址是南方地区最早发现、规模最大的旧石器时代遗址之一。从发现的当年到 1973 年，先后进行过 4 次发掘，发现了大量的石制品和哺乳动物化石[21]。

观音洞的主洞长约 90 米，宽多在 2～4 米间。主洞的中段还有一小段支洞，长约 15 米，宽仅 1 米左右。由于洞体较窄，洞穴深处潮湿阴暗，不太可能有人长期居住或活动。洞穴堆积的情况也说明当时人类的主要活动区是在主洞的西洞口。从西洞口向外到十多米的地方都有堆积与洞内的堆积相连，堆积分3组9层。

最早的C组仅包括第9层，为粗砂——砾石和黏土互层。该层已揭露4米多深，但尚未到洞底，也没有石制品与化石发现。从B组开始，即第8~3层，人类开始进入洞内或在洞的附近活动。在这阶段人类可能在洞口附近狩猎动物，并将猎物屠宰肢解，因而有动物遗骸和大量石制品留在洞口附近或洞内。由于流水和生物等作用，洞口及洞内的砂土、角砾夹杂着石制品和动物遗骸等被埋藏起来，逐渐形成B组的堆积。在B组形成过程中，西洞口的洞顶不断地下塌大块灰岩，最后西洞口的洞顶下塌约10米长，以致洞口向东退缩至今天所在的位置附近，使西洞口几乎处于封闭的状态。后来经过一次强烈的或相当长时间的侵蚀，切割了西洞口B组的堆积，然后又逐步形成红土堆积，即A组第2层。在红土堆积期间，人类又在观音洞附近活动，留下了他们制造的工具和猎物的遗骸。

观音洞前后4次发掘共发现了3000余件石制品。前三次的发现共2323件，已经过详细研究并发表了专门的研究报告。根据研究报告可知，观音洞石制品的原料主要是来自遗址附近较坚硬的岩块和结核，很少见有砾石。其中硅质灰岩岩性者约占65%，还有脉岩、硅质岩、燧石、玉髓及细砂岩等使用。锤击石核与石片的数量最多，说明剥片的方法主要为锤击法，碰砧法则较少使用，仅发现一些石片。在制作石器的素材中，石片约占半数，断片、碎片占1/3，石块、断块与石核共占16%。大部分石器是单向加工，少数是交互、错向、转向或对向加工的。一个边缘经过加工的仅占22%，两个以上边缘经过修理的为多数。刃角较钝，多在75度以上，且很多刃口带有多层修理痕迹。修整痕迹多较深凹粗大，不平齐。刃缘形状以凸、直者为多。

石器种类包括刮削器、端刮器、凹缺刮器、尖状器、石锥、雕刻器及砍砸器等。其中最多的是刮削器，占石器总数的82%，可细分单边、不相连两边、相连两边、三边、多边等5式。端刮器占7%，大部分是用石片加工的，长度变异在1.4～10厘米间，以正向加工为多。尖状器占4%，有厚尖、薄尖与错向三类，长度变异在2～11厘米之间。砍砸器占5.6%，石片、石核、石块或断块加工的约各占1/3，大小变异在5～16厘米之间，单面加工的占多数。还有石锥、雕刻器和凹缺刮器等几类，但数量均较少（图一五）。

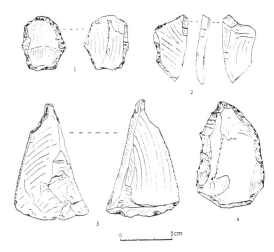

图一五　观音洞石器（据李炎贤等，1978）

1.多刃刮削器　2.雕刻器　3.凹缺刮器　4.厚尖状器

观音洞石器工业的总体特点是：石核和石片形状多不规则，仅少数石核和石片台面上有修理痕迹。石器所占的比例较高，在65%以上。大部分石器是用石片加工的，少数是用石块加工的，用石核加工成的很少。石器形状多不规则，大小相差较悬殊，但多数长宽变异在3～5厘米之间。

观音洞石器工业的特点可能与遗址所处的环境有较密切的关系。黔西县一带海拔高度在1250米至1500米之间，山丘起伏，多洼地和槽谷，岩溶地貌发育。遗址即位于一个南北长约700米、东西宽约500米的封闭洼地的边缘。由于岩溶地貌所限，植被条件较差。从发现的哺乳动物群来看，当时应有比现在茂密的森林和竹林，在山间的盆地和岩溶洼地中有许多沼泽和湖泊。在这种环境中，观音洞的早期居民可能是更多地依靠动物的肉类为食，因而才会形成以刮削器等中、小型石器为主体的旧石器工业。

从动物骨骼的保存情况来看，在观音洞发现的20多个动物种类中，以水牛和剑齿象的数目最多，都有近百个个体发现，其次为中国犀，也有50个以上个体被发现，其余种类的个体数目都较少。从不同化石种类的年龄组别来看，中国犀的幼年个体可占总数的1/4，而青年和成年个体约占2/4以上。牛类的个体，幼年约占15%，老年占25%，成年占近60%。而剑齿象的幼年个体则较多，占近60%，老年仅占6%，成年占34%。从这些数字来看，除象类以外，其他两类的各个年龄组的比例，都大致与各自自然种群的不同年龄组的比例相当，可见其不应是自然死亡，而应与食肉类动物的攻击或人类的狩猎行为有关。象类的比例更说明此种情况。从食肉类动物化石发现极少的情况分析，也说明人类活动结果的可能性更大。

在西洞口及其附近的堆积中，石制品很丰富，而且有一些标本可以拼合，说明这些标本就是在附近加工的。洞口的动物化石很少，且较为破碎；而在洞的深处则化石较多，石制品较少。联系到堆积物的横向变化，洞内堆积物中的化石与石制品应是经过流水搬运的。这种情况说明人类主要是在洞口及其附近生活，制作石器并加工猎物，因而留下石器及其副产品，也留下食余的动物骨骼。但由于石器与动物骨骼的比重不同，所以大部分的石制品留在洞口及其附近，多数骨骼却被冲入洞内乃至很深处。

根据对各层出土遗物的分析，每层的石器成品都在65%以上，且石器组合种类齐全，这些都说明人类是在洞口附近从事一定的活动。由于石核、石片加工的石器的初级产品比例很低，因而可知，大部分石器应是在另外的地方加工以后再带到这里的。这里的主要功能应不是石器加工区。从每一层所发现的石器组合看，各种类型的石器都很齐全，各层间的比例也大致相当，这也是居住区所具有的石器组合特点。

从石制品数量的纵向变化的情况分析，在不同层位所代表的不同时期，人类在该洞附近的活动并不一样。从不同层位出土石制品数量的对比可以看出：第5层是人类活动最集中的时期，在10～15厘米厚的堆积中，每平方米平均发现石制品30多件。其他层位的石制品的密度都远低于此，说明人类在这些时候较少来此活动，或说是居住的时间较短。

目前，观音洞遗址及其文化研究中最突出的就是其时代问题。据哺乳动物化石材料分析，观音洞的B组与A组虽有早晚之别，但均属于中更新世。北京大学考古学系年代实验室的年代测定结果是，两组的绝对年代范围在距今 5.7～11.5 万年之间[22]。贵州大学化学系测定的结果为 A 组小于 4 万年，B 组第 3 层小于 5 万年，第 4～8 层为距今 5～19（或 24）万年[23]。铀系法测定的结果说明观音洞文化遗存的时代可能稍晚，并延续了比较长的时间，即从中更新世末期一直到晚更新世的较晚阶段。

尽管该遗址延续时代较长，从上到下共分 7 个文化层，第 2 层和第 3 层之间还有一个明显的侵蚀面将整个堆积分为上下（或 A、B）两组，但两组（B 组为早期，A 组为晚期）之间的文化差别并不明显。在石料方面，两者都以硅质灰岩为主，脉岩、硅质岩次之，燧石、玉髓、细砂岩、泥岩均占少数。晚期燧石、玉髓减少，细砂岩与泥岩增加。在剥片技术方面亦没有大的变化，同样以锤击法为主，间或使用碰砧技术。石器的修整则有刃角由大向小转变的趋势，晚期器形较规整，刃口平齐者较多。石器类型中占主导地位的刮削器的比例没有变化，但到晚期，砍砸器的比例略有减少，端刮器和尖状器的比例稍有增加。晚期大型的石器有所减少，而小型者增加。石器种类数量的增减及在修整方面的变化，可能反映出人类生产或生活方面的某些变化。然而总的说来，早、晚两期并没有本质的区别。

贵州铜梓城西北 10 多公里的柴山岗南坡的岩灰洞遗址，1971 年由贵州省 112 地质队发现，随即张森水、吴茂霖与曹泽田等前往调查并试掘。1972 年冬又进行了发掘，出土有石制品、动物化石及一枚人类牙齿化石[24]。岩灰洞宽 2 米，高 3 米，呈"之"字形，洞内几乎被堆积物填满。整个堆积可分为 7 层，但仅在第 4 层灰白、灰黄色砂砾土中发现石制品、人类化石及数量较多的动物化石。从堆积特点看，人化石与文化遗物系由洞外冲入洞内。人类在洞口附近活动，因而留下石制品与动物骨骼。文化遗物很少，仅有一个文化层，说明当时人类只是偶尔在此活动。

石制品的原料有燧石、硅质岩等。燧石系采自山坡的碎块，其他是来自河滩的砾石。除一件石器是用石片加工的外，其他均使用石块毛坯。制作使用锤击法并以单向加工为主。石器均可归入刮削器类型（图一六）。

岩灰洞发现有24种哺乳动物化石，包括灵长类、啮齿类、食肉类、有蹄类及长鼻类，均属于华南常见的大熊猫—剑齿象动物群。铀系法的年代测定结果为距今18万年左右。人类牙齿化石也显示了较为原始的特征，可能属于早期智人或直立人类型。从残留的部分看，门齿也系铲形。

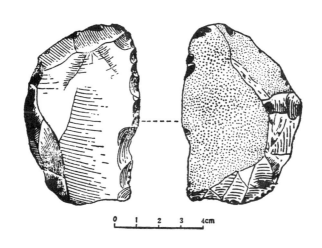

0 1 2 3 4cm

图一六 岩灰洞刮削器（据吴茂霖等，1975）

西南地区属于旧石器时代中期的发现仍不多见。比较确切的只有贵州水城的硝灰洞。硝灰洞位于贵州水城县西北 25 公里的三叉河右岸。该洞是在 1973 年修公路时发现的，当时已经受到很严重的破坏[25]。同年进行了发掘。

硝灰洞内的堆积物从上向下分为 3 层，上层是黄灰白色的钟乳石盖板，无化石与文化遗物；中层是胶结坚硬的黑、灰、红、白杂色的灰烬层，含炭屑块、烧骨、烧石等，可能和下面的文化层为同一层；下层是黄色砂质土和灰岩角砾层，人化石、石制品和动物化石都发现在下层。发现的动物化石多为单个的牙齿，有剑齿象、牛、羊、野猪、鹿等 5 种，铀系法的年代测定为距今 5.7 万年左右，所以一般仍把其作为旧石器时代中期的代表。

石制品仅 50 多件。原料多为玄武岩砾石。石制品包括石锤 2 件、石片 33 件（其中有 28 件为锐棱砸击石片）、石器 5 件，均为刮削器。该地点的特殊处是主要使用锐棱砸击方法剥取石片。这些锐棱石片没有台面，石片角小于 90 度，有粗大的打击点和清楚的放射线，基本上不见半锥体，而有些石片的中部则有一道横向的凹弧。石片的背面很少见到石片疤，基本上保留砾石面。由于发现时已经受到严重的破坏，故无法探讨其石制品的全面特征，也无法准确判断该地点的性质。从保留的堆积看，该地点有可能是一处居住地。

3. 大冶石龙头

70 年代，旧石器考古工作开始扩大到华南地区。1971～1972 年在湖北大冶县章山乡石龙头的一洞穴堆积中发现一批石制品及动物化石。发现时堆积已经被破坏得很严重，仅发掘清理出数量不多的石制品和哺乳动物化石[26]。石制品与动物化石发现在第2层黄色、棕色砂质黏土中。该层含大量灰岩碎屑及燧石、石英岩碎片，厚度为30～100厘米。从遗物的分布情况观察，石制品分布很密集，没有流水搬运的现象，当是原地遗留。

石龙头的石制品经过挑选，去掉小断片、废片和加工痕迹不清楚的，共有88件。石料主要是石英岩，还有部分为燧石，少数是石英、砂岩。除燧石系来自附近的劣质结核外，其余均为砾石。石核数量较多，大多是自然台面，一端剥片，形状不规则。石片数量少于石核，以中型者为多，形状不规则，多数为自然台面，少数为打击台面，大部分是锤击法的产品。

石器中砍砸器数量较多，主要是用砾石加工的，为一面或交互加工，形体多较大，单边与多边的数量相近。刮削器的形体相对较小，单凸刃的较多，多刃的次之，单直刃的最少，主要为石片加工的，形状不规则。从整体观察，石龙头的石制品形体粗大，加工粗糙。打片以锤击法为主，也用砸击法。石器类型较少，以砍砸器、刮削器并存，且多系用砾石加工的（图一七）。

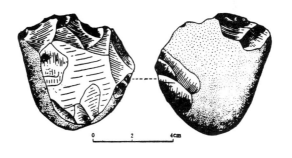

图一七　石龙头砍砸器（据李炎贤等，1974）

这里的哺乳动物化石多很破碎，完整的标本很少。化石种类包括豪猪、大熊猫、中国鬣狗、虎、东方剑齿象、中国犀、野猪、斑鹿、鹿、牛等 10 个种类，属于典型的大熊猫—剑齿象动物群。铀系法的年代测定结果为距今 20 万年左右，为中更新世的晚期。

4．兴义猫猫洞

1974 年在贵州兴义顶效乡猫猫山东侧的岩厦内发现丰富的旧石器文化遗物，从当年开始进行了两次发掘。发现石制品 4000 多件，骨角制品 14 件、人类化石 7 件及一些动物化石和用火遗迹[27]。在文化层中发现的哺乳动物绝大部分都是现生种，只有窄齿象和中国犀是绝灭动物，这说明猫猫洞文化的时代较晚。铀系法测定的年龄数据为距今 1.4 万年左右，但 ^{14}C 方法测定结果为距今 8000 多年。综合这些情况来看，猫猫洞文化的时代可能已进入全新世，但其仍是较典型的旧石器文化面貌。

这里的石器原料较特殊，大多数为质软的变质粉砂岩、砂岩和泥页岩，燧石则很少使用。剥片技术主要采用"锐棱砸击法"，锤击法次之。有学者认为采用锐棱砸击法打片是为了克服石料质软的缺陷，以减少原料的耗费。也有人认为"锐棱砸击法"是加工扁平砾石原料的产物。使用这种方法产生的石片与前述的水城硝灰洞的发现相近。打击点均粗大，多数只见于破裂面，少数两面可见。打击点两侧有清晰的放射线，但很少见半锥体，也不见台面，因而又称其为"零台面石片"。部分石片有弧形凹，石片宽大于长者占多数。

石器类型有刮削器、尖状器和砍砸器等，还有一件带有雕刻器打法的标本发现，同时也发现各类制作石器的工具如锐棱砸击石锤、砸击石锤与石砧等。刮削器的数量最多，占总数的70%以上。多数是用石片加工的，器形较大，大多数标本长度超过60毫米。修理很精致，小石片疤浅平，刃缘匀称，器形规整。修理以向破裂面为主，也有向背面和复向加工的。按刃缘的情况，还可分为单刃、双刃、复刃和端刃4式。尖状器数量也较多，占总数的20%以上。主要是用石片加工的，多数向破裂面修理，并采用"指垫法"，修理出匀称的刃缘。修理疤痕呈层叠状，刃缘较锐，按形状可分为正尖、角尖和复尖3类。正尖类数量最多，形制规整，修理细致，刃口锐。砍砸器的数量少于前两者，不足总数的10%。均用砾石或石核制作，加工粗糙，刃缘较曲折，刃口也较钝厚，主要采用复向修理方法。与前两类相比，器形明显粗大，最长者有110毫米，不过与时代较早的砍砸器相比，又显著减小。

猫猫洞的另一大特色是出现数量较多的骨角制品，包括骨锥、骨刀与角铲。骨器的制作过程是经过打琢成形，刮削加工和磨制定型等工序。角铲都是用鹿角制作的，有主干，也有枝杈，经过截断、刮、磨等工序，并分单面和双面加工两种。骨角制品的数量较多，样式也新，很多是当时国内首次发现的[28]。

5．四川盆地的发现

四川境内最先发现的一处旧石器时代遗址是位于盆地西南边缘的汉源富林。遗址位于富林镇附近的大渡河沿岸2级阶地上。1960年发现，1972年正式发掘。5000多件石制品、用火遗迹和少量的动、植物化石发现于杂色粉砂层堆积中[29]。文化层厚度不足40厘米，其上为黏土—粉砂层，水平层理清楚，其下是粉砂—砾石层。文化层堆积属典型的河漫滩相，堆积集中，上、下层面的界线都很清楚。除了大量的石制品以外，还有用火的遗迹及动、植物化石。这种现象是原地埋藏的结果。较薄的文化层可能是原始人类不长时间居住的遗存。

富林的文化遗物仅石制品一类。石制品原料几乎均是燧石，是采自附近山上的燧石结核。还有少量的石英、水晶、石英砂岩等原料，可能就来自附近阶地的砾石层。石制品中数量最多的是石片，特点是短、宽、薄。绝大多数石片均很小，应是加工石器的副产品。从石片特征看，主要是锤击法的产品，偶尔也见有砸击法使用。两侧近平行，长宽之比大于2:1，宽度小于1厘米的"似石叶"标本数量有100多件，超过可分类石器总数近1倍。但加工石器的毛坯却以块状为主，用石核或石块加工的石器比例高达56%。

石器有刮削器、端刮器、尖状器、雕刻器与砍砸器几大类。刮削器的数量最多，占石器总数的近80%。其中多数为单刃类，刃口的形状有直、凸、凹和厚刃等，两刃类的数量不多。端刮器的数量不多，但加工仔细，在毛坯的一端加工出匀称的钝刃。尖状器的数量与端刮器相近，加工也较细致，有的可归入锥钻类。雕刻器很少且不典型，多数只是具有雕刻器打法的标本。还有1件用片麻岩砾石粗糙加工而成的砍砸器。

富林石器工业的总体特点是：石器非常细小，长度很少超过30毫米，在中国南方的各地点为最。打片技术以锤击法为主，但有明确的砸击法使用证据，石片中有相当数量似石叶的存在。石器组合是以刮削器为主体的各类小型工具。加工石器的毛坯以块状为主，石片石器居于次要地位。

上述文化特征的产生，应与当地的自然环境有较密切的关系。就富林的现代自然地理条件来看，该地点位于青藏高原的东缘一个海拔近800米高的山间小盆地内，盆地周围的海拔高度更高。其整体环境更接近云贵高原，而与四川盆地内部相去较远。由于没有绝对年代的测定数据，也没有很多可以说明时代和环境的动物群，给判断遗址的时代和环境都增加了难度。但结合遗址本身和附近一些地点各方面的材料综合考虑，原研究者认为富林文化的时代约在距今2万年前后的意见是比较合理的。这个时间已经接近最后冰期的最冷期，其气温应低于现代。现代富林已是接近青藏高原的山地灌丛草原地带，处于寒冷期的富林的环境显然更应是以草原环境为主。这种环境与富林的石器组合情况也是吻和的。

　　另外原料的因素也应注意，富林附近的燧石块的体积本来很小，自然不能加工出大型的石器。就富林石器的技术传统的主要方面来说，很难说是受了北方的影响。富林使用块状毛坯为主要加工石器素材的特点，在北方小石器工业传统中是很难找到来源的，而这却正是华南旧石器的传统。所以，说富林的石器工业是南方旧石器文化在更新世接近结束时期，发展到青藏高原边缘地带后，适应当地环境发展起来的地方性文化可能更为合适。

　　四川盆地内另一处重要的发现是铜梁地点。它位于重庆西北铜梁县城西郊的张二塘，在修建水库的工程中被发现。在其地表以下8米深的沼泽相地层中共采集到300多件石制品和一些动、植物的化石标本[30]。哺乳动物化石中有东方剑齿象、印度象、巨貘和中国犀等，均属华南大熊猫—剑齿象动物群中常见的种类。同层木化石的^{14}C年代为距今2.5万年左右，说明铜梁旧石器的时代已经属于晚更新世的晚期。

　　铜梁石制品的原料主要是石英岩，其次是燧石、闪长岩和硅质岩，偶尔也见石髓、砂岩等。石制品的体积很大，说明原料的体积更大，最大的可达40厘米以上。这种大砾石的最近产地是在碚江的高阶地上，距铜梁地点至少有20公里的距离。打制石器的技术主要是锤击法，可能也有碰砧法。石片与石核，都以大、中型者居多，形体较为宽短。石片的平均长度在6厘米以上。锤击石核原多系扁宽的砾石，石核的台面多为自然面。很多石核的台面角在90度以下，说明石料的利用并不充分。石器的修理以锤击法为主，主要是复向加工。石器的第二步加工粗糙，刃口上的小石片疤凸凹不平。

铜梁的石器组合有刮削器、尖状器、砍砸器三大类（图一八）。刮削器的数量较多，约占石器总数的一半以上，按照器

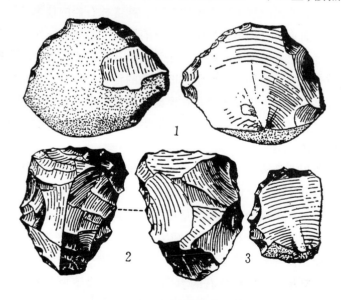

图一八　铜梁石器（据张森水，1987）
1、2.砍砸器　3.刮削器（1、2为原大1/3，3为1/2）

形可分为直刃、双刃、复刃和端刃等式。尖状器占石器总数1/6左右，多用石片为素材，加工较粗糙，分正尖、角尖和复尖三类，形体大小均有，大者长度近10厘米。砍砸器的数量也较多，占石器总数的1/3以上，多系用砾石、石核或大石片加工的，体积粗大厚重，变异幅度较大，最长者21厘米以上，最重的近2公斤。多用锤击法复向加工而成，修理很粗糙，刃缘曲折，刃口多较钝，按器形可分为单、双、复和端刃等几类，其中的平端刃式修理较好，又称铲形器。尖刃的砍砸器应归入大尖状器类。

到目前为止，还没有四川盆地发现旧石器时代早、中期文化的报道。铜梁的发现是盆地内几个已知地点中年代较早的代表。结合环境方面的因素分析，铜梁文化当处于末次冰期最冷峰前的间冰阶。孢粉分析、哺乳动物化石材料，都说明当时的气候温暖而湿润，属于亚热带的森林及森林—草原环境。这种环境是决定其文化面貌的主要因素。砍砸器在其工具组合中占有相当重要的地位，石器的整体面貌为粗大类型。此外，还可以见到南方旧石器时代早、中期的代表性器物大尖状器类。这些都反映出铜梁文化与南方东部地区早、中期的旧石器工业有较多的相似之处。

从时代上看，铜梁是盆地内较早的旧石器晚期文化，它有可能受到旧石器时代早、中期文化传统的影响，保存了较多的砾石石器工业的文化因素。但另一方面，由于它已经进入了旧石器时代的晚期，旧石器时代晚期南方旧石器工业的发展趋势也有所体现，石器更多以石片为毛坯，刮削器的数量增多并超过砍砸器，成为数量上占主导地位的石器类型，这些又都是旧石器晚期的特点。

6. 台湾地区的发现

60 年代末到 70 年代初，在台湾地区也开始有旧石器时代晚期的文化与人类化石发现。1968 年 3 月台湾大学地质系林朝綮教授去台东县长滨乡八仙洞调查，在高度不同的海蚀洞穴中发现有早于新石器文化层的红土层[31]。后由台湾大学考古人类学系与地质系联合发掘，发现有大量打制石器的"先陶文化"，李济先生将其定名为"长滨文化"。

八仙洞是长滨乡滨海峭壁上大小十余个洞穴的统称。在其中乾元洞、海雷洞与潮音洞都发现有长滨文化遗物。乾元洞的长滨文化层为距地表以下 3 米的浅灰色堆积，从中发现石制品 20 多件。海雷洞的表层堆积已被破坏，从其保留的红色细土层底部到向下的灰白色土层和含角砾的红色砂土层中，共发现 100 多件石制品。潮音洞的石制品与骨制品则主要发现于上部海砂层。早期测定的一批 ^{14}C 年代数据均较晚，大约分布在距今 6000～5000 年间。但 70 年代后期公布的乾元洞另一个先陶文化层的 ^{14}C 年代数据则大于距今 1.5 万年。后者显然应为旧石器时代的晚期。

长滨文化的石制品，以硅质砂岩、橄榄岩、石英岩、石英和玉髓等砾石为原料。石片石器居多，砾石石器较少。打片方法以锐棱砸击法为主，也使用锤击法。石器组合有刮削器、尖状器和砍砸器等。前者多是用小石英片等加工的，后者则是用砾石单面或两面直接打制成的。另外还有丰富的骨角器发现，有长条尖器、两端尖器、凿形器、骨针等。砾石石器工业是华南地区的传统，锐棱砸击法则是西南地区旧石器时代晚期的特产。所以长滨文化可能与南方旧石器时代文化的关系较为密切。随着末次冰期寒冷气候的到来，海平面下降，大陆架大面积出露，旧石器时代晚期的人类也自然会向东面扩展，从华南进入台湾。

除了文化遗物，左镇人的发现更直接证明在旧石器时代晚期台湾岛上已有人类活动。左镇人化石是1970年在台南县左镇乡菜寮溪发现的[32]。菜寮溪是台湾岛上发现哺乳动物化石最丰富的地点之一。这里已发现人类化石的有臭屈与岗子林两个地点。首先发现的是人类右顶骨化石，以后又陆续采集到顶、额、枕骨和单个的牙齿等。根据对化石中含氟、锰的测定，估计其时代为距今3～2万年。遗憾的是尚未找到化石出土的原生地点。

（五）东北的发现

东北地区的旧石器考古发掘与研究工作起步于70年代初，以后又陆续发现了旧石器时代不同阶段的文化遗存。其中早期的有辽宁营口金牛山和本溪庙后山，中期有辽宁喀左鸽子洞，晚期地点的数量则更多，分布也更广泛。

1. 金牛山文化

金牛山位于辽宁大石桥市（原营口县）西南8公里，永安乡西田屯村西，是一座孤立的小山丘。该山的海拔高度不到70米，周长1240米，面积不足0.3平方公里。本世纪40年代就曾发现过动物化石，1974年文物普查时在小山的东南坡发现A地点洞穴堆积。从当年起进行过多次发掘，到1978年共发现两处旧石器文化地点，即一般所称的金牛山A地点与C地点。两个地点均发现有石制品、用火遗迹及丰富的哺乳动物化石，A地点还发现有人类化石。除A、C点外，在金牛山还有编号为 B、D 的另外 2 个地点，仅有动物化石发现[33]。

金牛山 A 地点洞穴遗址的堆积情况与周口店第一地点很相似。整个堆积可以分成上、下两组，以第 4 层为界。上组地层由棕褐、棕黄色黏土质粉砂和洞穴角砾构成，出土的哺乳动物化石有赤鹿、扭角羚、洞熊等。其堆积的性质可与华北地区的马兰黄土对比，动物化石亦为马兰黄土中常见的种类。铀系法测年的结果为距今 20～16 万年。下组地层由胶结较硬的洞穴角砾、棕红色粉砂、粉砂质黏土和巨角砾组成，所含的化石有拟布氏田鼠、大河狸、沙狐、变异狼、棕熊、獾、最后剑齿虎、梅氏犀、李氏野猪、肿骨鹿和硕猕猴等。其堆积的性质可与周口店北京猿人的洞穴堆积对比，动物群亦属肿骨鹿—北京猿人动物群的常见成员。铀系法测年为距今 31～20 万年。C 点也有很重要发现，包括上、下两个文化层。其下文化层的性质与 A 点人化石层相当，一般将它们统称为金牛山文化。

石制品的数量不多，已作过报道的石制品仅数十件，分别来自 A 点和 C 点。近年来在 A 点又有较多发现，这里石制品的数量虽然无法和周口店相比，但从原料的选择到加工技术都十分相似。石器原料以脉石英为主，还有石英岩和变质岩，均来自附近，主要是风化的基岩碎块。打制石器的技术以锤击法为主，但砸击法也有较多使用。石器的个体差别较大，个别大的长达 91 毫米，但长度多在 40 毫米以下。石器种类有刮削器、尖状器和雕刻器。刮削器有单直、单凸、单凹、双刃和端刃等不同类型。其修理有向破裂面加工的，但以向背面加工为主，修理多较粗糙，刃缘不整齐，刃口钝厚，刃角多在 70 度以上（图一九）。两件端刃型刮削器的修理较好，刃缘较匀称，修理疤浅平。尖状器有正尖和角尖两类，均以残片为毛坯，修

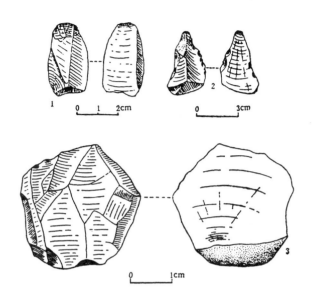

图一九　金牛山石制品（据张森水，1987）
1. 砸击石片　2、3. 刮削器

理也较粗糙，形制不规整，尖部较钝。雕刻器也是用残片所制，形体很小。从石器工业整体面貌来看，无论是加工技术还是石器组合，都很接近北京人文化[34]。

2. 庙后山

1978 年在辽宁还发现了本溪庙后山遗址，从而将旧石器时代早期遗址的分布范围扩大到辽宁省的中部。庙后山遗址位于辽宁本溪县山城子乡山城子村东庙后山南坡，系一洞穴堆积。遗址前面有汤河流过，约高出现代汤河河床 60 米左右，与汤河的 3 级阶地相当。1978 年发现的当年及随后两年进行过数次发掘，发现有石制品、哺乳动物化石及人类化石[35]。

庙后山洞穴堆积也由上、下两部分组成。上部（晚期）的时代为晚更新世，出土少量的石制品，属于旧石器时代晚期。下部（早期）发现大量的哺乳动物化石、人类化石和文化遗物。其中石制品出自褐黄色砂质黏土堆积，此层动物化石的铀系年代在距今 10 多万年到 20 多万年间，属于中更新世的晚期。下部堆积中发现的动物化石种类有三门马、梅氏犀、肿骨鹿、水牛、李氏野猪、中国鬣狗、变异狼、杨氏虎、硕猕猴等，都是周口店动物群的基本成员，其时代应和周口店动物群大体相当。除与周口店动物群的相似之处外，庙后山动物群带有明显的东北特色，但缺少南方动物群的典型种类。

庙后山遗址还发现有人类化石，包括 1 枚犬齿和 1 段幼儿股骨。

庙后山早期的地层中包含的文化遗存主要是石制品，共64 件，其中大部分标本的水平分布比较集中。制作这些石制品的原料，绝大部分是灰黑色石英砂岩，其次是安山岩，仅少量是脉石英，均来自遗址前面的汤河砾石层。剥片技术主要是锤击法，也有碰砧法，仅见个别砸击法产生的标本。石制品的个体差异较大，最大的长为 181 毫米，最小的长仅 30 毫米。较多的石片背面保留砾石面。石器类型分三类，即刮削器、砍砸器和尖状器。刮削器的数量最多，约占石器总数的 2/3，有单直刃、单凸刃、单凹刃、双凹刃及端刃等几种类型，修理的精致程度不一，有的稍好，但多数很粗糙。砍砸器占 1/4，均相当粗大，平均重量超过 500 克。尖状器仅见 1 件，以石片为毛坯，在远端的左侧修成一短而锐的尖刃，属角尖类。石器的形体多属大型。

在庙后山早期的地层中有一些碎骨片，可能与人类敲骨吸髓有关。地层中还发现过炭屑和烧骨，但不见集中的灰堆或灰烬层。

庙后山的人化石与文化遗存的时代虽已接近旧石器时代早期的尾声，但却是同时代纬度最高者。人类化石的材料不多，可能已属于早期智人类型。文化遗存较简单，没有明确的遗迹现象。但石制品的特点较为突出：形体多较粗大，且多复向加工的。这个以粗大石器为特色的石器工业，也应与当地的环境密切相关。庙后山地处辽东中部山区，哺乳动物群和植物群显示当地的气候湿润温和，森林茂密，适宜原始人类生存，石制品应是适应这种环境的产物，因而有的研究者认为该遗址的居民应以采集经济为主。

3. 鸽子洞

鸽子洞发现于 1956 年，由辽宁省博物馆孙守道与朝阳地区文教局陈瑞峰两先生在文物调查过程中发现，是东北地区首次发现的旧石器时代洞穴遗址。经过 1973 年和 1975 年两度发掘，发现 200 多件石制品，还有用火遗迹以及包括最后鬣狗、披毛犀等多种哺乳动物的化石[36][37]。这个洞穴位于辽宁西南部的喀喇沁左翼蒙古族自治县水泉乡瓦房村附近大凌河右岸。洞口高出大凌河约 35 米，与大凌河第 2 阶地相当。鸽子洞实际上是一高敞的朝东岩厦，岩厦内还有几个小洞。文化遗物发现于其中的一个小洞。

小洞的堆积分为 6 层：最上面一层灰黄色土，结构松散，含近现代遗物。第 2 层有大量片状灰岩角砾，角砾中填充着浅黄色土，含哺乳动物化石与旧石器。第 3 层为灰烬层，疏松、质细无黏性，有黑、黄、粉、白和灰等颜色，呈透镜体状分布，中部最厚为 50 厘米，含烧骨、木炭、烧土块以及少量的石制品和动物化石，灰土的含碳量为 24%。第 4～6 层分别为灰色土层、黑色或棕色土层、角砾层，均无文化遗物发现。从上述堆积的情况来看，人类使用该洞穴是在第 4 层堆积形成以后。人类在第 4 层的层面上活动，留下了篝火的灰烬、石制品和动物骨骼。堆积的性质说明，第 2 层和第 3 层当为同一时期的遗存。人类居住的当时或稍晚，气候很冷，由于寒暑作用而产生大量的片状灰岩角砾将人类的文化遗存掩埋保留下来。

在发现的 20 多个哺乳动物化石种类中，虽有一些东北地区常见的猛犸象—披毛犀动物群的成员，但较多的还是华北晚更新世动物群的种类，如直隶狼、沙狐、小野猫、最后鬣狗、野马、野驴等。种类较多的啮齿类有硕旱獭、仓鼠、鼢鼠、上头田鼠、黑鼠等。偶蹄类有鹿、羚羊、岩羊、牛等，还有披毛犀。从动物群所反映的生态特点看，当时应是气候干凉、以草原为主、兼有森林的自然环境。

用火遗迹是鸽子洞遗址的重要发现。灰烬层中部有 50 厘米厚，并向南北两侧减薄，很明显这是当时人类用火的遗迹。从灰烬层和文化遗物及整个洞穴的堆积来看，原始人类仅使用过一次鸽子洞，但其延续的时间可能较长，因而才留下大量的灰烬和石制品。除了灰烬，石制品中工具所占的比例较高，且各种工具类型齐全，这些都说明该地点具有居住址的特点。

鸽子洞的文化遗物主要是石制品，也有一些碎骨片上可能有人工痕迹。从两次发掘共获得的石制品观察，石器原料以石英岩为主，还有少量的燧石和火成岩。主要用锤击法剥片，偶见砸击法。以自然台面为多，打击台面较少，不见明显的修理台面的标本。修理石器也主要使用石锤直接打击法，以单面加工为主，且多向背面加工的，也可见到错向和两面加工的标本。

石器组合以刮削器为主，其次为尖状器，雕刻器和砍砸器均仅几件。刮削器占工具总数的80%以上，大小的变异较大，在26～93毫米之间，但多为40～60毫米者，以单刃的为最多，并以单凹刃的居多，凸刃的次之，直刃者最少，还有两刃、多刃和端刃几类，但数量都不多。尖状器占工具总数的10%以上，系用小石块或石片制作的，加工粗糙，分正尖和角尖两类。雕刻器只有3件，制作很粗糙，严格说，只能称为有雕刻器打法的标本。砍砸器也仅几件，形体粗大，均在100毫米以上，用砾石或石核加工而成，为单面或交互加工的。

鸽子洞旧石器文化的时代，根据其动物群的整体面貌基本上属于萨拉乌苏动物群的特点判断，应已经接近旧石器时代中期之末。在前述几个地点中，鸽子洞应是最晚的一个。鸽子洞的石器以中型者居多。石器组合以刮削器为主体，仅有几件大型的砍砸器，其余均为中、小型工具。石器的素材主要是不规则形石片。加工石器所用的方法以锤击法为主，也有砸击法使用。这些特点都反映了它和北方地区旧石器工业传统的密切关系。石器的形体稍大，则可能是受其使用石英岩原料较多的因素所致。所以说鸽子洞的旧石器文化还应该是北方地区以刮削器为主体的小石器工业的一员。从整体看来，鸽子洞的石器工业无论是石器制作技术，还是石器组合与形体的大小都与周口店的第一地点和十五地点更为接近，因而又被看作是北京人文化的延续和发展。

4. 晚期文化诸地点

属于旧石器时代晚期文化的地点在本阶段发现的还有辽宁凌源西八间房与黑龙江呼玛十八站。两者均是露天地点，文化遗存不及前几者丰富。西八间房地点位于大凌河的低阶地上，发现石制品近 50 件。其中也以刮削器的数量为最多，还有尖状器与"琢背小刀"。两端截断的细石叶，显然是用作复合工具的[38]。这些特点与华北地区同期的发现十分接近。位于黑龙江支流呼玛河 2 级阶地的十八站地点发现的楔形石核则更清楚地反映了华北与东北亚地区细石器文化的密切关系。

（六）文化发展序列与特点的认识

1. 发展序列的确立

在 60～70 年代期间，中国旧石器时代考古经历了从华北向全国发展的过程。60 年代开始，主要的田野考古发掘与研究工作仍集中在华北地区。60 年代中期，从观音洞遗址的发掘开始，中国南方旧石器时代考古工作得以迅速发展。进入 70 年代以后，东北地区的旧石器时代考古工作也蓬勃开展起来。在此阶段，从事旧石器时代考古发掘与研究工作的人员继续增加。除了北京的专门研究机构得以继续扩展，许多省、区的文物考古工作机构也陆续有了主要从事旧石器考古的工作者。

随着专业人员的增加，田野发掘与研究工作在华北地区深入发展，并不断向全国各地推进。中国旧石器时代考古在这一阶段最主要的收获是全国旧石器文化发展序列的进一步完善。与中国旧石器时代考古的前两个发展阶段相比，新发现的旧石器地点的数量在本阶段迅速增加，分布的范围也不断扩大。到 70 年代末，在全国已有 24 个省、市和自治区发现了旧石器时代的文化或人类化石遗存。在华北与西南地区都有时代更早的旧石器与古人类化石发现，将中国早期人类的历史追溯到更古老的时代。与此同时，不同地区与不同时代的旧石器文化遗存的发现与研究工作的深入，也进一步增进了对中国旧石器时代文化发展过程的认识。正是在这些工作的基础上，中国旧石器文化的发展序列逐步得以确立。70年代末出版的《中国大陆的远古居民》与《古人类论文集》两部著作，正是在此基础上完成的。

发展序列的确立也得益于年代学研究的进展。70年代以后，^{14}C年代测定方法开始应用，为旧石器时代晚期的发现提供了绝对年代数据。与此同时，古地磁年代学方法也逐渐应用于一些年代久远的早期遗址，并陆续取得成果。

2.华北两大系统说

在本阶段，华北旧石器文化发展两大系统说的提出，是中国旧石器时代考古发展史上的一个重要事件。早在50年代丁村文化发现之时，人们就已开始意识到在华北地区还有与周口店发现不同的旧石器文化的存在。进入60年代以后，随着考古发现继续增多，华北地区存在着不同类型的旧石器文化的事实变得越来越清晰。正是在这种背景下，贾兰坡先生等在1972年提出华北旧石器时代文化的发展至少有两个系统，即"匼河——丁村系"或称为"大石片砍砸器——三棱大尖状器传统"与"周口店第一地点——峙峪系"或称"船头状刮削器——雕刻器传统"[39]。

对于日益增多的考古发现进行概括总结，是中国旧石器时代考古发展的必然趋势。两大系统说的可贵之处，正在于其将中国旧石器时代考古研究从单个遗址与简单器物的描述分类提高到区域性文化与技术传统的综合研究层次。从这个意义上来说，两大系统说的提出在中国旧石器时代考古发展史上具有十分重要的意义。然而不能不看到，从两大系统说一开始提出，不同的看法即已存在。随着考古发现的增多与研究工作的不断深入，两大系统说的局限性也日益显露出来。因此有学者认为，在地域辽阔、自然环境各异、古人类生活历史长达百万年以上的华北地区，仅仅以大、小石器两个传统来概括，是难以全面反映旧石器文化发展的复杂性与多样性的[40]。

3. 中国旧石器文化的发展特点

随着田野考古资料的积累，中国旧石器时代文化发展序列的确立，中国旧石器时代文化发展所独具的特点也逐渐显露出来。进入 70 年代以后，一些学者陆续对已经发现的旧石器材料进行观察总结，提出了对中国旧石器文化发展特征的看法。

通过对近半个世纪以来在中国境内，主要是华北与西南地区已经发现的旧石器的观察研究，研究者们已经注意到，中国旧石器文化有其自身的发展特点：石片和以石片为毛坯加工的各类石器在全部石制品中居重要地位。石器加工方式以单面为主。石器的基本类型为刮削器、尖状器、端刮器与砍砸器等几大类，其中以刮削器与尖状器在石器组合中占主导地位[41]。随着时代的发展，各类石器的加工也在不断改进与完善，各种类型的比例也有变化，新型工具也陆续出现，这些迹象反映着原始技术与社会生产力的不断发展。

在北京周口店第一地点与贵州黔西观音洞等旧石器时代早期石器工业中，刮削器与尖状器等小型工具居主导地位的情况，使得早年莫维斯所认为的中国旧石器时代早期文化属于砍砸器传统的主张成为过时之说。而大量利用片状毛坯及以单面加工为主的石器加工技术，也说明中国旧石器早期文化有别于西方的阿舍利传统。以不规则形石片为毛坯加工石器的传统不仅存在于旧石器时代早期，而且存在于中、晚期的情况，更与同期的西方旧石器文化呈现出鲜明的反差。这些情况使得学者们相信，中国旧石器文化的发展有着不同于旧大陆西部流行的模式。

60年代前后，世界史前考古学的发展进入了一个新阶段，旧石器时代考古学研究的理论与方法也迅速发展，并不断更新。然而，此时的中国旧石器时代考古研究却处于一个封闭的环境中，与国外同行的学术交流活动几乎处于停顿状态。这种情况对学科的发展不能不产生影响，使得中国旧石器时代考古学走着一条独立发展的道路，以致在80年代开放以后的很长一段时间里，我国学者在与国外同行进行交流时，仍因为缺乏共同使用的术语而苦恼。

注　释

[1] 贾兰坡：《中国大陆的远古居民》，天津人民出版社1978年版。

[2] 安芷生、高万一、祝一志：《蓝田人的磁性地层年龄》，《人类学学报》1990年9卷1期。

[3] 胡长康、齐陶：《陕西蓝田公王岭更新世哺乳动物群》，《中国古生物志新丁种本》(21)，1978年。

[4] 吴汝康：《陕西蓝田发现的猿人头骨化石》，《古脊椎动物与古人类》1966年10卷1期。

[5] 黄慰文：《豫西三门峡地区的旧石器》，《古脊椎动物与古人类》1964年8卷2期。

[6] 尤玉柱、汤英俊、李毅：《泥河湾组旧石器的发现》，《中国第四纪研究》1980年第5期。

[7] 吴新智：《陕西大荔县发现的早期智人古老类型的一个完好头骨》，《中国科学》1981年第2期。

[8] 张森水、周春茂：《大荔人化石地点第二次发掘简报》，《人类学学报》1984

年 3 卷 1 期。

[9] 见注 [1]，第 91～101 页。

[10] 贾兰坡、卫奇、李超荣：《许家窑旧石器时代遗址 1976 年发掘报告》，《古脊椎动物与古人类》1979 年 17 卷 4 期。

[11] 贾兰坡、卫奇：《阳高许家窑旧石器时代文化遗址》，《考古学报》1976 年第 2 期。

[12] 见注 [10]。

[13] 贾兰坡、盖培、尤玉柱：《山西峙峪旧石器时代遗址发掘报告》，《考古学报》1972 年第 1 期。

[14] 安志敏：《河南安阳小南海旧石器时代洞穴堆积的试掘》，《考古学报》1965 年第 1 期。

[15] 王建、王向前、陈哲英：《下川文化》，《考古学报》1978 年第 3 期。

[16] 盖培、卫奇：《虎头梁旧石器时代晚期遗址的发现》，《古脊椎动物与古人类》1977 年 15 卷 4 期。

[17] 内蒙古博物馆等：《呼和浩特市东郊旧石器时代石器制造场发掘报告》，《文物》1977 年第 5 期。

[18] 文本亨：《云南元谋盆地发现的旧石器》，《古人类论文集》第 126～135 页，科学出版社 1978 年版。

[19] 钱方：《关于元谋人的地质时代问题——与刘东生等同志商榷》，《人类学学报》1985 年 4 卷 4 期。

[20] 刘东生、丁梦林：《关于元谋人化石地质时代的讨论》，《人类学学报》1983 年 2 卷 1 期。

[21] 李炎贤、文本亨：《观音洞——贵州黔西观音洞旧石器时代初期文化遗址》，文物出版社 1986 年版。

[22] 原思训、陈铁梅、高世君：《华南若干旧石器时代地点的铀系年代》，《人类学学报》1986 年 5 卷 2 期。

[23] 沈冠军、金林红：《贵州黔西观音洞钟乳石样的铀系年龄》，《人类学学报》1992 年 11 卷 1 期。

[24] 吴茂霖、王令红、张银运、张森水：《贵州铜梓发现的古人类化石和文化遗物》，《古脊椎动物与古人类》1975 年 13 卷 1 期。

[25] 曹泽田：《贵州水城硝灰洞旧石器文化遗址》，《古脊椎动物与古人类》1978 年 16 卷 1 期。

[26] 李炎贤、袁振新、董兴仁、李天元：《湖北大冶石龙头旧石器时代遗址发掘

报告》，《古脊椎动物与古人类》1974 年 12 卷 2 期。

[27] 曹泽田：《猫猫洞旧石器之研究》，《古脊椎动物与古人类》1982 年 20 卷 2 期。

[28] 曹泽田：《猫猫洞的骨器和角器研究》，《人类学学报》1982 年 1 卷 1 期。

[29] 张森水：《富林文化》，《古脊椎动物与古人类》1977 年 15 卷 1 期。

[30] 李宣民、张森水：《铜梁旧石器文化之研究》，《古脊椎动物与古人类》1981 年 19 卷 4 期。

[31] 宋文薰：《长滨文化——台湾首次发现的先陶文化》，《中国民族学通讯》1969 年第 9 期，第 1～27 页。

[32] 连照美：《台南县菜寮溪的人类化石》，《考古人类学刊》1981 年第 42 期，第 53～70 页。

[33] 金牛山联合发掘队：《辽宁营口金牛山旧石器文化的研究》，《古脊椎动物与古人类》1978 年 16 卷 2 期。

[34] 张森水：《中国北方旧石器时代早期文化》，《中国远古人类》，科学出版社 1989 年版。

[35] 辽宁省博物馆、本溪市博物馆：《庙后山——辽宁本溪市旧石器文化遗址》，文物出版社 1986 年版。

[36] 鸽子洞联合发掘队：《辽宁鸽子洞旧石器遗址发掘报告》，《古脊椎动物与古人类》1975 年 13 卷 2 期。

[37] 张森水：《中国旧石器文化》第 196～204 页，天津科学技术出版社 1987 年版。

[38] 辽宁省博物馆：《凌源西八间房旧石器时代文化地点》，《古脊椎动物与古人类》1973 年 11 卷 2 期。

[39] 见注 [13]。

[40] 高星、欧阳志山：《趋同与变异：关于东亚与西方旧石器时代早期文化的比较研究》，《演化的实证——纪念杨钟健教授百年诞辰论文集》，海洋出版社 1997 年版。

[41] 邱中郎、李炎贤：《二十六年来的中国旧石器时代考古》，《古人类论文集》，科学出版社 1978 年版。

四

丰收的十年

（八十年代）

80 年代的十年，是中国旧石器时代考古发展最快的时期。在这期间，田野考古调查与发掘的区域与规模继续扩大，相继有很多重要的新发现。一些重要遗址的多学科综合研究也开始于本阶段，并陆续取得成果。这些发现与研究成果进一步揭示了中国旧石器时代文化复杂的面貌与多元化的发展过程。

（一）泥河湾盆地早、中期文化的发现

泥河湾虽然只是河北省西北部桑干河畔一个普通的村子，但其附近的地层及哺乳动物化石自本世纪 20 年代起就引起地质学者的关注。"泥河湾组"、"泥河湾动物群"早已经成为地质学上的专门名词。近二十年来，这里又成为早期人类考古发掘与研究的热点。泥河湾盆地旧石器时代早期地点的发现始于 70 年代末，但主要的发现与研究成果多出于 80 年代。这些早期地点主要集中在河北省阳原县境内，泥河湾盆地的东缘。除了前述小长梁的发现，还有 1981 年在小长梁东侧不到千米远的地方发现的东谷坨，以及稍晚在东谷坨遗址以北约 700 米处发现的岑家湾。东谷坨与小长梁遗址所在的层位相近，接近于泥河湾组的顶部，古地磁地层法测定的年代为距今约 100 万年左右[1]。岑家湾遗址则稍晚于前两者。

1. 东谷坨遗址的发现

东谷坨位于河北阳原县东谷坨西北侧的许家坡，隔桑干河与泥河湾村相望，是一处湖滨露天遗址。1981年卫奇先生发现并发掘了这处遗址。在45平方米的范围内，共发现1000多件石制品[2]。遗址的总面积达40万平方米以上，试掘的探方深达3.2米。文化层的堆积远较小长梁厚，且直接叠压在基岩上。文化层高出桑干河水面约125米，距台地表面45米，最上的12米系黄土堆积，下面的33米为泥河湾组的湖相堆积。

该地点的哺乳动物化石不少，但都非常破碎。种类有中华鼢鼠、三门马、披毛犀、狼（未定种）、古菱齿象（未定种）、野牛（未定种）等。化石中有相当多具有创痕，可能有的是被人敲骨吸髓所致，也有动物啃咬的。

文化遗物主要是石制品和上述具有人工打击痕迹的碎骨片。石制品的原料主要是流纹质火山碎屑岩及石髓、燧石，还有少量的玛瑙和轻度变质的石灰岩等。这些种类的石料广泛分布于附近的老地层中。

石制品中，石核占10%左右。其中多台面的近半数，双台面的占1/3，单台面的仅1/5。最大的758克，最小的11克。大部分仍保留多少不等的砾石面，有的石核有较规整的小长石片疤。石片的数量最多，近石制品总数的60%，按台面分自然、打击、修理和两极等几类。体积均较小，平均重量仅8.4克。从石核与石片的情况观察，这里的剥片技术应以锤击法为主，同时也有砸击法存在。

石器数量也较多，占石制品总数的30%以上。其中数量最多的是刮削器，占石器的85%。刮削器绝大部分是石片加工的，很少使用砾石或石核毛坯。刃缘有直刃、凸刃、凹刃、双直刃、双凹刃、直凹刃、直凸刃、凸凹刃、多形刃等多种式样。加工方式有单向与异向之别，加工多较精细。形体细小，长度多在 20～40 毫米间，超过 50 毫米者不足 10%。尖状器也有较多发现，占石器的 10% 以上。均系石片毛坯加工的，并以向背面加工的居多，有些加工得相当精致。大小不等，长度在 20～70 毫米间，宽度在 10～60 毫米间。可分为锐尖长身、钝尖长身、锐尖宽身、钝尖宽身等几类（图二〇）。砍砸

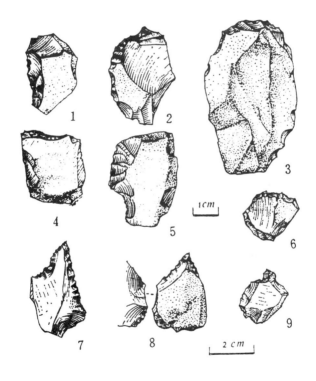

图二〇　东谷坨石器（据卫奇，1985）

1～6.刮削器　7～9.尖状器

器的数量则很少，仅占石器总数的 2％。

东谷坨地点是北方地区旧石器时代一处重要的露天类型的遗址。从遗物的水平分布及其不同类别共存的现象看，该地点应是一处原始人类的居住遗址。有大量不同类型的石制品及动物碎骨同时被发现。石制品在不同的区域内分布的疏密程度相差悬殊，应是不同活动的结果。另外从石核与石片的情况看，该地点既有石器的第一步加工，也有第二步修理工作。大部分石核带有砾石面是前者的反映，而大部分石片又薄又小，背部多具石片疤则是第二步修理的产物。

东谷坨旧石器的剥片技术以锤击法为主，也有砸击技术使用。石器多为石片石器，第二步加工以向石片背面加工为主。石器以刮削器为主体，尖状器次之，砍砸器的比例很小。石器的基本特征是小型而加工精细，具有与旧石器时代晚期石器工业相似的某些风貌。然而其时代很早，为早更新世。古地磁年代学的研究结果说明，文化层形成于贾拉米事件之前，距今大约 100 万年。在早更新世地层中有如此发现，显示了中国旧石器时代早期文化丰富多彩的面貌。

2. 岑家湾

岑家湾遗址位于东谷坨遗址北约 700 米处，岑家湾村南。文化层厚度仅 10～30 厘米，系褐红色黏质粉砂古土壤层。其上是厚约 3 米的泥河湾层，由细砂层、粉砂层与黏土层组成。在 1986 年发掘的 45 平方米的范围内，出土石制品 897 件[3]。其中大部分是断块与碎片，石核与石片也占有一定的比例，经过仔细加工的石器的数量较少。石器的种类有刮削器、尖状器等，形态均较小。石料与前述的东谷坨遗址非常相近，也系流纹质火山碎屑岩。

岑家湾石制品与东谷坨非常相似，这可能与两者时代相差不远、地理位置与环境相近等因素密切相关。根据古地磁测定的情况看，岑家湾遗址地层属于正向极性，相当于松山期的贾拉米期，距今 97～90 万年。这个年代虽然晚于东谷坨，但相差并不很遥远。另外，两者的地质环境相同，又使用相同的石料产地，所以尽管两者不一定有直接的文化联系，但出现相似的文化面貌还是很自然的事情。

3. 大同青瓷窑

泥河湾盆地的西缘也有旧石器时代早期遗存的发现。1975年春，在大同西郊的青瓷窑煤矿附近，因修路施工发现动物化石并进而发现了青瓷窑旧石器遗址。1976～1977 年由中国科学院古脊椎动物与古人类研究所与大同市文化局的几位学者进行了两次发掘，发现的石制品近千件，还有一些保存较差的哺乳动物化石[4]。1988 年刘景芝又发现石制品 87 件[5]。

青瓷窑的石制品与动物化石埋藏于十里河 2 级阶地后缘含角砾的粉砂土层中。动物化石的种类有狼、古菱齿象、披毛犀、三门马、羚羊、牛与扭角羊等。动物群的时代大致为中更新世晚期。故这批石制品的时代要远晚于前面所述盆地东缘的发现。

石器工业的特点也与东边有很明显的区别。这里的石料主要是采自附近侏罗系地层和 2 级阶地砾石层的石英岩或脉石英。主要应用锤击法直接剥取石片，石核与石片的形状均不规整，大部分不同程度保存着砾石面。石器的加工简单粗糙，形制也不规整。种类包括刮削器、尖状器与砍砸器。前两类与盆地东缘早期的发现区别不大，扁圆砾石加工的大型砍砸器在东边则较少出现。

4. 板井子

继许家窑遗址之后，本阶段在盆地内的旧石器时代中期文化也有新发现，其中最主要的当属盆地东缘的板井子遗址。这个遗址位于阳原县石匣里乡板井子村北约 300 米处。发现于 1984 年，同年和 1986、1988 年前后进行过 3 次发掘。遗址坐落在桑干河北岸的 3 级阶地后缘。阶地的上部为马兰黄土及砂砾层，厚约 4 米；其下即为厚约 3 米的文化层，系粉砂及砂质黏土；再下则为砾石与砂质黏土互层，出露部分厚约 27 米。关于这一级阶地形成的时间尚有不同认识。较早的看法认为桑干河的 3 级阶地属于晚更新世早期。但近年来有学者提出应为晚更新世的晚期。铀系法年代测定的结果与前者较为接近，为距今 7 万年左右。

按照年代测定结果，板井子遗址当属于旧石器时代中期。其石器工业面貌也与华北地区同时代的发现较为接近。从 1988 年发掘所获的 3000 多件石制品来看，石核有 215 件，石片有 1557 件，石锤有 22 件，石器有 329 件，具零星加工痕迹的断块 1260 件，还有数千件碎屑[6]。

板井子的石核大部分是单台面，双台面者占 1/4 稍多，多台面者仅 3 件。虽然人工台面占比例较高，但仅有少数标本具有修理台面的痕迹，而且没有预制石核的标本发现。石片的形状也多不规则，宽大于长者占一半以上，修理台面的石片也很少见到。这些情况说明，板井子遗址古代居民的打片能力虽已具有一定水平，但尚未掌握控制石片形状的技能。很少量石叶状的标本应是偶然产生的，还不能说明当时已经系统地掌握了生产石叶的技术。

板井子的石器以刮削器为最多，差不多占整个石器组合的

85％。其类型也最复杂，有单刃刮削器、两边刃刮削器及多刃刮削器等几大类。形状多为不规则形，多选用石片或断片为素材，在较钝厚或陡的边缘加工，以正向加工为主，刃口多不平齐，并以陡刃者居多。尖状器的比例还不足5％，形体多较细小，修理也不甚整齐，依尖端所处的位置，还可以分为正尖与角尖两组。凹缺刮器发现的数量与尖状器相近，有一击而成的和经过修整的两类（图二一）。还有少量的端刮器、石锥与砍砸器等。

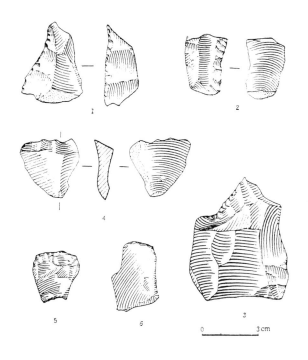

图二一　板井子石器（据李炎贤，1991）

1~3.凹刃刮削器　4.横刃刮削器　5~6.端刮器

从总体看来，板井子石器工业面貌虽然保持了华北地区自早期以来的主要特点，但与时代较为接近的许家窑文化更为接近。不过原研究者更强调其含有一些勒瓦娄哇—莫斯特技术类型的成分，认为尽管其数量很少，却为探讨中国旧石器时代文化中勒瓦娄哇—莫斯特技术类型的起源与发展提供了线索。

（二）黄河中游的早、中期文化

华北南部的晋陕豫交界及邻近地区的田野考古发掘与研究工作也进展很大。在 50 年代工作的基础上，汾河流域丁村及其附近从 70 年代后期又进行了大规模的田野考古调查和发掘工作。在早于丁村文化的中更新世地层发现了"前丁村文化"，在晚于丁村文化的晚更新世晚期地层发现了典型的细石器文化，从而找到丁村文化的来龙去脉。此外，在陇东黄土高原上，也找到旧石器时代早期的文化遗存。旧石器时代中期的考古工作则有陕西长武县窑头沟等地点的发现与研究。

1. 丁村与汾河流域的发现

在汾河流域新发现的一些中更新世的石器地点，比较集中地分布在下游的襄汾丁村与中游的太原古交附近。其中尤以丁村附近新发现的几个地点为典型。50 年代曾经在丁村附近的 3 级阶地堆积中发现并发掘了一批晚更新世早期的旧石器地点，在这些地点发现的旧石器文化一直作为中国北方旧石器时代中期文化的代表。70 年代以后则在 4 级阶地堆积中发现了时代更早的旧石器时代地点，包括有白马西沟南崖的 79：01 地点、解村西沟的 79：02 地点、南寨村塌河崖 79：03 地点、上庄沟的 79：04 地点等[7]。

　　在上述地点中解村西沟地点曾经过试掘。该地点位于汾河东岸的 4 级阶地上。在 55 米厚的中部的灰白色中粗砂层及其下的钙板层中共发现 21 件石制品。石制品的原料主要是角页岩，但石球的原料则是砂岩与石灰岩。最引人注目的是大尖状器的发现。一件大三棱尖状器系以角页岩砾石直接加工的，由砾石的一个平面的两侧长边单向打制出一个三棱形尖，再由尖端两侧向底部稍作修理，制成一典型的大尖状器。另一件大尖状器则是使用背部为砾石面的宽大石片加工的，一面为单面加工，另一面为两面加工，修理出一锋利的扁尖（图二二）。侧

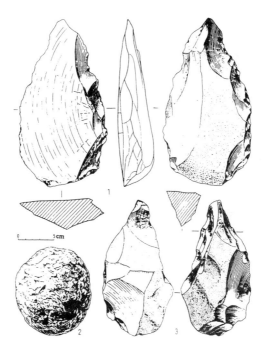

图二二　丁村早期石器（据王建等，1994）

1、3. 大尖状器　2. 石球

缘经过修理的大石片，被称为斧形器或薄刃斧。典型的石球也有发现，是用石灰岩或砂岩原料加工出的通体浑圆的石球。砍砸器、刮削器与尖状器也均有发现，后者的体积稍小，可划入中型石器，其他均为大型工具。

在丁村其他地点也有类似的发现，但有的地点刮削器等石片制作的中小型石器的数量稍多。

汾河中游太原古交附近的几个地点也埋藏于4级阶地堆积中。这里石制品的原料与汾河下游地区相近，主要是角页岩砾石。石器形体粗大，以砍砸器为主，同时也有较多数量的刮削器。有趣的是这里也有一件大三棱形的尖状器发现。这种以砍砸器等大型石器为主体的石器组合，尤其是大尖状器的存在，

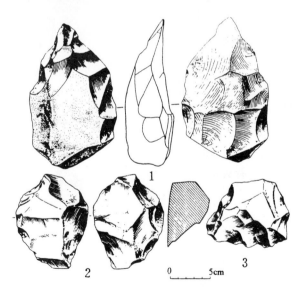

图二三　丁村中期石器（据王建等，1994）

1. 大尖状器　2. 砍砸器　3. 锯齿刃器

说明本地区与汾河下游等北方地区南部的石器工业更为接近，而与北部的以刮削器等小型石器为主的石器工业区别较大。

在丁村附近，除了上述旧石器时代早期的材料，在与50年代的发现相当的地层堆积中，即一般所称的"丁村组"，也有新发现，包括丁家沟（76：006）、吉家沟（76：007）和门峪沟（76：008）等处。这些发现，无论是石料、加工技术，还是石器组合，都与早期的发现没有明显区别（图二三）。

2. 泾川大岭上

新发现的旧石器其西边的分布，已经到达甘肃的东部，典型地点为大岭上。该地点位于甘肃东部的泾川县，在县城东南约8公里处。此地系典型的黄土高原地区，北距泾河6公里。旧石器发现于红色土层中的古土壤条带内。含石器的红色土层可见11条古土壤条带。古土壤是黄土堆积过程中气候转为暖湿的标志。石器出自古土壤的第2和第5条带中，说明人类是在当地气候环境比较适宜时期进行活动的。按照层位关系，可将已经发现的石制品分为两期。

该地点自1976年发现后，曾进行过多次工作。早期的石制品23件，均出自第5古土壤条带中。石制品原料以石英岩、石英为主，另有火山岩和燧石者各一件。已发现的石器中有砍砸器5件、大尖状器2件、刮削器3件。晚期的石制品均出自靠上部的第2古土壤条带，包括砍砸器3件、小尖状器3件、刮削器5件[8]。

大岭上地点早、晚两期的石制品有较多的共同特点：剥片的方法均为锤击法，都有转向打法产生的多面体石核。石片的大小不一，形状不规则。修理方法也较一致，都用锤击法，加工简单粗糙，两面加工的比例较高。但也可以看到两期的一些差别：早期的砍砸器数量较多，有大尖状器发现，石器组合是粗大型的。到晚期砍砸器的比例则减少，无大尖状器而出现小型尖状器，刮削器数量增多，石器组合中、小型者居多。

大岭上地点虽然无化石发现，但对附近地区黄土研究的成果足以证明其时代。其石制品埋藏于典型的离石黄土地层中，出自第 5 条带者时代稍早，第 2 条带者稍晚，但无疑都是中更新世的文化遗存。大岭上地点是到目前为止整个北方地区已发现的地理位置最靠西的早期地点。

3. 大窑四道沟

继大窑旧石器时代晚期石器制造场的发掘之后，1979～1983 年，内蒙古博物馆又发掘了大窑南山四道沟[9]。四道沟的地层自上向下分为 7 层。从第 1 层灰褐色粉砂质表土层开始就有少量石制品发现；第 2 层是灰黄色砂质土，亦含石制品与动物化石；第 3 层上部为灰绿色砂质土，向下渐变为棕黄色砂质土，有大量石制品；第 4 层为棕红色亚黏土，亦含大量石制品，并发现肿骨鹿化石；再向下的 3 层均不见文化遗物。从四道沟的地层特点来看，第 2 层当与以前发现的晚期石器制造场的层位相当；含肿骨鹿化石与大量石制品的第 4 层显然时代更早，热释光年代数据为距今 31 万年左右[10]，应为中更新世晚期。

四道沟早期地层发现的石制品多达千件。按照已发表的资料，石核、石片的数量很少，石器的比例甚高。石器种类包括刮削器、砍砸器与尖状器等。长度超过 60 毫米以上的大型石器占整个石器组合的 60% 以上。这种情况在华北地区旧石器早期文化中也很少见，应与其石器制造场的特点有关。采自原生岩层的燧石块多数体积较大，用其加工的石制品形体自然也较大。

四道沟的发现把早期人类利用大窑燧石产地的时间提早到中更新世的晚期，同时也说明当时人类活动的踪迹已经到达阴山南麓。

4. 泾渭文化及其他

70年代在陕西长武县的窑头沟和鸭儿沟的发现，包括石制品及哺乳动物化石。石制品埋藏在黄土下的浅黄色砂质土和砾石层中。伴出的动物化石有鼢鼠、普氏野马、野驴、披毛犀、扁角鹿、斑鹿和牛等，时代为晚更新世早期。

研究者认为这两个地点的时代与文化性质，同山西后圪塔峰、河南孟村以及陕西涝池河沟、十里河后沟和洮家沟等地点均有许多共性。因此建议将它们归并一起统称为泾渭文化[11]，以区别于吕梁山东侧汾河流域的丁村文化。

泾渭文化诸地点石制品的石料以石英岩为主体，剥片技术以锤击法为主而不见碰砧技术的使用。石核为小型的扁平体或多面体。石片也多小型，形状多不规则，但可见窄长的小石片及规则的三角形石片。石器组合以小型的刮削器为主，小型尖状器的数量不多但修制很精致，偶见砾石直接加工的砍砸器。

泾渭文化的上述性质明显有别于汾河流域的丁村的旧石器，也不同于华北北部同期的许家窑等地的发现。它的一些文化因素在时代较晚的同一区域内的旧石器文化中可以找到。因此泾渭文化是北方地区旧石器时代中期比较重要的发现，但到目前为止，仍缺乏对典型遗址的深入发掘与详细研究。尽管对此尚有不同意见，但泾渭文化的提出及随后进行的讨论，则反映了这一地区旧石器时代中期文化的发现与研究已经进入了新的阶段。

（三）北方的晚期文化

本地区旧石器时代晚期的发现也很丰富，曾发现或公布了多个遗址的材料，主要包括甘肃环县刘家岔、陕西韩城禹门口、山西蒲县薛关、河北阳原泥河湾诸地点以及北方东部的一些洞穴遗址。

1. 刘家岔与禹门口

与早期发现的萨拉乌苏地点在地理位置及时代上都较为接近的是甘肃环县的刘家岔地点。该地点发现于 1977 年，位于黄土高原的西北部，东北距萨拉乌苏地点仅百余公里[12]。遗物出自黄土底砾层上的一套灰蓝、灰褐、灰黄色湖相黏土层中，与石制品共生的动物化石有披毛犀、河套大角鹿、普氏野马、普氏羚羊、原始牛等 11 种。从地层与动物群来看，刘家岔的时代应与萨拉乌苏地点相近，也属于旧石器时代晚期的较早阶段。其环境也是以草原或灌木草原为主。

刘家岔的石制品较为丰富，在经过挑选的千余件标本中，石器占近半数。石器原料以石英岩砾石为主体，也有少量的燧石、硅质灰岩、脉石英等砾石。一般使用锤击、砸击两种方法剥片，并以前者为主，仅发现几件有修理台面的标本。这里石器修理得不如萨拉乌苏的规整，石器的形体也普遍大于后者，其原因可能是原料的影响。刘家岔砾石原料的个体大于萨拉乌苏，且多是石英岩，故石器的形体较大，修理的刃口也显得不整齐。石器组合以刮削器为主体。刮削器按照刃口的数量和形状还可以分为不同的样式。在这里也出现了端刮器，另外还有尖状器、雕刻器、砍砸器和石球等。

刘家岔的石器工业也保留了较多的旧石器时代中期的特点，从技术到工具组合都有很多可与许家窑等中期文化相比之处。这说明两者的关系密切，也说明它们的时代相去不会太远。

另一个与刘家岔相似的发现是陕西韩城禹门口洞穴遗址。该遗址于 1973 年修建铁路隧道时发现，随即进行了抢救性发掘。共发现石制品 1200 余件，还有一些动物化石及用火的遗迹。其研究报告发表于 80 年代中期[13]。

这个遗址位于黄河西岸，高出黄河河床约 30 米。遗址东临黄河，北倚黄土高原，西南为山区森林，处在宜于早期人类活动的地带。从保留在洞内的用火遗迹——灰烬层与厚达 5 厘米的火烧面看，这里应有早期人类较长时间的居住。丰富的石制品、动物骨骼碎片等也说明了同样的情况。

禹门口的石器工业面貌与刘家岔比较一致，也是典型的石片石器。石器原料主要是来自黄河的砾石。其岩性与刘家岔稍有区别，除石英岩以外，燧石也是主要原料。从剥片与修理的痕迹观察，应主要是石锤直接打击的产品。石制品中绝大部分是石片，其中大部分是断片、碎屑。一些较大的石片，形状也多不规则。石核的数量不多，形状亦不规则。经过第二步加工的石器主要是小型的，以刮削器的数量为最多，占整个石器组合的 90% 以上。刮削器还可以分出直刃、凹刃、凸刃、双刃等不同式别，但形状不规则，没有很稳定的类型出现。第二类是尖状器，一般呈三角形，尖端锐利。还有两件用砾石直接加工出刃口的工具，形体也较大，可归入砍砸器类。与刘家岔不同的是，尚未见这里发现石球的报道。

关于遗址的时代，研究者的意见为旧石器时代晚期，晚于许家窑，略早于峙峪。不过这里保存的动物化石多很破碎，可以鉴定者仅有牛、犀牛与鹿等少数几种，还很难用以判断时代。到目前为止亦没有见到有关绝对年代测定的资料。所以要弄清这个遗址的时代问题，还应该继续工作。

2. 晋西南的细石器

晋西南地区的细石器在 60、70 年代已有发现，但有关的发掘与研究报告则都见于本阶段，如蒲县的薛关、襄汾的丁家沟等。

薛关遗址位于山西蒲县薛关村西约 1 公里，黄河支流昕水河的左岸。1964 年发现，1979～1980 年进行过两次发掘。共获得石制品 4000 多件及一些动物化石[14]。薛关一带有 4 级阶地，1、2 级为全新世的堆积。3 级阶地为基座阶地，上部为灰黄色粉砂土，岩性与马兰黄土相似；下部为砾石层，总厚度为 20 米，时代为晚更新世。文化遗物就出自 3 级阶地上部的灰黄色粉砂土中。与文化遗物共生的动物化石有野马、野驴、羚羊、牛、鹿和鸵鸟等。

石制品原料，以燧石为主，石英岩次之，还有少量的角页岩，均来源于附近阶地的砾石层。一般以间接法制作细石器，以锤击法制作大型石器。石核有楔状、船底形、半锥状、似锥状、漏斗状等形状（图二四）。石器类型有端刮器、刮削器、尖状器、雕刻器、琢背小刀等。端刮器是数量最多的类型，分为长身和短身 2 式，并以短身为主，其数量占石器总数的一半以上。尖状器的数量仅次于端刮器，可分为正尖、角尖、两端尖和扁尖等几式。其中有的尾部进行过修理，可能是为了加柄以作投射器的尖头。刮削器也有一定的数量，多是用较大的石片加工的，可分为直刃、凸刃、半月形等几式。雕刻器、琢背

图二四　薛关细石核

（据王向前等，1984）

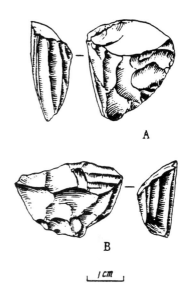

A

B

小刀的数量均很少。还有一件形体较大的似石斧，为长方形，其周边与刃部曾修理过。

薛关遗址的绝对年代经^{14}C方法测定为距今 1.35 万年。其石器技术和工具组合都与下川接近，也属于典型的细石器文化类型，只是年代明显晚于后者。

70 年代发现于襄汾县柴寺村丁家沟口的 77：01 地点，在时代与文化性质方面都更接近于下川的发现[15]。这个地点位于汾河的 2 级阶地上。文化遗物发现于阶地底部含河蚌的砾石层中。石制品有两类：一类是"粗大石器"，包括石核、石片、刮削器、砍砸器与石球，除石球采用灰岩砾石外，其他绝大部分系以角页岩为原料。另一类为细石器，有锥形、楔形石核、细石叶等典型细石器技术的产品。还有石核式石器、斜边雕刻器、石镞等均可与下川的同类制品相比。细石器工业中常见的端刮器也有数量较多的发现。

在砾石层中还有许多脊椎动物化石，包括马、鹿、牛、羊、獾、河狸、犀、象等，还有鸵鸟蛋皮。除河蚌丰富完整以外，其他化石均很破碎。采自本层的河蚌壳的 ^{14}C 年代为距今 2.6 万年左右，但炭屑则大于 4 万年。所以关于这个地点的年代问题曾引起讨论。继续在本区工作，并找到原生遗址，应是解决问题的重要途径。

80 年代初，在与蒲县相邻的吉县柿子滩发现另一处细石器遗址。柿子滩的文化遗物发现于黄河支流清水河的阶地堆积中，西距黄河仅 2 公里。遗址的地层堆积由上至下可以分为 5 层：表层是厚约 40 厘米的耕土；第 2 层为黑垆土层，厚约 100 厘米，含数量较多的石制品；第 3 层是厚达 550 厘米的灰黄色土层，含石制品、动物化石与灰烬等；第 4 层为灰褐色粉砂土层，厚度为 250 厘米，仅见少量的石制品与动物化石；最下为砂砾石层，直接覆于中生代的红色砂岩之上，厚度在 130 ～350 厘米间，亦含有石制品、动物化石与灰烬等[16]。

从所发现的文化遗物来看，可以分为上、下两个文化层。上文化层包括 2～4 层，系典型的细石器工业；下文化层为砾石层，仅见少量形体粗大的石制品。

上文化层丰富的文化遗物是柿子滩遗址的主要发现，其文化特点与薛关细石器十分接近。这里也以燧石、角页岩与石英岩等为主要石器原料。细石核分为楔形、船底形、锥形与漏斗形几类，与薛关很相近，反映了相同的技术传统。

上文化层的石器组合也表现出与薛关的相似特点。端刮器的比例占整个石器组合的半数以上。其次为边刮器、尖状器。

也有石镞，包括带铤与底部减薄等不同类型。另外还有雕刻器、琢背石片、钻具、石锯等。引人注目的是磨盘与磨石的发现。两件磨盘均为板状细砂岩打制而成，磨面等部位尚保留有被赤铁矿染成的暗红色。另一件一端带有磨痕的角页岩砾石，在磨痕等处亦有赤铁矿粉的染色，因而被判定为是与上述磨盘配套的磨石，其功能是研磨赤铁矿粉。

出自下文化层即砾石层的粗大石器只有12件。石器种类有砍砸器、尖状器与刮削器。总体特点是加工粗糙，形体硕大，与上文化层成鲜明对照。

柿子滩文化层总厚度达10米以上，包括不同类型的旧石器文化，这在华北地区露天遗址中很少见到。原研究者根据动物化石的情况将下文化层的时代定为更新世之末，上文化层定为从晚更新世末到全新世，因而认为柿子滩遗址当属旧石器时代晚期至中石器时代早期。从最近的年代测定结果来看，这个遗址确实沿用了较长时间，从距今2万多年到1万多年，**跨越了晋西南地区从石片石器文化到细石器文化发展的全过程**。

3. 泥河湾盆地的旧石器晚期文化

80年代期间，泥河湾盆地旧石器时代晚期的发现也进入高潮阶段，先后有油坊、西白马营与籍箕滩等遗址的发掘与研究。除籍箕滩遗址外，西白马营与油坊的发现均不同于已报道的虎头梁文化。同一盆地内发现三种不同文化面貌的石器工业，显示了该地区旧石器晚期文化发展的复杂性。

1984年谢飞先生等在泥河湾盆地进行旧石器考古调查时，在盆地东缘发现油坊遗址。遗址位于河北省阳原县城东50余公里处的大田洼乡油坊村南，在高出桑干河床170米的大田洼台地的北部边缘区。文化遗物发现于厚达6米多的浅黄色粉砂

质土层的中、上部，在试掘的 28 平方米范围内，发现石制品
3000 余件，还有少量动物化石碎片及小面积的薄层灰烬
层[17]。

油坊石制品的原料主要是就地取材，在附近的冲沟和山坡
上均可采集到硅质火山角砾岩或燧石。但从对石料选择的情况
看，当时人类对各类岩石的性质已有较清楚的认识。从已报道
的石制品观察，锤击法与间接加工均有使用。一些单台面石核
呈锥状或扁锥状，台面多经过修整，石片疤窄长规整。虽然没
有关于石叶发现的专门介绍，但在经第二步加工的石器中却有
非常典型的石叶坯材，所以可以肯定有石叶技术的存在。自水
洞沟的石叶技术发现之后，虽有大量旧石器地点发现，但几乎
没有再见到典型石叶的报道。油坊石叶技术的发现显然为追踪
石叶技术在华北地区的发展提供了难得的线索。

细石器技术在油坊遗址更为明显，在经过统计的近 700 件
石制品中，细石叶的比例高达 13.2%。细石核的数量虽然不
多，但类型丰富，包括楔形、柱形与船底形等不同类型。与前
一阶段发现的虎头梁细石器技术相比，显然不属于同一技术系
统。因为柱形与船底形石核不见于虎头梁，楔形石核技术也有
别于虎头梁，另外两地所选用的石料也有非常明显的区别。

与细石器技术传统的差别相比较，油坊的石器组合与虎头
梁等细石器文化相比，却没有明显的不同。端刮器为最主要的
工具，其次为边刮器、尖状器等，雕刻器、琢背刀等亦可见到
（图二五）。这种趋同当是时代特点的反映，与技术传统并没有
太多的关系。所以说油坊的发现可能代表了阳原盆地内与虎头
梁不同的另一种细石器文化类型。不过要弄清这种类型的时
代、分布范围及其来龙去脉，还有待于更多的工作。

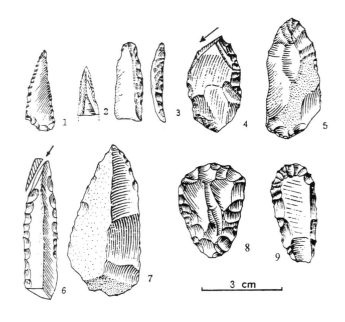

图二五　　油坊石器（据谢飞等，1989）

1、2、7. 尖状器　3. 琢背刀　4、6. 雕刻器

5. 尖状—端刮器　8、9. 端刮器

　　80年代期间，虎头梁类型的细石器文化也有更多的发现，主要仍在阳原盆地的中部，即60～70年代发现的虎头梁遗址群的附近。最重要的发现之一是桑干河南岸、东北距虎头梁约7.5公里的籍箕滩遗址群。

　　这个遗址群是1986年河北省文物研究所进行旧石器考古调查时发现的，1987～1989年曾连续进行过3次发掘[18]。遗址所在的区域是高出桑干河约150米的台地，台地的中、下部是河湖相的泥河湾层，上部为马兰黄土。一些季节性的河流由南向北，切割台地，注入桑干河。籍箕滩遗址群就埋藏在桑干河支流的 2 级阶地堆积中。由籍箕滩向东至马家窑、向南至保伸观与平顶村、向西至槽村一带，面积 10 余平方公里的范围内，都有同样的细石器发现。

籍箕滩遗址群的发掘区位于籍箕滩村北约 100 米处。共发掘了 3 个探方，探方之间远者相距超过百米。从发掘探方的剖面观察，籍箕滩地层的层序是：在表土层下为 2 米左右的灰黑色砂质黏土；第 3 层即为 1.5 米左右的灰黄色砂质黏土层，含石制品与动物化石；第 4 层是半米左右的杂色砂砾石层，局部也有文化遗物发现；最下是深度不详的灰白色砂层。地层的堆积层序与虎头梁一带很相似，只是厚度不及后者。

在籍箕滩发掘的 3 个探方中出土的石制品数以万计，不过其中断块与碎屑占据了绝大部分。石器原料的主体部分是粉红色石英岩，与虎头梁一带的主要石料的岩性和色彩均很一致，也可能是拥有共同的石料产地所致。籍箕滩所见的少量的玛瑙与燧石在虎头梁一带也有使用，但黑色角岩使用的频率则高于虎头梁。

籍箕滩发现的细石核有 100 多件，绝大部分是典型的楔形石核。石核从选料、预制毛坯到剥片均与虎头梁相近。同虎头梁一样，船底形与锥形石核等也没有发现，为了调整台面而从楔形石核上剥下的雪橇状削片在这里亦有较多的发现。这些特点说明两地所使用的细石器技术是一致的。因而研究者称其为同一时期分布在桑干河两岸的"姊妹文化"。

不过，两者在石器组合方面的联系则不如前两方面密切。虽然虎头梁发现的各种石器类型在籍箕滩也都可以看到，但出现的频率却有很大的差别。籍箕滩最多的石器是凹缺刮器，在整个石器组合中所占的比例高达近60%。这些凹缺刮器有一击而成的凹缺刃口，也有打出凹口后再经仔细修理者。而虎头梁遗址以及其他同期细石器文化的石器组合则均以端刮器为主要的石器类型。所以籍箕滩遗址大量出现的凹缺刮器当有其特殊的功能。另一与虎头梁有所区别的是，锛状器发现的数量也较多。从总体来看，原料与技术方面的一致应说明两者具有共同的文化传统，而石器组合方面的差别则更可能是遗址功能方面的不同。

除了油坊和籍箕滩的细石器文化，阳原盆地旧石器时代晚期还有以西白马营为代表的石片石器或称小石器文化的发现。西白马营地点发现于1985年，位于阳原县城东约6.5公里的西白马营南沟。文化遗物发现于南沟东侧2级阶地的锈黄色细砂层中。细砂层距地表的深度近3米，其上为红黄色及白黄色的亚黏土层，其下是棕黄与灰绿色的亚黏土。除文化遗物外，还有软体动物与脊椎动物化石发现。同时也采集了孢粉并进行了分析[19]。

西白马营两次发掘面积共76平方米，获得石制品1546件。石制品的原料与前两者均不同，有火山碎屑岩、石英、玛瑙、硅质灰岩、燧石、角岩等多种岩性的原料使用，最多的火山碎屑岩只占1/3左右，其他各种所占比例更低。超过半数的石核还保留有天然砾石面，说明这些原料就来自附近的河滩。石核形状也不规则，似没有形成较稳定的剥片程序。石片绝大部分为锤击法的产品，仅少数几件带有砸击痕迹。石片的形状与大小也无规律，长度很少有超过50毫米者。一个突出的特点是宽型石片的比例超过3/4。素台面与天然台面者占绝大部分，台面上有疤与脊者仅见一件。

　　石器组合只包括刮削器与尖状器两类。另有两件带有雕刻器打法的标本。刮削器的比例高达94％，大多为一个刃缘的单刃类，刃缘有直、凹、凸等不同形式，但形状并不规则。虽然出现一些端部有加工的标本，但与旧石器时代晚期典型的端刮器相比，要显得粗糙原始得多（图二六）。尖状器的比例不足5％，形体多较小，加工相对精致。

　　与前两者相比，西白马营石器工业面貌明显原始。这种情况可能与其所处的时代有关。从埋藏层位来看，西白马营文化层相当于2级阶地的砾石层，而虎头梁细石器则出自砾石层之上的黄色砂质土堆积。这种地层关系，在虎头梁遗址群中已找到几处证据。西白马营地点的年代测定结果也与此相符，两个铀系法数据分别为距今1.5万和距今1.8万年，均早于虎头梁

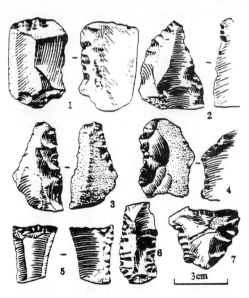

图二六　西白马营刮削器（据谢飞等，1989）

的细石器文化。不过要弄清两者之间的文化关系还需要进一步的工作。

4. 洞穴遗址的新发现

北方地区东部的主体部分是华北平原。华北平原在第四纪以来一直处于下沉状态，旧石器时代的遗物很难在这种条件下发现。惟有在平原与西、北部的山区交界地区保留了一些洞穴遗址。自30年代发现北京周口店山顶洞旧石器时代晚期洞穴遗址到80年代以前，只有河南安阳小南海的报道。进入本阶段以后，这一地区旧石器时代晚期遗存在洞穴中的发现进展迅速。相继发现的有辽宁海城仙人洞、河北承德四方洞及沿太行山与华北平原的交界地带南端的山西和顺当城洞穴群、陵川的塔水河等。

在上述发现中发掘较早并有系统发掘报告的是辽宁海城仙人洞。仙人洞遗址发现于1981年春，同年及1983年进行了两次发掘，发现了丰富的旧石器时代晚期的文化遗物与用火遗迹[20]。遗址位于辽宁海城市东南约30公里处的小孤山村附近的仙人洞。地处千山山脉西缘的丘陵地带，是辽南山地的一部分。附近山岭的高度一般在海拔760～930米之间。辽河的支流海城河就在附近经过。仙人洞是一个保留完好的洞穴。洞口向南偏西，宽5.8米，洞深19米，洞后有落水洞相连，洞室面积约90平方米。洞内宽敞明亮，是古人类居住的良好地方。

洞内的堆积最厚处在6米以上。堆积物的顶面高出旁边的海城河河床6.4米，堆积的底部最低处距河床仅1.7米。最下层为砂砾石层，直接覆盖在洞底基岩上，厚数十厘米；其上为角砾、砾石夹黄褐色亚砂土层，砾石成分同洞外河滩者，主要的文化遗物、动物化石及灰烬都出自此层，厚度1～2米；再上为角砾夹黄褐色亚黏土层，在洞口处厚达 2 米并延伸至洞外，角砾有的直径超过 1 米，系洞顶及洞壁的坍塌物，出土有石制品、骨角制品及动物化石；最上部为黑褐—褐色亚砂土夹基岩角砾，含近代到旧石器时代的遗物，并受到严重扰乱。从洞穴的堆积看，晚更新世以来，该地区的升降幅度变化不大。在洞底刚高出水面以后，原始人类即来到该洞穴居住，并延续了很长时间，留下了数米厚的堆积和丰富的文化遗物。

仙人洞发现了很多动物化石，除了少量的鱼、鳖、蚌和鸟类外，主要是哺乳类，共 38 个种类。以角砾、砾石夹黄褐色亚砂土层发现的为最多。动物群的多数成员是东北地区晚更新世常见的种类，与华北的萨拉乌苏动物群也较接近，应属于晚更新世。食肉类和偶蹄类占大多数，反映的是森林和草原为主的生态环境。但较矛盾之处是喜暖的与喜冷的动物种类并存，前者有梅氏犀、中华貉、猎豹和水牛等，后者有披毛犀、猛犸象和洞熊等。这种情况应该解释为该遗址延用的时间较长，而且气候经过冷暖变化。总的看来，仙人洞附近的生态环境较为复杂，森林、草地和水域，以及与此相适应的各类动物，为原始人类提供了较为丰富的资源。

仙人洞的文化遗物包括数以万计的石制品、数量较多的骨制品和装饰品，以及有人工痕迹的动物骨骼等。另外还有灰烬和人类化石的发现。

石制品的数量极多，在 1983 年的发掘中筛选了上万件，更多的石片碎屑还没有计算在内。原料几乎全部是脉石英砾石或岩块，仅有很少的几件闪长岩和石英岩，都是来源于附近河床的砾石。打片使用锤击和砸击两种方法，砸击技术占有很重要的地位。石器种类包括刮削器、尖状器、钻具、雕刻器、砍

图二七 仙人洞石器（据张镇洪等，1985）
1. 钻具 2. 尖状器 3. 刮削器

砸器和石球等。刮削器的数量最多，样式有单、双、圆刃及拇指盖状和吻状等。尖状器数量不多，有正尖和角尖两类，有的刃缘平齐，可能是用指垫法加工的。钻具有一定的数量，是单面或错向加工的，有时和尖状器难于区分（图二七）。雕刻器数量很少。砍砸器占一定的数量和比例，多用脉石英砾石单面或交互打击制成。石球数量较多，多是用脉石英砾石加工的，形态上属于多面体石球。

骨制品有鱼叉 1 件，系用偶蹄类动物的肢骨制成，为双排倒钩式，是使用切削和刮削等技术加工的。标枪头 1 件，尾部残缺，器身呈扁锥体，也是动物的肢骨制成，制法是先刮削成形，然后再通体研磨。骨针 3 件，用象门齿或动物肢骨作原料，长度在 60～80 毫米之间，直径在 3～4 毫米间，针孔采用对钻技术钻成[21]。

装饰品有穿孔牙齿，与山顶洞的同类制品相似。穿孔蚌壳 1 件，形状似硬币，仅保留一半，直径约 25 毫米，凸面的边缘有 1 圈很短的放射状刻沟，沟内有残留的红色染料，可能是赤铁矿粉末，中心亦为对钻孔。（图二八）

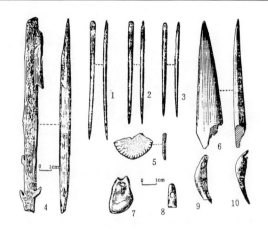

图二八　仙人洞骨制品与装饰品（据黄慰文等，1986）

1~3.骨针　4.鱼镖　5.穿孔蚌壳　6.矛头　7~10.穿孔兽牙

　　仙人洞的堆积有 6 米多，最上一层受到严重扰乱，其主要
部分属于旧石器时代，但时代应有早晚之分。因为动物群不是
同一个时代，文化遗物可能也有早晚之别。按研究者的意见，
骨制品的时代可能在距今 4~2 万年之间。但正如报告中已经
提到的，类似的骨角器制作技术在西欧出现的时代是在距今 2
~1 万年间。这种年代差距的原因，还需要继续探讨。与骨制
品相比，最下层的石制品的时代显然应该更早。

　　仙人洞是一处非常适合原始人类居住的洞穴，所以在它刚
高出水面不久，人类就来光顾，并持续居住，留下丰富的文化
遗物。它保留的材料为研究当时人类的生活情况提供了非常珍
贵的依据。就其文化性质来看，当与山顶洞属于同一类型。但
它补充了山顶洞所缺少的很多重要的资料，提供了石器工艺和
组合方面的详细情况，证实了骨制生产工具的存在。

　　另一个重要的发现是塔水河岩厦遗址。它位于山西省陵川

县夺火乡塔水河的葫芦坝，其堆积在沿河的岩厦下长达 35 米，底部进深 10 余米，从上向下出露有 11 米。堆积与塔水河的 2 级阶地相当，高出河床 16 米，自上向下分为黄褐色粉砂层、灰色砾石层、黄褐色粉砂层、黄褐色—灰褐色粉砂质黏土、灰褐色黏土层与角砾层。各层均含石制品与动物化石，还有多个灰烬层发现。在下部的灰褐色黏土层中还发现人类化石。

塔水河遗址发现于 1985 年，1986 年夏、1987 年秋曾两度试掘，共获得石制品 2000 多件[22]。其中大部分是石片，经过第二步加工的石器有 300 多件。石料主要是黑色燧石，还有为数不多的变质灰岩、脉石英与水晶等，可能就来自于附近河滩的砾石层。石核的数量不多，形状也不规则。在 1000 多件石片中，仅有几件用砸击法生产的，其余均为锤击法的产品。从已发表的图版资料亦可看出，无论是石核或石片的形状均不规则，没有石叶与细石叶技术存在的迹象。

石器组合也与华北地区其他石片石器工业相近，刮削器居主导地位，另有少量尖状器与锥钻。刮削器的形式繁多，加工的刃缘有单、双与多刃的区别，刃缘的形状也有直、凸与凹等不同。尖状器多利用三角形石片的尖部再行加工，形成较锐的尖刃。

从总体来看，塔水河的石器加工技术并不复杂，没有超出石片石器工业或称小石器工业的范畴。这当与遗址所处的地理位置与时代有关。塔水河在太行山南端，太行山与华北平原的交汇处。这一带类似的洞穴遗址已有多处发现，如前述的小南海与近年来发现的河南荥阳织机洞，都有与塔水河相似的文化面貌。塔水河遗址动物骨骼的[14]C 年代数据为距今 2.6 万年左右，说明其属于旧石器时代晚期的较早阶段，因而仍使用较原始的技术。对这处面积很大、堆积巨厚的岩厦遗址来说，已有的工作还远远不够。因为堆积的下部有人类化石的发现，还有学者认为有勒瓦娄哇技术的因素存在[23]，所以继续开展对这个遗址的系统发掘与综合研究很有必要，可能会为解决中国旧石器时代考古学所面临的难题作出重要的贡献。

这一阶段在北方地区还有其他洞穴遗址的发现，其中资料丰富的有河北承德四方洞、山西和顺当城背窑湾洞（83001洞）。这两者均有数量较多的石制品与动物化石发现。石器工业面貌与前面所述两个遗址较为一致，从石料的选择到石器加工方法都没有区别，石器组合也很相似。从已有的年代测定数据来看，都在距今 3 万多年到 2 万年左右，属于旧石器时代晚期的较早阶段。

5. 边疆地区的发现

80 年代以来，边疆地区旧石器时代晚期文化的发现增加得更快。这些发现显示，旧石器时代晚期文化与以前的时期相比，特别显著的特点是朝西、北、东几个方向大为扩展。这种扩展的原因可能是随着现代人的出现，文化迅速发展，生产力极大提高，促进了人口的快速增长，因而需要开拓新的地区。而现代人的各种能力的增强，使得适应新的复杂、困难的环境成为可能。这样就出现了大规模的扩展。

旧石器时代晚期人类向西发展到青藏高原地区。青藏高原平均海拔 4000 米以上，素有世界屋脊之称。那里的自然条件艰苦，很多地方被多年的冰川积雪覆盖，仅有的植被是高山草甸类。这样的环境不适宜早期人类的生存。但到旧石器时代晚期，人类的活动踪迹已经到达该区。自 50 年代以来，有关单位的科学工作者，陆续在高原上发现了一些石器地点和很多打制石器。这些地点包括青海的霍霍西里和西藏的苏热、卢令、申扎等。地点的海拔高度均在 4300 米以上，最高的达 5200 米。在这些地点中，有的时代可能较晚，但其中一部分应属于旧石器时代晚期[24]。

青藏高原上确切的旧石器时代遗址是 1982 年发现的青海柴达木盆地小柴达木。遗址位于小柴达木湖滨阶地上，海拔高度近 3200 米。共采集到石制品一百多件[25]，原料多为石英岩砾石。使用锤击和砸击两种方法打片，并以前者为主。石器主要用石片为毛坯，长度多在 4～6 厘米，很少有超过 10 厘米的大型者。石器类型包括刮削器、凹缺刮器、雕刻器、钻具和砍砸器，以刮削器为主，其他的数量均少。该地点的 ^{14}C 年代数据为距今 3 万年，属旧石器时代晚期的较早阶段。

另外，在青海湖南岸的黑马河等地的黄土阶地地面以下 1 米多深的地层中发现了石英、玛瑙打制的石制品和骨制品，同时还有大量的炭屑和灰烬，^{14}C 测定的年代为距今 1.1 万年。这些发现说明，在旧石器时代晚期的较早阶段，人类已经到达了青藏高原地区。

旧石器时代晚期人类向北方向的扩展，主要表现在东北地区中、北部旧石器的发现。东北地区的中、北部地区，纬度较高，气候寒冷，自然地理环境与包括东北南部、华北、西北大部分的中国北方地区不同，而与横贯欧亚大陆北部的寒冷的草原地带相同。该地区到目前为止还没有发现更早的旧石器遗存，但旧石器时代晚期的地点在松花江、嫩江和黑龙江流域都有发现。该地区的旧石器与东北地区晚更新世的披毛犀—猛犸象动物群的化石种类共存。50 年代以来陆续发现的较重要的地点有吉林榆树周家油坊、乾安大布苏以及黑龙江哈尔滨顾乡屯、阎家岗和齐齐哈尔的昂昂溪等，其中 1982 年发现的阎家岗尤为重要。

东北中、北部地区的地理位置特殊，位于华北与东北亚之间，是联结两地区的枢纽。横贯欧亚北部的草原带，是旧石器晚期狩猎文化的高度发达区，在该区域特别活跃的狩猎者的活动踪迹，不是没有可能达到中国的东北部。而中国北方地区传统的旧石器文化发展到晚期也迅速向北推进。所以在东北的中、北部地区，旧石器晚期文化较为复杂。其中具有代表性的就是阎家岗遗址的发现。

阎家岗位于哈尔滨西郊松花江支流的 2 级阶地上。在该地曾发现人类化石、动物化石和少量的石制品。另外还有动物骨骼堆成的两个"半圆形结构"[26]。据研究者的意见，该地是一处旧石器时代晚期人类狩猎的古营地。时代距今约 2.2 万年。这种用动物骨骼堆起的遗迹现象在中国较早的旧石器时代遗址中尚无先例。但类似的结构在俄罗斯的东欧部分及西伯利亚平原上的旧石器时代晚期遗址则有很多发现，系当时人类的居住遗迹。两者的环境相似，地理位置也接近，它们之间的关系值得进一步研究。从现有的石器工业情况来看，东北中、北部的旧石器文化与华北地区的关系比较密切，应是华北地区人口增加、文化发展并逐渐向北扩展的结果。但也有一些不见于华北的因素，如前述的环形骨堆等，亦可能是文化交流的产物。

（四）广泛分布的南方砾石工业

从 80 年代初开始，在北起陕南的汉中盆地，南到广西的百色盆地，陆续发现数以百计的砾石石器地点。这些发现，是

20 世纪中国旧石器时代考古学发展史上最重要的事件之一，填补了中国南方东部露天地点旧石器发现的空白。

1. 陕南与鄂西北的发现

早在 50 年代就曾有在汉中盆地发现打制石器的报道，不过正式的考古调查与研究报告则始见于 80 年代之初。进入 80 年代，在汉水及其支流的 3 级阶地上陆续发现多处含砾石石器的地点。各地点发现的石制品，多者数以千计，少者仅数件，均分布在近河的地方，并且成群组出现。这些石制品最初发现在南郑梁山周围，随即在西起勉县东到城固、洋县沿汉水的 3 级阶地上又有十几个地点发现。其中在洋县的倪家大坝沟附近，还发现与石制品共存的哺乳动物化石。

从地貌上看，石制品出土的地层大致都在 3 级阶地，主要为灰黄、黄褐红色砂质亚黏土堆积，含有钙质结核，底部偶见砂、砂砾层。在它的上面为被风化后的灰黄色砂质亚黏土堆积，或灰黄色亚黏土夹灰褐色的类似古土壤条带的堆积，龙岗寺取土场剖面即是如此。含石器的地层的厚度一般在 3～5 米，有的地方可达 10 米。各地点石器层位的高度一般在海拔 520～600 米之间。

在汉中盆地已经发现的石制品，主要分布在梁山附近的中梁寺至龙岗寺一带。较早的发现是在靠近中梁山一侧的丘陵台地的表面。然后是在龙岗寺的砖厂取土场发现了石制品的地层关系[27]。到 80 年代末为止，该地区发现的石制品数量已逾数千件。

汉中盆地石制品的特点也很清楚，石器的原料以石英为主，其次是火山岩、石英岩。这类岩性的砾石与 3 级阶地砾石层者相同，当时人类可能就在河滩及岸边打制石器。发现的石核数量多于石片，以自然台面为主，也有少量的打击台面。石片的台面情况也同石核。从石片与石核的特征看，剥片方式以锤击法为主，偶然使用碰砧与砸击法。修理方式也以锤击法为主，石球可能使用特殊的碰击法。石器中砍砸器占总数的50％左右，大部分是用砾石直接加工的，少量为石片毛坯，交互加工的比例较高。大尖状器，多系用砾石加工的，也有用大石片单面加工的。双面加工者为手斧，主要是底部保留砾石面的原手斧类型。石球数量很多，仅次于砍砸器，达10～20％，按加工的程度，分正石球和准石球两类。刮削器发现的数量不多，均系用石片加工的，形体有大小两类（图二九）。

在鄂西北地区，已发现的可能属于中更新世的石制品较多。较早发现的有襄阳山湾，曾先后两次在砖瓦厂的取土场附

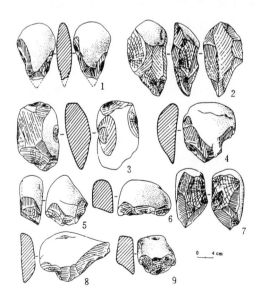

图二九　龙岗寺石制品
（据陕西省考古
研究所，1986）
1、2、4. 大尖状器
3、7. 石核
5、6、8、9. 砍砸器

近采集到石制品[28]。取土场位于汉江的 3 级阶地上，所以石制品也当出自该阶地。石制品的形体粗大，几件石器均系用砾石直接加工的。一件是加工很精制的原手斧，另两件是形体较大的尖状器。另外在房县的兔子洼和莲花湾等地的 3 级阶地上也发现过一些砾石石器，从阶地堆积物的岩性及其本身的地貌部位看，也当属于中更新世。在鄂西北沿汉江向下的汉江中游两岸，也有发现。石制品分布于较高的阶地或岗地上，形体普遍粗大，是典型的砾石石器工业。主要的石器类型包括砍砸器、尖状器等大型工具。尖状器与澧水流域的大尖状器较为接近，但也有一些扁尖者，可能是本地区的特色[29]。

2. 百色盆地

百色盆地最早的发现，是李炎贤、尤玉柱先生于 70 年代中期报道的发现在盆地西缘上宋村附近的两件砾石石器。其大量的发现是在 80 年代以后陆续报道的。曾祥旺先生与广西文物工作队等单位的许多同仁在百色盆地旧石器的早期调查中做了大量工作。80 年代后期，中国科学院古脊椎动物与古人类研究所黄慰文等先生也参与了百色盆地旧石器时代考古的发掘与研究。

百色盆地位于南方东部的南端，南邻印度支那半岛，西接云贵高原，属两广丘陵区。盆地在北回归线的北侧附近，属亚热带与热带过渡区。目前已有两个地点经过正式发掘，其一是在田东县坛河镇林逢乡坡算村背后一个当地叫做高坡岭的网纹红土阶地上。在其附近，砖红壤裸露，地面出露的石制品十分丰富。另一处发掘地点在百色市东南约 15 公里的百谷遗址，高出江面 105 米，其所在的阶地是这一带河两岸最高的一级。阶地面虽已经被侵蚀成几个低缓的小山包，大部分地表为裸露的红土，但阶地仍保留有完整的二元结构。两地的发现均为石制品，没有见到人类或动物化石遗存。

百色盆地的旧石器到 80 年代末已经发现了 4000 余件。这些石制品除了前两处地点的发掘品外，绝大部分是历年来考古调查时采集的，主要是采自地表，也有少量出自地层[30]。已经发现的石器有砍砸器、大尖状器、刮削器等几大类。

砍砸器是采集数量最多的一类，可分成直刃、凸刃、多刃等几式，单面加工的最多，两面加工者较少。有相当数量的锛形砍砸器。还有一类舌形尖刃器，有的研究者将其归入大尖状器类，是百色石器组合中最具代表性的石器。其打制方法比较规律，形状比较统一稳定，数量也较多。制法是用扁平的砾石在长轴的两侧向一面加工成尖，另一端保留砾石面，将两侧修理平直，使尖刃角在 60 度左右。器身正面多呈三角形但底部多不加修理，而保留砾石面。

两面器也有较多的发现，按绝对数量和相对比例在中国旧石器工业中都以百色为最多，按形状有三角形、心形、橄榄形、卵形、肾形等，主要是保存了较多底部的原手斧。如果扣除舌形砍砸器和手斧类，大尖状器的绝对数量不多，按形状分为正尖形与角尖形两类，均为单面加工，最大者长 38.3 厘米，重 7.5 公斤。还有刮削器类，体积较前几者小，数量也少。

从总体来看，百色的石器原料均是来自河滩的砾石，岩性主要为砂岩与石英岩。石核大小悬殊，主要是自然台面，少数是打击台面。石片多不规则，背面大多保留砾石面，形体一般较小。石器主要是用砾石直接加工而成。单向加工者较多，也有一部分两面加工的。多数加工的部位仅限于尖、刃部，而保留带砾石面的底部。石片为素材的石器很少，小型的也少见。

各类大型工具占主导地位。石器的突出特征是，刃口多较平整，刃缘从平直到凸再到尖刃，按照刃缘形状的变化，从直刃砍砸器到凸刃砍砸器再到舌形砍砸器、尖状器，如果是两面加工的则为双面砍砸器到手斧的各种类型。

百色盆地的第一个旧石器地点发现已 20 多年。到目前为止，盆地内发现石器的地点已近百处。但对其时代的意见仍未统一。有的将其放到更新世晚期，也有的只笼统地说为旧石器时代。最近几年由于进行了发掘工作，找到了石器的原生层位。从华南第四纪地层的特点来看，发现于高阶地网纹红土堆积中的百色旧石器的时代应不晚于中更新世。

3. 长江中、下游地区

1987 年，袁家荣先生在湖南湘西地区沅水支流的阶地上发现旧石器。随后发现的范围迅速扩大，在沅水与澧水流域发现了属于旧石器时代不同阶段的数量众多的旧石器地点群。在安徽、江西及湖北也相继有类似的发现。

在湖南发现的旧石器地点中，以澧水中、下游地区的发现更具代表性。不过在这些发现中，大部分地点仅是调查，仅少数经过正式发掘。其中一些发现于典型的网纹红土层。这些地点的埋藏条件与百色和汉中的类似，也分布在河流两旁的阶地堆积中。在湖南境内河流阶地很发育，很多河流有 5～6 级阶地。阶地上有非常典型的网纹红土堆积。网纹红土堆积中发现的石制品应属于中更新世或更早[31]。

津市虎爪山位于澧水下游的津市市郊，系澧水右岸的 4 级阶地，海拔高度约 80 米。石制品出自阶地上部典型的网纹红土中。1987 年调查时采集到石制品，次年随即进行发掘。发现的石制品数量不多。石制品的原料为砂岩、石英岩砾石。石制品的种类包括石核、石片与石器。石器形体硕大，多是用砾石直接加工的，类型有砍砸器、大尖状器、石球、刮削器等。虎爪山的发现是该地区早期的代表。

澧县鸡公垱的时代要晚于前者，但发现更为丰富，该地点位于澧县城西南十余公里处的澧水与道河之间的岗地上，高度与2级阶地相当，原当是澧水或道河的2级阶地。附近为一砖厂，1987年秋调查时，在砖厂取土场发现了石制品。随后进行了发掘，发现200多件石制品。石器原料为砂岩、石英岩或石英砾石。石制品的种类比虎爪山更为丰富，除了石核、石片外，还有石锤、石砧等制作石器的工具发现。这个遗址的特点是，发现很多用长条形砾石加工的大尖状器。此外也有砍砸器、石球和刮削器等。

石门大圣庙也是1987年文物普查时发现的，1988年冬季配合建设进行了抢救性发掘。发掘还包括邻近的两个地点，发掘面积为400平方米。然而发现的石制品并不多，仅大圣庙发现27件，另一个地点发现2件[32]。

大圣庙位于石门县城西约4公里处的澧水右岸，遗址在相当于2级阶地的土岗上。其两侧为冲沟，将原来的2级阶地面侵蚀掉，形成孤立的土岗。最上面的一层是表土层，厚约35厘米。第2层为棕黄色亚黏土层，含铁锰膜，厚约85厘米。第3层为棕红色黏土层，灰白色环带状网纹发育，网纹较稀疏，石制品主要出自该层的上部，厚约6米。第4层是砾石层，出露约1米。这种由砾石层与黏土层组成的二元结构是典型的河流阶地堆积。除了这几处发现以外，湖南已经发现的其他中更新世的地点也是类似的堆积。

大圣庙石制品的原料与虎爪山和鸡公垱略有区别，除主要使用砂岩砾石，还有少量的燧石原料。所发现的石核都是形体较大的砾石，为自然台面，仅在一端剥片。石片大部分形体较大，也以自然台面为主，且多带有砾石面。石器种类也包括砍砸器、大尖状器、刮削器等。

在澧水流域，类似以上几处地点的发现还很多，曾采集了数量较多的石制品，基本情况同前几者比较接近。这些地点也主要分布于河流两岸阶地的网纹红土中，网纹红土是确定时代的重要标志。不同地点的石制品显示了较一致的文化性质：均以石英岩、砂岩等岩性的砾石为原料。锤击法是主要的剥片方法。砾石为直接加工石器的主要素材，石器的形体普遍硕大，较大的石器长径一般在20多厘米以上。石器组合以砍砸器为主体，往往占整个石器组合的一半以上。各类大尖状器也占有非常重要的地位，其中的砾石三棱尖状器具有鲜明的特色。石球的数量不多，刮削器的数量也较少。石片尤其是大石片的数量较多，并有使用痕迹。与石制品共存的还有数量较多的人工搬运的砾石，可能与人类的居住活动有关。

自1987年秋天开始，房迎三先生在安徽长江以南的宣城、宁国等地水阳江及其支流的两岸也发现多处旧石器地点[33]。这些地点均分布在古河道附近，相对高程为20～50米的岗地上。岗地下常见有砾石层，是石器的原料来源。石制品的原料以石英砂岩为主，其次是砂岩，还有少量的石英岩。石料均是砾石，应来自2级阶地的砾石层。剥片的方法主要是锤击法，个别可能用碰砧法。石核主要是自然台面，少量为打击台面，单台面者最多。石片的数量较少。石器中以砍砸器数量为最多，其次是大尖状器，石球与石锥的数量很少，刮削器也不多。最具特色的石器是尖状砍砸器，制法和形状都与百色盆地的发现相近，是介于砍砸器与尖状器之间的类型。总的说来，石器形体普遍硕大、粗犷。

4. 小结

80 年代初，汉中与百色盆地的工作揭开了中国南方东部旧石器发现的序幕。到 1987 年，湖南的发现使得在南方东部各地调查寻找旧石器的工作再掀高潮，此后相继在安徽、湖北与江西各地的多处露天地点发现了砾石石器。长江中、下游各地这些砾石石器工业地点的发现，恰好把处于南北两端的百色和汉中的发现连接起来，使得中国南方东部的砾石石器工业的分布区成为一个整体。

新发现的砾石石器工业与百色、汉中的石器工业面貌一致，从石器原料的选择、加工技术的应用，到石器组合的构成都很接近。石器形体粗大，大部分石制品保留着砾石面。砍砸器是石器组合中的主要成员，其次是大尖状器，石球与两面加工的大尖状器或称手斧等出现的频率有明显的地区性的差异，刮削器等轻型工具则均很少发现。这些特点与西南地区的旧石器工业不同，与北方地区北部以北京人文化为代表的旧石器时代早期文化的差异更明显，但却与晋陕豫交界及其邻近地区露天遗址的发现显示出较多的一致性。

华南新发现的砾石工业不但分布面积广大，其延续的时代也十分久远，从更新世中期甚至更早即开始流行，一直延续到晚更新世较晚的时候。这种情况很清楚地反映在本地区 80 年代发现的几个晚期遗址的石器工业中。从岭南地区桂林宝积岩的发现看，到距今 3 万年左右的旧石器时代晚期之初，该地区还继续使用砾石石器。即使临近更新世结束之际，在汉水流域的湖北房县樟脑洞遗址，虽已发展为典型的石片石器工业，但仍保留着很明显的砾石石器工业技术传统影响的痕迹。粗犷的华南砾石工业以其鲜明的特色长期占据着旧石器时代中国南方的半壁江山。然而揭开这一神秘面纱的时间却姗姗来迟，一直等到80年代。正是由于这一面纱的揭开，中国旧石器时代文化"南北二元结构"之说才得以提出[34]，对中国旧石器时代文化多元性特点的认识才进一步深化。

（五）南方晚期文化的变异

1. 云贵高原

80年代云贵高原旧石器时代晚期考古进展迅速。继70年代的发现之后，在贵州境内又发现了普定穿洞、白岩脚洞、铜梓马鞍山、威宁草海等地点，云南则新发现了呈贡龙潭山地点。这些发现很有趣，可以明显看出属于两种不同的文化类型：一种显然与本地区早期文化有较密切的关系，另一种则是带有新的文化因素的类型。与早期文化关系密切的发现有云南呈贡龙潭山第2地点及贵州威宁草海、铜梓马鞍山、普定穿洞的早期文化等。这类发现分布的范围较广，时代也早于后者。

呈贡龙潭山发现于1975年，1982年进行了试掘。该地点位于昆明市滇池东侧一座孤立的灰岩小山上，原本是一个洞穴，由于人为的破坏，发现时已面目全非。保存的堆积仍可分4层：最上是厚约1米的棕色表土层，系全新世的堆积；第2层是含石制品与化石的棕色砂质黏土层，厚约1米；第3层为石灰华层，厚约0.3米；第4层仍是棕色砂质黏土层，亦含石制品与化石，并有薄层灰烬层，厚约2米；再下为巨大的灰岩块，未见底。

试掘中发现有人类牙齿化石、石制品及动物化石[35]。人类牙齿的特征与早期智人有相近之处。所发现的动物化石大多很破碎。除大量的骨片外，还有数量较多的牙齿与残破的上、下颌骨发现。以牙齿及上、下颌骨统计，至少包括 1 个犀牛、8 个牛、2 个鹿及 1 个猪的个体。采自第 4 层的炭粒与烧骨，经[14]C 年代方法测定为距今 3 万年左右。

经观察研究的石制品共 107 件。石制品原料为砾石或结核，岩性包括石英岩、硅质岩、火成岩和砂岩等。石片的数量最多，天然台面者约占 2/3，打击台面者占 1/3，只有一件有脊台面，尚不见修理台面技术存在。石器数量不多，仅见刮削器与砍砸器两类。刮削器的数量居多。石器的长度变异在 30～90 毫米之间，并以 50 毫米以上者为多（图三〇）。制作石器的毛坯主要是石片，但也有少数砾石。剥片主要使用锤击法。一件凸刃边刮器刃缘整齐，片疤窄长且近平行，显示修理技术已很成熟，研究者认为与欧洲的莫斯特技术有相近之处。在距今约 3 万年前的中国西南地区，带有早期智人特征的人类牙齿与带有莫斯特技术传统迹象的石器共存，应是一个很值得注意的重要现象。

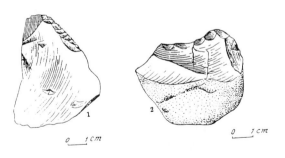

图三〇　龙潭山刮削器（据邱中郎等，1985）

　　另外在云南丽江的木家桥遗址，自60年代初就陆续发现过人类化石、石制品与哺乳动物化石。80年代中期，卫奇与黄慰文先生等又发现了20多件石制品[36]。其中有10多件多面体球状器十分引人注目，它们的形状和制作技术等特点与华北地区丁村、许家窑等地的同类制品很相似。这类石制品在中国南方发现的情况，此前还从未报道过。

　　与早期文化关系密切的发现在贵州境内也有几处，位于贵州铜梓县城东南约2公里处的马鞍山遗址即是其中之一。遗址系一个高出当地河床约40米的岩厦，海拔高度为960米。岩厦开口朝北略偏东。遗址发现于1980年，1981年再度调查并试掘[37]。1989年在马鞍山南麓又发现另一岩厦，称为马鞍山南洞。两者发现的旧石器文化性质基本一致。

　　马鞍山的石器原料以燧石为主，砂岩及火成岩也有少量使用。石片与小石块均被用作加工石器的毛坯，不过在马鞍山遗址与马鞍山南洞的比例并不一样。在马鞍山遗址，片状与块状毛坯的比例大致相当，马鞍山南洞则更多地使用块状毛坯。剥片方法均以锤击法为主，砸击法也有较多的应用。前者还发现有个别的锐棱砸击石片标本。第二步加工主要使用锤击法，复向加工者占近一半，正向加工与反向加工的比例比较接近。石器组合均以刮削器为主，并以小型者居多。尖状器与砍砸器也有发现，但数量都很少。

　　马鞍山遗址还曾发现一件磨制骨器。除烧石、红烧土块和烧骨等遗物外，还有薄灰烬层发现。在马鞍山南洞，也曾发现大量的炭屑与烧骨。这些遗物、遗迹的发现说明两地都曾有早期人类居住。采自马鞍山遗址第3层的动物化石，用^{14}C年代方法测定的结果为距今1.5万年左右。下层的时代应更早。

具上述特征的遗物在黔西南的普定穿洞遗址的下文化层也有发现。穿洞遗址位于普定县城西约 4 公里处的一座白云岩孤山上。其周围是一个较大的盆地，岩溶地貌发育。洞穴横贯孤峰，形成南北两个洞口，故称穿洞。洞内堆积较厚，分为 10 层。根据出土遗物的特点，可以分成早、晚两期。第 8～10 层为早期，第 2～5 层为晚期。中间的 6～7 层很少有遗物发现[38]。

穿洞早期的石制品数量不多，但文化特点很清楚。主要以燧石为原料，亦有石英与水晶等使用。剥片主要采用锤击法。石器多是片状毛坯，并以向背面的正向加工为主。石器形体细小，加工较粗糙。骨器极少出现，类型也简单。整体文化特征与前几者很接近。

然而在第 5 层以上的穿洞晚期文化则截然不同。晚期的石制品数量众多，形体较大，以玄武岩为主要石料，燧石的使用已不如早期。剥片的方法主要是锐棱砸击法，修理石器则多采用向破裂面的反向加工。石器以大、中型者居多，加工较细致，类型稳定。另外还有数量众多的骨角制品，包括有骨铲、骨锥、骨叉与角铲等。这些文化特征与前几者有着非常明显的区别。

穿洞早期的[14]C 年代测定数据为距今 1.6 万年左右，而晚期则在距今 8500～8000 年之间。按照传统的划分方案，晚期文化的时代已跨入全新世，应属于新石器时代。不过其文化面貌却与新石器时代文化不同，仍保持着浓郁的旧石器时代文化风貌。因而研究者提出以后(类)旧石器时代文化的概念来代表这类发现。

与早期文化关系密切的发现不仅出自洞穴，也出自露天地点。草海就是云贵高原晚更新世晚期一处露天旧石器地点。位于贵州西部威宁县草海湖低阶地上的草海地点共发现石制品41 件[39]。石制品原料主要是燧石与石髓，还有少量的硅质岩、细砂岩与脉岩。制作石器的毛坯有石片、断片与小石块。块状毛坯的使用率很高，仅略少于前两者之和。剥片仅见锤击法应用，但石核与石片的形状均较规整。第二步加工以正向加工为主，复向加工的比例也很高，很少见到向破裂面加工的标本。石器仅见刮削器与尖状器两类。刮削器居主导地位，依刃缘的数量与形状还可分出不同类型，其刃口较钝，多在 80 度以上。石器的形体较大，以长度在 5 厘米左右的中型者居多（图三一）。

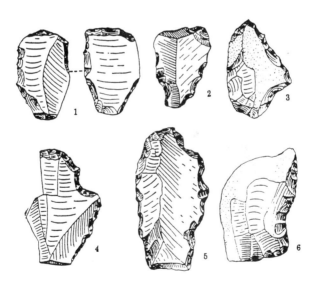

图三一　草海石器（据张森水，1987）

1、2、4～6.刮削器　3.尖状器（均为原大 3/5）

草海石制品的棱角分明，仍保留有锐利的打击痕迹，表明其未曾经过搬运，属于原地埋藏类型。当时人类可能就在湖边活动，因而留下这些石制品。尚未见该地点绝对年代测定数据发表，根据共生的动物化石与地貌特点判断，应属于晚更新世晚期的晚一阶段。

从上面几个遗址可以看出，云贵高原上的旧石器时代晚期仍然是较多地继承了本地前期的传统，各地点的发现均以中、小型的石片石器为主。这一时期仍以洞穴遗址为主，但也有露天遗址或地点发现。根据^{14}C方法或铀系法的测定，已有年代数据的遗址多在距今2~1.5万年之间或更早。而晚于这个阶段的文化面貌则发生明显的转变，如上面已经介绍的普定穿洞的晚期文化即是如此。同样的转变在距穿洞只有数公里之遥的普定白岩脚洞遗址也有发现。

普定白岩脚洞遗址是贵州省博物馆蔡回阳与贵阳师范学院秦启万先生在1978年发现的。遗址位于普定县西南约9公里处，海拔高度为1280米，洞底高出附近河床约40米。附近岩溶地貌发育，多为峰林—谷地。白岩脚洞的洞口朝南，也比较宽敞。洞内的堆积虽然曾受到较严重的破坏，但在洞口仍有相对完整的堆积，因而保留了早期人类使用这个洞穴的痕迹。在含有丰富文化遗物的上部堆积中，共有5个文化层，反映出当时人类曾较长时间在此居住。据^{14}C年代测定的结果，上部堆积的时代为距今1.5到1.2万年之间。

这个遗址曾经过1979年和1982年的两次发掘。共发现1000多件石制品、2件骨器及22种动物化石[40]。用于制作石制品的原料以燧石、硅质灰岩为多，水晶、灰岩、砂岩与石英等也有使用。燧石为结核或岩块，硅质灰岩、灰岩与砂岩则为

不同形状的砾石。从石核的情况观察，块状原料的比例约占
2/3，砾石约占 1/3。大部分石核的长宽在 4～8 厘米之间，石
片的长宽在 2～5 厘米之间。锤击法为主要的剥片方法，砸击
法亦有使用。零台面标本的存在，说明锐棱砸击技术也有应
用。修理技术最突出的特点是由背面向破裂面反向加工的比例
很高。有近 40% 的刮削器采用反向加工，这可能与刮削器的
素材多为零台面石片的情况有关。

　　白岩脚洞的石器组合以刮削器为主体，共发现 400 件，约
占石器总数的 80%。刮削器主要是以各类石片或断片为素材
加工的，大小多在 20～70 毫米之间，其形状多不规则，按照
加工刃缘的数量、形状与部位，可以分成多种类型（图三二）。
有 19 件标本刃缘呈锯齿状。可以分类为凹缺刮器的有 15 件，
占石器总数的 3% 左右。可划入端刮器者仅 4 件。另有 2 件与

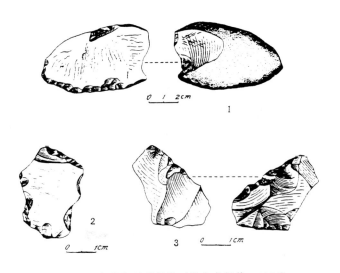

图三二　白岩脚洞刮削器（据李炎贤等，1986）

华北旧石器晚期的修背石刀相近。砍砸器是仅次于刮削器的类型，共发现 43 件，占石器总数 8.5 ％左右，大部分以砾石为素材，少数用的是石块毛坯，形体大小多在 50～80 毫米之间。尖状器的数量不多，仅 20 件，占石器总数的 4% 左右，形体大多较小，一般在 20～30 毫米间。还有 5 件具有雕刻器打法的标本发现。

如果把穿洞晚期、白岩脚洞等发现与 70 年代后期发现的兴义猫猫洞放在一起观察，就会发现这几处都具有与云贵高原地区的早期石器工业传统不同的新因素。这种新的因素也出现在前一阶段发现的水城硝灰洞。硝灰洞的铀系法测定的年代为距今 5 万年左右。该遗址发现的石制品不多，其石器工业的特征与本地区较早的发现不同，而与黔西南这几处时代较晚的遗址有明显的联系。其中最突出的特点是锐棱砸击石片或称零台面石片的存在，这种石片产生于一种特殊的剥片技术。另外几处晚期的发现都有丰富的骨角制品，代表了发达的骨角器制造业。不过到目前为止，已经发现的这种新型文化还都分布在黔西南一个比较有限的范围内，而保持传统文化因素的遗址则分布更广泛。

2．四川盆地

70 年代中期，曾进行过关于资阳人化石地层时代问题的讨论。为了获得更多资料，1980 年底至 1981 年初，北京大学考古教研室与四川省博物馆等单位联合发掘了四川资阳鲤鱼桥地点[41]。这个地点的剖面分为 5 层：最上层为 1.5 米厚的紫红色亚黏土；其下是 0.5 米的棕黄色亚黏土；第 3 层是 0.35～1.35 米的棕红色黏土；第 4 层是灰绿色粉砂质黏土，厚 0.5～0.75 米；第 5 层是黑灰色粉砂质黏土，直接覆盖于紫红色砂岩之上，其底部含大量"乌木"化石、少量砂岩砾石及动物化石与石制品，厚度为 0.35～1.90 米。

鲤鱼桥剖面上比较明显的特点是在第 4 层之上有一明显的侵蚀面。以此为界，上、下两部分应有较大时代差异。产自第 5 层的动物化石虽很少，但石化程度较深，有竹鼠、牛、犀牛与东方剑齿象等种类。后两者是华南大熊猫—东方剑齿象动物群的主要成员，因而此层的时代不会晚于更新世的晚期。同层乌木标本的 ^{14}C 年代也在距今 2.5 万年左右，与动物群的年代也较吻合。这些说明鲤鱼桥地点旧石器的时代应属于旧石器时代晚期。

石制品发现数量不多，且都出自第 5 层底部的基岩面上。石制品表面的磨痕说明曾经过搬运，不过距离可能不远。原料是不太规则的砾石，以铁质石英岩为主，还有石英岩及燧石。较典型的石制品有 20 件。采用石锤直接打击法剥片，但多以砾石面为台面，顺着砾石横轴打击，产生较厚短的石片，少数是顺长轴方向剥下的较薄长的石片。石器组合也较有特色，12 件石器中尖状器的比例高达 2/3，刮削器仅 2 件，雕刻器 1 件，砍砸器 1 件。除砍砸器与雕刻器外，均为片状毛坯，形体较小。尖状器皆系小型者，砍砸器的形体也较小，与前一阶段在铜梁发现的石器工业面貌截然相反。

类似铜梁的旧石器，本阶段在资阳境内也有发现，即黄鳝溪的"资阳人"B 地点。B 地点在资阳人化石地点西北约 100 米处。1981 年春，在修建公路桥墩基础而挖出的地层中发现一批石制品与哺乳动物化石[42]。地层堆积情况与资阳人化石地点的剖面可以对比。红色砂岩之上 8 米多厚的堆积分为 6 层，遗物出自覆于砂岩之上的不整合砂砾石层。该层主要是粗大的砾石，夹少量粗砂。砾石直径一般在 10～20 厘米，大者可达 60～70 厘米。同层也有"乌木"化石发现。

这里共发现石制品 170 多件。石制品的原料、打制技术、石器组合及整体风格都与铜梁十分相似。所不同的是资阳 B 地点的砍砸器的比例更高，占整个石器组合的 2/3 以上，并有更多的砾石和石核毛坯，因此与早期的砾石石器工业的性质更为接近。这一特征显然与该地点的时代更早有关。与石器同层的木化石的[14]C 年代为距今 4～3.7 万年，已处于旧石器时代的中、晚期之交。

另外在盆地西缘前一阶段发现的汉源富林遗址附近的狮子山，80 年代初又采集到一批石制品与哺乳动物化石。狮子山地点与富林隔大渡河相望，相距约 4 公里。70 年代初也曾在此进行过调查，并采集到石制品[43]。大部分遗物来自地表，但可与出自地层的标本对比，可能也来自大渡河 2 级阶地上部的浅灰黄色砂质土层。石器工业特点与富林文化的发现很相近，也以燧石原料为主，以锤击法为主要加工石器的方法。石器的形体较小，加工也粗糙。与富林不同之处是使用片状毛坯加工石器的比例较高。不过从总体看来，其时代及文化性质与富林文化相比，都不会有太大的差别。

3. 长江中、下游地区

进入 80 年代以来，在长江中、下游地区发现的旧石器时代晚期文化一部分是露天遗址或地点，它们都分布在河流阶地上，但与早期明显不同的是均为单个分布。石器工业为典型的石片石器。具有代表性的地点为湖北丹江口张家营与江陵鸡公山上层。前者出土的石制品数以万计，主要是以燧石等原料加工的中、小型石片石器。后者也有数百件石制品发现，石器原料以燧石、石英等硅质岩类为主。石器以刮削器为主，另有少量的小型尖状器。石器的形体均很小，长度多在 20～30 毫米之间，基本不见大于 50 毫米者。

另外在山区也有洞穴遗址发现，如湖北房县的樟脑洞等。樟脑洞位于湖北房县中坝区龙滩乡青阳村，系一樟脑河侧蚀的岩厦式洞穴。洞穴的堆积物位于樟脑河 2 级阶地上。在洞底露出水面后，人类即来此活动，留下各类遗物[44]。

文化遗物主要是石制品，共 2000 余件。原料以脉石英和黑色硅质岩为主，其次为砂岩，主要是河滩的砾石，还有少量石块。石器制作技术以锤击法为主，偶用砸击法。第二步加工复杂多样，但以单面加工为多。石片的形状不规整，大小相差悬殊。石核的利用率较高。石器组合以刮削器为主，砍砸器和尖状器都较少。刮削器多以石片为毛坯，加工方式复杂，可分为 4 式——单刃、双刃、多刃和盘状。尖状器系数量最少的一类，但加工都较精细，分正尖和角尖两式。砍砸器有一定的数量，大、小悬殊，重者达 2000 克以上，其加工方式较多为单面，但两面、交互等方法也常见。与刮削器相同，砍砸器也可分为单、双、多刃与盘状 4 式。

该地点的^{14}C 年代数据为距今 1.35 万年左右，伴生的哺乳动物群成员都是南方中、晚更新世常见的大熊猫—剑齿象动物群种类。但基什贝尔格犀牛的南移，青羊与苏门羚的低迁，则反映了晚更新世末次冰期的影响。

与樟脑洞类似的文化遗存在鄂西北、豫西南及陕南地区也有较多的发现。其中既有洞穴类型的，也有较多的露天类型的。前者经过正式发掘的有河南南召的小空山。小空山洞穴遗址位于河南西南部汉水支流旁的一座小山上。前后两次发掘所获得的石制品有数百件。从原料、加工技术到石器组合均与樟脑洞相近，所不同的是大型石器较多，砍砸器的比例高于樟脑洞。小空山的时代稍早于樟脑洞[45]。

4．岭南地区

南岭以南地区与长江中、下游地区不同，砾石石器的传统在这里仍保持着很强的影响。岭南地区旧石器时代晚期较早的地点是 80 年代初发现的广西桂林的宝积岩。宝积岩位于桂林市区的宝积山，系一处洞穴堆积。由于发现时绝大部分堆积已经被挖掉，在所剩的残余堆积中，仅清理出两枚人牙、12 件石制品和一些动物化石[46]。

在宝积岩的灰黄色堆积中，出土的动物化石多为单个的牙齿，共 16 个种。其中剑齿象、巨獏、中国犀、巴氏大熊猫、最后斑鬣狗为绝灭的种类。宝积岩的时代应属于更新世晚期的较晚阶段，文化分期应已进入了旧石器时代晚期，但尚处于较早的阶段。理由是人牙属于晚期智人，动物群的绝灭种类所占比例较高，洞穴堆积没有其他晚期洞穴中的大量的螺蛳壳，石制品所表现出的特征与旧石器时代早、中期者有较密切的联系。这些都显示宝积岩遗存的时代应处于晚期的稍早阶段。

由于发现前受到严重破坏，已经无法看到人类对洞穴的利用情况。所遗的石制品的数量也太少，很难说明石器工业的全貌。石制品的原料均为石英粗砂岩砾石。从石核上观察，系用锤击法剥片。石器是用砾石直接加工的，只有砍砸器和刮削器两类，且前者的数量较多。石器加工较粗糙，整体面貌与该地区早、中期的砾石石器工业较为接近。

从出土的晚期智人及哺乳动物化石看，广西田东定模洞与宝积岩的时代大致相当。定模洞发现的石制品也以砾石为原料，但加工石器的素材发生变化，使用石片加工的石器数量增多，石器小型化趋势很明显。石器组合也有变化，刮削器的数量增多。发展到时代稍晚的广西柳州白莲洞与鲤鱼嘴遗址时，石器工业小型化、以石片石器为主的局面更为明朗。

白莲洞遗址位于柳州市东南郊的白面山南麓。1956年即已发现，从70年代到80年代初曾先后经过数次发掘。详细的研究成果到80年代以后才正式发表[47]。该洞穴为一半隐蔽的岩厦式洞窟。其后有一窄通道与水洞相连。遗址的堆积分布在岩厦式的洞穴内。堆积复杂，由于取土破坏，所遗的堆积分为东西两部分。早期堆积当属于旧石器时代晚期，其石制品中虽仍有一定数量的砾石石器，但燧石等原料打制的小型刮削器、尖状器等已占据主导地位。而晚期堆积中，小型石片石器的数量则明显减少，砍砸器等砾石石器重新占据了主导地位。与白莲洞相距不足十公里的岩厦遗址鲤鱼嘴的早期堆积中的旧石器则都是燧石制作的小型石片石器，到晚期也出现了砾石石器为主体的现象。在白莲洞与鲤鱼嘴的晚期堆积中还都发现过磨制石器，因而一般不在旧石器时代考古的范围内讨论它们。

另外在岭南地区还有一些发现，从绝对年代测定的结果来看也在更新世的范围内，但由于或多或少有磨制石器等晚期文化因素的存在，通常也都将它们放在旧石器时代之外去讨论。其中比较重要的有广东封开黄岩洞、阳春独石仔和广西桂林甑皮岩等。这些地点发现的石器工业的特点是，以大型的砾石石器为主，石器组合中砾石砍砸器占有很重要的地位，砍砸器中有的与和平文化的典型石器如 Sumatralith 器和短斧等比较相近。这些发现按一些研究东南亚石器时代考古学者的意见，也当归入和平文化。

（六）古人类化石的发现与研究

80 年代也是古人类化石发现与研究进展最快的阶段。期间先后发现和县人、沂源人、巢县人、金牛山人等一批重要的古人类化石材料，还有与早期人类关系密切的古猿类化石的发现。

1. 直立人化石的发现

进入 80 年代，最先发现的是和县人直立人化石。化石1980 年发现于安徽和县陶店镇汪家山北坡的龙潭洞。其产地距离长江北岸约 30 公里。经过 1980～1981 年的两次发掘，除头骨外，还发现一些额、顶骨碎块，以及下颌体碎块和单个的牙齿。化石的发现为研究南方直立人的特征提供了材料。与人化石共生的哺乳动物群时代属于更新世中期。动物群成员包括剑齿虎、肿骨鹿、葛氏斑鹿、中国鬛狗、居氏大河狸、棕熊、李氏野猪等华北周口店动物群中常见的种类，也有华南动物群的种类如大熊猫、剑齿象、中国貘、巨貘和小型猪等。动物群具有南北混合的特点。

和县猿人头骨保存了脑颅的大部分，仅颅底有较多的缺失。头骨较大而厚重，眉脊和枕脊比较发达，头骨缝大部分未愈合，应属一个 20 岁左右的男性[48]。头骨、下颌骨和牙齿的形态既具有直立人的典型特征，也有另外一些特点。其眉脊的粗大程度与头骨壁厚度都不如蓝田人，脑量（为 1025 毫升）也大于蓝田人，眉脊两侧端似北京人向后弯，眶缩窄不明显，颅穹窿较高。这些特征都说明和县人的时代较晚。和县人与北京人头骨形态既有相似性，又存在着一定的区别。其颅骨的顶面接近爪哇人的楔形，而不像北京人的椭圆形，两侧颅壁较为陡直，在较高的部位折向内也似爪哇人。这些特点可能反映了直立人进化的地区变异，为研究中国境内直立人的形态与变异提供了证据。

与和县人共生的哺乳动物群的时代应为中更新世，大致与深海氧同位素的第 8 阶段相当。热释光的年代为距今 20 万年以内，铀系法的结果为距今 19～15 万年。这些情况显示，和县人是中国已经发现的年代最晚的直立人。

在 1981 年 9 月的文物普查中，山东省沂源县文物普查小组于本县土门镇骑子鞍山的一处裂隙堆积中发现一件人类头盖骨残片及一些动物化石。同年，省文化局组队发掘了这处裂隙及附近的两处堆积，发现 5 枚人类牙齿及很多动物化石。1982 年 5 月，山东省文化局与北京大学考古专业合作，再次发掘，又发现 2 枚人类牙齿及更多的动物化石，同时也了解了地层堆积情况。几个发掘地点的地层堆积情况相似，人类化石与动物化石都出自红褐色—棕红色砂质黏土层，所发现的动物种类也一样，因而应属于同一时代[49]。

这几处发现的动物化石保存均不好，除了一些残破的上、下颌骨和数量很多的肢骨碎块，主要是一些单个的牙齿。动物种类有硕猕猴、大河狸、棕熊、黑熊、鬣狗、变异狼、虎、梅氏犀、三门马、李氏野猪、肿骨鹿、斑鹿和牛等 13 种。动物群的特点与周口店第一地点动物群很相似，典型种属的化石形态特征与测量数据均可以对比，所以其时代也应相当，属中更新世。

头盖骨残片包括大部分左、右侧顶骨，小部分额骨和枕骨，可复原成一个不完整的头盖部分，显示着与北京猿人相近的特征。7 枚牙齿包括犬齿 1 枚、前臼齿 4 枚及臼齿 2 枚。牙齿的特征也可与北京猿人等典型直立人的牙齿对比。全部化石至少可代表两个个体。遗憾的是除了动物化石外，没有发现石制品和其他文化遗物。结合堆积的情况看，几个地点均无人类活动的迹象，应属于自然堆积。尽管如此，这里清楚的地层情况与丰富的动物化石，特别是人类化石所显示的典型的直立人特征，为研究中国境内直立人的时空分布提供了重要的资料。

70～80 年代零星的直立人牙齿化石还有多处发现，主要分布在鄂西、鄂西北与豫西南地区。其中著名的"鄂西臼齿"发现于建始高坪龙骨洞的早更新世晚期地层，当时曾被描述为南方古猿，但 80 年代以来的研究主张将其归入早期直立人。还有从郧县龙骨洞采集的 4 枚牙齿，形态较北京人更原始，共生的动物群也可能早到早更新世。另外从淅川县收购的 13 枚牙齿虽然时代可能有早晚之别，但也都属直立人。郧西白龙洞、南召杏花山等地也曾发现过直立人牙齿化石，时代大致为中更新世。

2. 金牛山人与巢县人

80 年代早期智人的重要发现当属金牛山人。1984 年秋天，由吕遵谔教授指导的北京大学考古学系旧石器时代考古研究生进行考古发掘实习时，在辽宁营口金牛山 A 地点发现金牛山人化石，包括同属于一个个体的头骨及头后骨共 50 余件[50]。保存如此完好、数量如此之多且属于同一个体的早期人类化石材料被同时发现的情况是十分难得的。

金牛山人头骨具有原始的特点，如头骨低矮，眉脊粗大，眶后缩窄显著，面骨的高、宽与北京猿人相近，牙齿硕大等。但也有比北京猿人进步之处，如颅盖增高，颅宽的位置上移，颅骨的厚度减薄，吻部后缩，脑量明显增大等。还有与现代蒙古人种特征相近之处，如额鼻缝呈水平走向，颧面朝向前方，门齿舌面呈铲形等。除头骨外，还有一批头后骨，这类骨化石一般较难保存至今并被发现，因而对研究人类的体质进化与行为特征非常重要。综合头骨及头后骨的整体特征观察，金牛山人应是一个刚成年不久的女性。

共生的哺乳动物群显示其时代应与北京人的中、晚期相当，铀系法测定的年代数据也与此大致吻合。金牛山人所反映的原始与进步体质特点交织在一起的现象，尤其是其年代的古老性曾使得学者们颇为疑惑，并一度引起讨论。不过随着这种兼具较原始与较进步体质特征的人类化石的发现越来越多，上述疑虑已逐渐冰释。

在 1984 年的发掘中，还发现了属于金牛山人的生活面。在与人化石出土层位相当的水平面上散布着大量的动物骨骼，有的骨骼还密集地迭压在一起。同时还发现两处灰堆，其中的一处，是由 3 个直径为 50～60 厘米的圆形灰堆连在一起的。灰堆中是烧过的动物骨骼、炭屑及烧土。在两处灰堆之间约 7 平方米的范围内散布着大量的动物管状骨碎片，有一些碎片上具有明显的人工痕迹，应是人类敲骨吸髓所为。灰堆及碎骨垃圾混杂的现象，在近几年的发掘中又有多处发现，并同时有石制品共存。除了居住面上的灰堆外，在 A 点及 C 点还均曾发现过灰烬层。灰堆应是原地埋藏的人类用火遗迹。灰烬层的情况较为复杂，有的可能是经过流水或其他外力作用的移动而形成的。

金牛山的发现非常重要，除了人类化石为研究早期人类体质演化提供了难得的资料以外，丰富的文化遗存，特别是生活面的发现，为探讨早期智人的行为特点，揭示当时社会的生活状况也提供了直接的证据。

另一项早期智人的发现是巢县人。就在和县人发现后两年，在与和县相距不足百里的巢湖市银屏区银山村附近一处裂隙或洞穴堆积中又发现了巢县人（银山人）化石[51]。巢县人化石材料不及和县人完整、丰富，仅有枕骨和上颌骨各一块。这两件化石的形态特征与测量数据都显示出与直立人有较大的差异，应属于早期智人。其共生的哺乳动物群与北京人晚期及和县人时期的情况区别不大，铀系法测定的年代为距今 20～16 万年，说明巢县人的时代大致与和县人相当或稍早于后者。年代相近，但体质特征却属于不同类型的人类化石发现在同一地区的现象，向已有的人类进化模式提出了疑问。

3. 禄丰古猿及其他

继 50 年代广西柳城巨猿和云南开远小龙潭的森林古猿发现之后，70 年代中期开始，特别是进入 80 年代以后，人猿超科化石在中国境内有更多的发现，如江苏泗洪的江淮宽齿猿、云南禄丰古猿等。这些化石分布在华南的热带、亚热带地区，时代从晚中新世一直到更新世的中期。其中开远森林古猿与泗洪的江淮宽齿猿化石仅有少量的牙齿，时代约为晚中新世。而材料丰富，与早期人类关系较为密切的则是禄丰古猿。

时代属于中新世晚期的禄丰古猿（*Lufengpithecus lufengensis*）化石发现于云南禄丰的石灰坝。石灰坝化石地点位于禄丰县城北 9 公里的石灰坝村附近，在禄丰盆地北缘的庙山坡上。1975 年以来，中国科学院和云南省博物馆等单位进行了多次发掘，发现了大量的古猿及其他动物化石[52]。发现化石的地层是河湖—湖沼相的砂砾、砂质黏土、黏土和褐煤沉积。这套地层覆于石灰岩与云母基岩之上，最厚处可达 9 米以上。在 1983 年发掘的 D 地点从上到下可以分成 8 层。在第 2～6 层都有数量不等的古猿化石。其中含古猿化石最丰富的是第 3 层，系黑褐色的块状褐煤层。各层也都有其他的脊椎动物化石发现。

在 D 地点发现的脊椎动物化石达 110 种，分属 40 科。从动物群的研究结果看，禄丰古猿的时代为中更新世的最晚期，年代为距今 800～700 万年。地层及动物群显示，当时禄丰地区应是温暖、潮湿的南亚热带及热带气候，古猿就生活在河湖—沼泽附近的森林—草地混合环境中。

已经发现的禄丰古猿化石的数量非常丰富，计有颅骨 5 个，下颌骨 10 个，颅骨与颌骨残片 47 件，上、下齿列 29 组及数百枚单个的牙齿，另外还有肩胛骨和锁骨各一块，指骨两根。在同一地点发现数量很多的同类化石，特别是有保存较好的头骨，这在世界各地已经发现同类古猿化石的地点中是惟一的一处。从化石形态特征看，禄丰古猿既有一些与非洲的南方古猿相似之处，也有一些与现生的黑猩猩相近的因素。结合早期发现的禄丰古猿化石的时代看，应已接近早期人类与现生大猿分化阶段。所以当时有学者提出，这类化石也有可能就是非洲大猿和人科的共同祖先。但由于一直没有发现禄丰古猿能够直立行走的证据，而且新发现的一些禄丰古猿类的时代已晚至距今 500～400 万年，所以最近有学者认为它们应被排除出人科的范围[53]。

最近在云南元谋也发现了人猿超科的化石，发现者将其命名为中国古猿（Sinopithecus）。目前对其分类的系统地位尚有不同意见。它很有可能与禄丰古猿同属或就是同种。由于同一时期的人猿超科的化石发现很少，禄丰及云南其他地点的发现对于认识人类的起源问题仍很重要。

（七）综合研究及理论与方法论的进展

田野考古新发现的增加与研究工作的不断深入，使得中国旧石器时代文化的复杂面貌与多元化的发展进程进一步展现出来。在本阶段，《中国旧石器文化》与《中国远古人类》等著作的先后问世，正是这一发展的结果。

1. 综合研究的成果

随着田野考古资料的不断积累，综合与专题研究的相继展开成为本阶段的显著特点之一。最主要的一项是开始于70年代末的北京猿人遗址的综合研究。参加这项工作的科研机构和高等院校的有关单位多达17个，包括了古人类、旧石器、古生物、地层、冰川、岩溶、古土壤、孢粉、沉积环境及年代测定等学科领域的100多位学者。80年代中期出版的《北京猿人遗址综合研究》一书所收的17篇论文，对北京人的生存时代、生活环境、体质特征与狩猎行为及其对洞穴的使用等多方面问题进行了探讨，集中反映了多学科、不同研究领域综合研究的最新成果[54]。关于周口店研究，还有一本重要的著作出版，即由贾兰坡与黄慰文先生所著的《周口店发掘记》。该书系统地回顾了周口店发掘与研究的历史，为研究周口店工作与20世纪中国旧石器时代考古发展史提供了非常珍贵的资料。

在本阶段，对辽宁本溪庙后山、黑龙江哈尔滨阎家岗遗址也进行过多学科的合作研究，并且发表了有关的综合研究成果。专题研究主要集中于重要遗址的石器工业，其中两项重要的成果是《中国猿人石器研究》与《观音洞——贵州黔西县旧石器时代初期遗址》。前者采用定量分析的方法，对北京人遗址发现的石制品进行了分层研究，概括了其石器工业的特点，并进而对文化发展趋势及其在中国旧石器文化发展中的地位等问题进行了讨论[55]。后者也以石器工业为中心，详细讨论了观音洞文化的特点、时代、分期及其在中国旧石器文化中的地位等问题。综合与专题研究的展开是本学科深入发展的标志与必然结果。

2. 研究方法的探索

本阶段的另一显著特点是，旧石器文化的研究已经逐渐摆脱以田野考古调查、发掘资料的报道为中心的情况，研究内容与领域不断扩展，成果的数量与质量都有较大幅度的提高。进入 80 年代以后，每年所发表的与旧石器考古有关的论述，大约在 60 篇左右，远远超过前几个阶段的年均数。研究的内容也扩大到旧石器的技术与类型、区域性的文化传统、理论与方法等多方面。

自觉进行理论与方法的探讨也是学科开始步入比较成熟阶段的标志。本阶段所开始的这方面的努力，实际上也是学科长期发展的必然结果。石器研究中提倡定量分析的方法，力求建立严格、详细的分类标准，并注重动态类型学的研究等等，都是非常重要的变化。石器微痕分析的理论与方法也在 80 年代开始受到重视，并逐步付诸研究实践。这些努力与实践对于提高研究水平，促进中国旧石器时代考古学的进一步发展有着非常重要的作用。

80 年代的大发展有着多方面的因素。这首先是几代旧石器考古学者长期辛勤工作的结果。裴文中、贾兰坡等中国旧石器时代考古的奠基人仍辛勤耕耘不止，50～60年代后步入旧石器研究领域的一代学者也进入了他们学术生涯的黄金时代。70年代到本阶段，从北京到全国各省、区增加了更多的从事旧石器工作的人员，这些是学科发展的主要动力。80年代以来，改革开放，重视科学之风，则是发展得以实现的重要保证。国际学术交流活动的展开，中外学者间的重新对话，使中国早期人类及其文化发现的意义日益受到重视。近几十年来国外史前考古学理论与实践的飞速发展也使得中国同行耳目一新，为学科的发展增添了新的活力。

3. 区域渐进理论的形成

随着古人类化石与旧石器文化材料的不断积累，到80年代末，中国学者对中国境内远古人类与旧石器文化发展的认识逐渐系统化。在为纪念北京猿人第一个头盖骨发现六十周年所出版的文集《中国远古人类》一书中，明确提出了中国远古人类与旧石器时代文化的发展是以区域连续进化为主、与其他地区的交流为辅的理论。这一理论的提出是基于中国境内不同阶段的古人类化石与旧石器文化在演化发展过程中所表现出的明显的连续性的特点。

截止到80年代末，在中国发现直立人化石的地点已不下10处，包括北京周口店第一地点、陕西蓝田公王岭、安徽和县龙潭山等处发现的直立人头骨化石；发现早期智人化石的地点也有10处以上，包括金牛山人与大荔人等保存完好的早期智人头骨化石；发现晚期智人化石的地点近40处，也包括多处保存完好的头骨化石。

对上述不同阶段的中国古人类化石的研究显示，铲形门齿的特点从早到晚都有发现，矢状脊构造在已发现的标本上都可见到，还有宽阔和较为垂直的鼻骨，也是从早到晚都存在的特征。其他如印加骨的出现频率极高、眶下缘呈圆形、出现下颌圆枕等等，也都反映了连续性。这种演化的连续性说明，在亚洲境内的中国及其邻近地区古人类的演化有从早到晚一脉相承的关系。虽然在进化过程中也存在着与外地人群的基因交流，但这种交流的程度是有限的。由于自然环境的变化，自早更新世末以来，中国大陆与旧大陆西部的人类及其文化的交流变得越来越弱。这种因素使得中国早期人类与世界其他地区同时代人类之间存在着明显的地区间的差异。

中国境内旧石器文化的发展也具有相对独立的特点。在喜马拉雅山和青藏高原以西的旧大陆大部分地区，旧石器文化的发展先后经历了石核—砍砸器、手斧、勒瓦娄哇—莫斯特、石叶与细石器等几种不同的技术模式。与旧大陆西部几种石器工业模式相继出现的发展道路相比，中国大部分地区更新世不同阶段的旧石器文化一直是以石片或砾石石器工业为主体，并从旧石器时代的初期一直延续到晚期。北方地区在晚更新世后期，石叶与细石器工业在一些地区取代了石核—砍砸器工业，使得中国旧石器时代文化的发展达到高潮。中国旧石器时代文化不仅演化模式与旧大陆西部完全不同，而且显示了在相对独立区域内连续进化的特点。其原因当与中国远古人类的演化特点有很密切的关系。

注　释

[1] 卫奇：《泥河湾盆地旧石器遗址地质序列》，《参加第十三届国际第四纪大会论文选》第61～73页，北京科学技术出版社1991年版。

［2］卫奇：《东谷坨旧石器初步观察》，《人类学学报》1985年4卷4期。

［3］谢飞、成胜泉：《河北阳原岑家湾发现的旧石器》，《人类学学报》1990年9卷3期。

［4］李超荣、谢廷琦、唐云俊：《大同青瓷窑旧石器遗址的发掘》，《人类学学报》1983年2卷3期。

［5］刘景芝：《山西大同青瓷窑旧石器遗址的新发现》，《考古》1990年第9期。

［6］李炎贤、谢飞、石金鸣：《河北阳原板井子石制品的初步观察》，《参加第十三届国际第四纪大会论文选》第77～93页，北京科学技术出版社1991年版。

［7］王建、陶富海、王益人：《丁村旧石器时代遗址群调查发掘简报》，《文物季刊》1994年第3期。

［8］刘玉林：《甘肃泾川大岭上发现的旧石器》，《史前研究》1987年第1期。

［9］汪宇平：《呼和浩特市大窑村南山四道沟东区旧石器时代石器制造场1983年发掘报告》，《史前研究》1987年第2期。

［10］张森水：《中国北方旧石器时代早期文化》，《中国远古人类》，科学出版社1989年版。

［11］盖培、黄万波：《陕西长武发现的旧石器时代中期文化遗物》，《人类学学报》1982年1卷1期。

［12］甘肃省博物馆：《甘肃环县刘家岔旧石器时代遗址》，《考古学报》1982年第1期。

［13］刘世裁、张洲：《陕西韩城禹门口旧石器时代洞穴遗址》，《史前研究》1984年第1期。

［14］王向前、丁建平、陶富海：《山西蒲县薛关细石器》，《人类学学报》1983年2卷2期。

［15］见注［7］。

［16］山西省临汾行署文化局：《山西吉县柿子滩中石器文化遗存》，《考古学报》1989年第3期。

［17］谢飞、成胜泉：《河北阳原油坊细石器发掘报告》，《人类学学报》1989年8卷1期。

［18］河北省文物研究所：《籍箕滩旧石器时代晚期细石器遗址》，《文物春秋》1993年第2期。

［19］河北省文物研究所：《河北阳原西白马营晚期旧石器研究》，《文物春秋》1989年第3期。

［20］张镇洪等：《辽宁海城小孤山遗址发掘简报》，《人类学学报》1985年4卷1

期。

[21] 黄慰文等：《海城小孤山的骨制品和装饰品》，《人类学学报》1986 年 5 卷 3 期。

[22] 陈哲英：《陵川塔水河的旧石器》，《文物季刊》1989 年第 2 期。

[23] 陈哲英：《山西旧石器时代考古综述》，《山西旧石器时代考古文集》，山西经济出版社 1993 年版。

[24] 黄慰文：《中国旧石器时代晚期文化》，《中国远古人类》，科学出版社 1989 年版。

[25] 黄慰文、陈克造、袁宝印：《青海小柴达木湖的旧石器》，《中国—澳大利亚第四纪学术讨论会论文集》，科学出版社 1987 年版。

[26] 黑龙江文物管理委员会等：《阎家岗——旧石器时代晚期古营地遗址》，文物出版社 1990 年版。

[27] 黄慰文、祁国琴：《梁山旧石器遗址的初步观察》，《人类学学报》1987 年 6 卷 3 期。

[28] 李天元：《襄阳山湾发现的几件打制石器》，《江汉考古》1983 年第 1 期。

[29] 王幼平：《更新世环境与中国南方旧石器文化发展》，北京大学出版社 1997 年版。

[30] 黄慰文、张镇洪：《中国南方砖红壤中的石器工业》，《纪念黄岩洞遗址发现三十周年论文集》，广东旅游出版社 1991 年版。

[31] 袁家荣：《湖南旧石器的埋藏地层》，《跋涉集》，北京图书馆出版社 1998 年版。

[32] 湖南省文物考古研究所：《石门大圣庙旧石器遗址发掘报告》，《湖南文物辑刊》(5)，1989 年。

[33] 房迎三：《皖南水阳江旧石器地点群调查简报》，《文物研究》(3)，1988 年。

[34] 张森水：《中国旧石器考古几个问题》，《长江中下游史前文化暨第二届亚洲文明学术讨论会论文集》，岳麓书社 1996 年版。

[35] 邱中郎、张银运、胡绍锦：《昆明龙潭山第 2 地点的人化石和旧石器》，《人类学学报》1985 年 4 卷 3 期。

[36] 卫奇、黄慰文、张兴永：《丽江木家桥新发现的旧石器》，《人类学学报》1984 年 3 卷 3 期。

[37] 张森水：《马鞍山旧石器遗址试掘报告》，《人类学学报》1988 年 7 卷 1 期。

[38] 张森水：《穿洞史前遗址（1981 年发掘）初步报告》，《人类学学报》1995 年 14 卷 2 期。

[39] 吴茂霖、张森水、林树基:《贵州省旧石器新发现》,《人类学学报》1983 年 2 卷 4 期。

[40] 李炎贤、蔡回阳:《贵州普定白岩脚洞旧石器遗址》,《人类学学报》1986 年 5 卷 2 期。

[41] 北京大学历史系考古教研室等:《四川资阳鲤鱼桥旧石器地点发掘报告》,《考古学报》1983 年第 3 期。

[42] 李宣民、张森水:《资阳人 B 地点发现的旧石器》,《人类学学报》1984 年 3 卷 3 期。

[43] 陈全家:《四川汉源狮子山旧石器》,《人类学学报》1991 年 10 卷 1 期。

[44] 黄万波、徐晓风、李天元:《湖北房县樟脑洞旧石器时代遗址发掘报告》,《人类学学报》1987 年 6 卷 4 期。

[45] 小空山联合发掘队:《1987 年河南南召小空山旧石器时代遗址发掘报告》,《华夏考古》1988 年第 4 期。

[46] 王令红、彭书琳、陈远璋:《桂林宝积岩发现的古人类化石和石器》,《人类学学报》1982 年 1 卷 1 期。

[47] 柳州市白莲洞洞穴科学博物馆等:《广西柳州白莲洞石器时代洞穴遗址发掘报告》,《南方民族考古》1987 年第 1 期。

[48] 吴汝康、董兴仁:《安徽和县猿人化石的初步研究》,《人类学学报》1982 年 1 卷 1 期。

[49] 吕遵谔等:《山东沂源猿人化石》,《人类学学报》1989 年 8 卷 4 期。

[50] 吕遵谔:《金牛山猿人的发现及意义》,《北京大学学报(哲学社会科学版)》1985 年第 2 期。

[51] 许春华、张银运、陈才弟、方笃生:《安徽巢县发现的人类枕骨化石和哺乳动物化石》,《人类学学报》1984 年 3 卷 3 期。

[52] 吴汝康等:《中国远古人类的化石近亲》,《中国远古人类》,科学出版社 1989 年版。

[53] 吴新智:《20 世纪的中国人类古生物学研究与展望》,《人类学学报》1999 年 18 卷 3 期。

[54] 吴汝康等《北京猿人遗址综合研究》,科学出版社 1985 年版。

[55] 裴文中、张森水:《中国猿人石器研究》,《中国古生物志新丁种本》(12),1985 年。

五

继续发展的新阶段

（九十年代）

80年代的十年进步，迎来中国旧石器时代考古继续发展的新阶段。进入90年代后，中国旧石器时代考古的重要发现仍然是接连不断。引起世人瞩目的湖北郧县人头骨与南京汤山人头骨相继面世，泥河湾盆地早期旧石器遗址的继续发掘与研究，湖北江陵鸡公山、贵州盘县大洞及各地一批新的旧石器时代遗址的发现与发掘，都已成为90年代中国旧石器时代考古继续发展的标志与成果。在本阶段，中国旧石器时代考古从田野考古发掘实践到研究内容、理论与方法都在不断发展变化。中国旧石器时代考古学已开始在世界史前史的框架下重新定位。

（一）泥河湾盆地发掘与研究方法 的改进实践及成果

80年代泥河湾盆地的一系列发现使其成为国际史前学界关注的焦点。90年代以来，中国科学院古脊椎动物与古人类研究所、河北省文物研究所与美国伯克利加州大学、印第安纳大学等单位合作，对泥河湾盆地东缘的早更新世遗址进行了有计划的发掘，获得数量众多的石制品、动物化石等，为了解早期人类在东亚地区的活动提供了新的信息。泥河湾的合作项目已持续多年，并且仍在进行中。

1. 泥河湾层的新发现

继小长梁、东谷坨与岑家湾等遗址的发现之后，90年代，在泥河湾盆地东缘，以东谷坨遗址为中心，半径约4公里左右的区域内，又有一些保存有早期人类活动踪迹的遗址或地点被发现，它们包括马圈沟、半山、飞梁、霍家地、麻地沟、葡萄园与马梁等。其中一些已有发掘报告发表。

根据对这一带第四纪地层的最新研究，已发现的各地点中要数马圈沟遗址的年代最早。遗址位于阳原县大田洼乡岑家湾村西南约1公里，马圈沟南端的东侧[1]。马圈沟是地表径流切开泥河湾层形成的一条深沟。冲沟两壁陡直，泥河湾层出露清楚。剖面从最上的黄土层到底部的侏罗系火山角砾岩，共分17层。石制品与动物化石等遗物出自第9层。该层为灰绿色砂质黏土，水平层理明显，夹绿色黏土透镜体，厚度为75厘米。

马圈沟发现于1992年春季，当年即将叠压在文化层之上的近20米厚的堆积清除。次年继续工作，发掘面积为20平方米，出土石制品150多件。石制品中包括石核5件、石片35件、纵裂片6件，横断片19件，残片18件、断块28件。石料有2/3是燧石，其余还有砂岩、凝灰岩及石英等。从石片的特点来看，均系石锤直接打击技术的产品。没有发现有明显加工修理痕迹的石制品，是马圈沟的发现中一个值得注意的现象。这也可能与所发现的遗物较少有关。

动物化石的保存状况较差，共发现143件，可用于鉴定种类者很少，可以看出有象、犀牛与鹿类等。保存状况差的标本占80%以上，说明在被掩埋之前曾较长时间暴露于露天。一些肢骨的断裂状况可能与人类敲骨吸髓的活动有关。

尽管马圈沟的发现不很丰富，但这里是到目前为止在泥河湾层中已经发现的含石制品的最低层位，比在同一剖面的半山地点文化层低约23米。所以马圈沟遗址应是上述各地点中年代最早的，说明至少在此时早期人类的足迹已经到达泥河湾古湖畔。

与马圈沟遗址位于同一剖面的半山遗址，1990年发现并试掘。发掘面积仅2平方米，尚不足马圈沟的1/10，但发现的石制品与动物化石的数量却与其相近[2]。半山遗址发现有90多件石制品。石器原料与马圈沟也比较接近，有近2/3的燧石，还有石英、矽质灰岩与石英岩等。这些均应来自遗址的附近。石制品组合除了石核、石片与断块外，还有2件刮削器与18件带有修理或使用痕迹的粗制品。

半山遗址保存的哺乳动物化石也较马圈沟丰富，共发现130件。虽然化石也较破碎，但大部分磨蚀与风化的程度很轻微。可以鉴定的种类除象、犀牛与鹿外，还有马与狼。在这些标本中，还有8件带有切痕、3件带有咬痕者，其中2件既带有切痕同时也有咬痕。

半山的文化遗物埋藏在下更新统的粉砂、砂砾层中。出土遗物曾受到流水的搬运作用。尽管搬运的距离可能很近，标本受到的磨蚀也很轻微，但从埋藏学的角度来看，这里已不是原生堆积，真正的遗址可能在附近另外的地方。

另一处与半山遗址同年发掘、时代与文化性质也相当的是飞梁遗址。飞梁遗址位于东谷坨与小长梁遗址之间，发掘探方位置在东谷坨西北约200米处。飞梁的文化遗物埋藏在泥河湾层灰绿色黏土和灰黄色粉砂层中，文化层厚约50厘米。发掘面积近17平方米。发现石制品的数量与前两者相近，但动物化石丰富，有 1400 多件[3]。

　　在飞梁出土的 108 件石制品中，有 106 件为燧石原料，另两件为石英。与前两者相比，石器原料显得比较单调。原料与附近基岩的岩性一致，就采自附近的山坡或砾石层，为磨圆度较差的砾石或天然石块。石制品包括石核 8 件、石片 31 件、纵裂片 8 件、横断片 4 件、残片 27 件、断块 28 件和 2 件精致品。精致品 1 件为凹刃刮削器，另 1 件为凹缺刮器。

　　从整体来看，飞梁的石制品以小型者为主体，大型石制品极少见到。加工技术单一，仅见锤击技术的产品。石片台面以素台面为最多，天然台面次之，有疤和有脊者都不多见。处于剥片初期阶段的石片较少，晚期阶段的则占有很高比例。石制品中精加工者数量极少。这些特点与前两者在总体上差别不大。飞梁石制品的显著特点是一部分标本可以拼合，其可拼合率近 18%。

　　飞梁的动物化石也较破碎，且以哺乳动物的牙齿和肢骨碎片为主。多数标本的骨骼表面与内腔面保存较好，断口新鲜，风化与磨蚀程度轻微。有 46 件标本带有人工砍砸、刻划或食肉动物啃咬的痕迹。除哺乳动物外，这里还有少量鱼类骨骼化石发现。动物化石在地层中的分布密集度与石制品相关，石制品分布密集之处，化石也丰富。这些情况说明飞梁遗址与早期人类的活动有关。当时人类在此活动，留下石制品与破碎的动物骨骼等。后来这些遗物又被很快埋藏，因而得以保存。

　　与上面 3 个地点有些差别的是东谷坨遗址再次发掘所获的新材料与霍家地的发现。

　　自 1981 年试掘之后，东谷坨遗址又经过 1991～1992 年和 1997 年的两度发掘。1997 年的发掘收获已有报道，共发现石制品 702 件，碎骨化石 169 件[4]。这批石制品仍以燧石为基本原料，也可见到硅质灰岩、石英岩、蛋白石及水晶等岩性的原料。石制品包括石核 108 件、石片 172 件、尖状器 13 件、锯齿刃器 11 件、雕刻器 13 件、端刮器 16 件、边刮器 9 件、凹缺刮器 10 件。

东谷坨新发现的石制品在原料选择、加工技术方面与前几者区别并不大，仍是就地取材，以当地丰富的燧石为主要原料，以石锤直接打击方法加工石制品。锤击石核中除了常见的单台面、双台面与多台面石核外，还发现 10 件"东谷坨定型石核"。研究者认为，这类石核具有与晚期的楔状石核相似的形体，是一种定型化的预制石核。在石片中，处于剥片晚期阶段的石片占绝对优势。石制品的形体不大，以中、小型者居多。这里的石器或称精致品的比例明显高于前几者，石器的种类丰富多样，与 80 年代初该地点试掘的发现相近。

另外在南距东谷坨 T1 发掘探方仅 120 米处的霍家地地点试掘的发现也与东谷坨相近。80 年代初，卫奇先生曾在霍家地一带采集到石制品。1997 年在发掘东谷坨遗址的同时，经调查确认这是一处新的石器地点，并进行了试掘。试掘面积为 6 平方米，发现 60 件石制品及少量破碎的哺乳动物化石[5]。文化遗物埋藏于厚约 75 厘米的砂砾层中。霍家地文化层与东谷坨文化层对比，仅略高出约半米，两者应大致属于同一时代。

在霍家地的 60 件石制品中，燧石原料占近 8 成，另有硅质角砾岩、硅质岩及石英岩等。石核与石片的数量不多，与前几者相比也无特别之处。但石器的数量多，占整个石制品的 40％，是几个地点中比例最高的一处。石器种类也很丰富，除了占主导地位的刮削器外，也有尖状器、石锥与雕刻器发现。另外20件标本上还有零星的打击疤痕，与前述的粗制品相近。

从总体来看，泥河湾盆地东缘的这些新发现除了马圈沟的时代最早，其准确的年代还有待于进一步工作外，其余各地点均与东谷坨大致相当，是同一个时代的遗存。也有学者认为这些地点有可能就是同一遗址的不同部分。各地点的文化特点也比较接近。均就地取材，以当地丰富的燧石为主要的石器原料，其他岩性的原料也或多或少使用，原料来源主要受制于附近基岩的出露情况。剥片与加工石器的方法也都以石锤直接打击法为主。石核中单台面到多台面的均有发现，以素台面者居多，其次为天然台面，有脊或带疤的情况均少见。石片的突出特点是处于剥片晚期阶段的比例最高。这些特点说明各地点具有相同的石器技术。不过正如前面介绍的，石器的精加工情况出现差异。马圈沟、半山、飞梁的精致品不见或甚少，而东谷坨、霍家地却发现数量较多的精致品，并且还包括多种不同的石器类型。引人注目的是东谷坨还发现有"定型石核"。导致上述差别的原因还不清楚，这应是今后工作要重点解决的课题之一。

2．岑家湾遗址埋藏学与拼合研究的收获

在深入研究1986年岑家湾遗址的发掘资料过程中，石制品原料单调，断口新鲜，有些还可以拼合在一起的现象引起研究者的关注。1990～1991年，谢飞先生等开始进行拼合研究。在1986年发现的897件标本中找出131件可以拼合者，共有49个拼合组，可拼合率为14.6%。可以拼合的石制品有石核与石片，石核与残片、断块，石片与石片，石片与残片、断块等几种组合。其中拼合件数最多的组合含1件石核和8件石

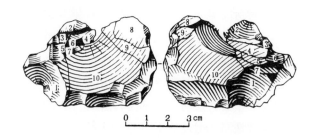

0 1 2 3cm

图三三　岑家湾石器拼合（据谢飞等，1994）

片[6]（图三三）。

　　上述拼合成果促成 1992 年岑家湾遗址的再次发掘。新的发掘区在原发掘区的西侧，发掘面积为 20 平方米，发现石制品近 500 件，也有数量很多的破碎动物骨片。这次发掘采用新的发掘方法，详细记录了出土遗物的三维坐标与埋藏状况，为研究工作提供了准确、详细的资料。综合两次发掘的情况可以看出，岑家湾遗址石制品的空间分布，无论是平面或是垂直分布都很集中[7]。在两次发掘的平面上，石制品与碎骨片非常密集地分布在靠近中心部位，长宽在 5 米左右的不规则区域内。从 1992 年发掘的 7 个水平层观察，大量的石制品集中在第 4、5、6 水平层的范围内，上面的第 1、2、3 层与下面的第 7 层都很少有发现。这种空间分布的特点提供了早期人类使用本遗址的重要信息。

　　埋藏学与石制品的拼合研究等为说明早期人类的行为方式提供了重要资料，揭示了早更新世末期泥河湾盆地内的原始人类生活情景。处在早更新世之末的岑家湾遗址，位于古泥河湾湖滨。当时这里气候比较炎热干燥，靠近湖滨一带应有比现代更好的植被条件，同时也是各类动物出没饮水之处。当时的人类也时常在此活动，因而留下大量的石制品与动物骨骼等遗物。附近基岩裸露的山坡上有适合加工石器的石料。湖滨经常有自然死亡或受食肉猛兽攻击致死的动物，这些死亡动物是早期人类非常重要的食物来源。从岑家湾遗址发掘区文化遗物的平面分布推测，石制品与动物骨骼分布密集的区域可能是一个人类小群体活动的中心地带。将在山坡上拣来的石料加工成石制品，锋利的石片与刮削器可以剔刮动物皮肉，较大的石核或石块则用于敲骨吸髓。这些活动就留下了发掘区内发现的遗物与遗迹。

3. 发掘与研究方法改进的实践与成果

90 年代在泥河湾盆地开始的新一轮关于早期人类考古学的发掘与研究工作，不但取得了上述令人瞩目的成果，同时也是进行中国旧石器时代考古发掘与研究方法更新的一次尝试。

首先是田野考古发掘工作逐渐规范化，并开始采用目前国际常用的发掘记录方法。在近年来发表的有关泥河湾盆地的旧石器报告中，研究者都很注意总结介绍他们改进发掘方法的实践与收获[8]。新的发掘方法注意探方布局的规划，以保证同一遗址发掘工作的连续性与系统性。多采用坐标式布方，以坐标系的原点为布方原点，以南北向为 Y 轴，东西向为 X 轴，以 1 米为单位划分发掘探方网格。为了保证准确记录出土遗物相对高程，在发掘之前首先要建立永久基准点，并以此为基准，随时校正工作中的基准点。还要根据遗址的保存情况决定发掘水平层的厚度，一般是以 5 或 10 厘米为一水平层进行发掘。出土遗物既要有严格的三维坐标与产状的测量与记录，也要有详细的绘图与照相，以保证其在地层中的空间位置和原始产状资料得以准确记录，长期保存。从发掘操作到遗物编号、测量、记录及收取保管，都有相应的统一规程，严格保证发掘工作的科学性。这种新的发掘方法，在泥河湾的工作中发挥了重要作用，上述各项收获都与发掘方法的改进实践密切相关。

1998 年夏天对小长梁遗址的再发掘，尤其注重方法论与研究设计方面的努力。针对以往工作情况，采用全球定位系统（GPS），对本次发掘区及以往发掘探方进行定位，解决了发掘布方工作的无序状态。同时充分利用数码技术与计算机分析方法，注意埋藏学特点分析，采集所有微小化石与石制品碎屑，为系统研究奠定了基础[9]。

在发掘方法改进的同时，埋藏学的研究思想也引入发掘与研究过程。在发掘过程中，开始注意地层的细微变化，观察文化与自然遗物的分布与产状及其风化与磨蚀程度，分析人工与动物啃咬或其他自然因素所留下的痕迹等等。通过埋藏学研究，对泥河湾盆地早期诸地点的性质有了进一步的认识，如岑家湾是很快被原地埋藏的原生遗址，而半山的遗存则或多或少经过了流水作用的改造。埋藏学与前述的拼合研究等方法相结合，在分析早期人类行为方面也取得了新的成果，对岑家湾与飞梁等遗址的相关解释就是这种努力的结果。

（二）北方其他地区的新收获

90 年代以来，北方地区除了泥河湾盆地旧石器时代早期阶段的发现与研究，其他工作多是旧石器时代晚期遗址的发掘与调查，早、中期的发现较少。工作的地区也比较集中，主要是在冀东北到北京一带。河南舞阳大岗的发掘也较引人注目。另外一项重要的收获是陕西南部洛南盆地的调查与发掘。

1. 冀东北的旧石器时代晚期遗存

在河北省东北部的唐山与秦皇岛两市所辖地区，比较集中的旧石器时代考古工作差不多与前述的泥河湾地区同时展开。80 年代后期，在这一地区就陆续有所发现，并开始见诸报道，如滦县东灰山与迁安爪村等。但较多的工作是在 90 年代以后开展的，有些并见诸报道，故在此一并叙述。

冀东北地区最早的旧石器发现可以追溯到 50 年代。1958 年在迁安县爪村曾发现过哺乳动物化石与石制品。由于爪村附近自然破碎的燧石碎块非常多，因此将当时的发现也作为"假石器"处理。不过这一历史的误解，经过 70 年代以后的工作，在 80 年代末已得以"订正"。

爪村的石制品出自滦河 2 级阶地的砂质泥灰层或砂层中，已报道的有 21 件[10]。石制品的原料有近半数是燧石，也有较多的石英，石英岩与火成岩等也有应用。石制品包括锤击石核 2 件、锤击石片 10 件、砸击石片 4 件与石器 5 件。石器的形体均较大，除 1 件片状毛坯外，其余均是块状毛坯。有刮削器 2 件，尖状器和砍砸器各 1 件，另 1 件为具有雕刻器打法的标本。石器加工较粗糙，形体不规则。这种原始的文化面貌与年代测定的结果比较吻合。与石制品同层的两个化石的铀系年代数据分别为距今 4.8 万年和距今 4.4 万年，说明爪村的石制品当属于旧石器时代中期之末或者是晚期之初。

时代晚于爪村的发现较多，有两种不同的类型，一是含有细石器因素的小石器工业，另一是典型的细石器工业。前者的代表性地点为玉田孟家泉，后者有昌黎亭泗涧、滦县东灰山等。

孟家泉遗址位于玉田县城东约 3 公里的石庄村北。这里是燕山南麓山前冲积扇的南缘，北倚燕山，南临华北平原与渤海。遗址附近地势平坦，海拔高度仅有 13 米左右。孟家泉实际是荣辉河一条小支流的发源地，附近出露的地层均为晚更新世的堆积。1990 年在此进行发掘，出土的主要文化遗物是石制品，多达 23000 多件。还有 2 件晚期智人的化石，一件是顶骨残片，另一件是右上颌骨残段。动物化石非常破碎，大部分经过冲磨。可鉴定的脊椎动物种类有 23 个，其中以象、原始牛、野马及鹿类化石最多[11]。文化遗物出自两个层位。上层的遗物甚为丰富，但分布不均，常富集于泉眼附近，受到泉水的扰动，还有晚期的遗物混入。下层石制品虽较少，但化石保存完好，是原生的文化层。

孟家泉的石制品具有比较鲜明的特色。石料有 95% 以上是质地较好的燧石团块，当采自北部山区的震旦系地层。还有少量的石英、石英岩与玛瑙原料使用。石制品中废品的比例很高，近总数的 65%。石器的比例也较高，近 11%，其余为石核、石片、细石核与细石叶。其中锤击石核、石片的数量最多，砸击石核、石片均很典型，也有一定的数量，细石核与细石叶的数量虽少，但系典型的间接技术的产品。不过细石核的形状并不十分规则，可以见到有船底形细石核的存在。

石器加工精致，种类繁多。数量最多的是边刮器，根据刃缘的部位、形状与数量的变化，还可分出多种不同式别。端刮器的数量多，形体细小，加工精致，亦可分为长身与短身两式。尖状器的数量也很多，加工精湛，形体多很小巧（图三四）。凹缺刮器与石锥也是这里重要的石器种类，加工也都很典型。琢背石刀的类型多样，有条形与三角形之分，琢背部也有薄厚之别。锛状器的数量不多，但亦较为典型。

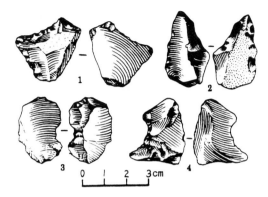

图三四　孟家泉石器（据河北省文物研究所等，1991）

1、2. 尖状器　3、4. 凹缺刮器

　　综上所述，孟家泉遗址的发现非常丰富，文化内涵十分复杂。精湛的石器加工技术、种类繁多的石器样式，与华北旧石器时代晚期较晚阶段的一些遗址完全可以比美，当属于同一发展阶段。不过关于这一发现在华北旧石器时代晚期文化发展中的地位与作用等问题的详细讨论，仅就目前已有的简报还很难展开，尚有待于全部发掘资料的发表。

　　冀东北还发现有更典型的细石器遗存，材料比较丰富的地点有昌黎亭泗涧和滦县东灰山等。前者位于昌黎县城东北约 2公里的亭泗涧村附近，文化遗物埋藏在饮马河支流 2 级阶地上部黄色黏土层中。这处细石器地点发现于 1990 年春季，1991～1993 年曾两度进行过试掘，有关资料已分别发表[12][13]。

　　亭泗涧地点两次试掘的面积共计 36.5 平方米，石制品总计不到 700 件。出土遗物的黄色黏土层富含细砂条带和透镜体，应是较稳定的河漫滩相堆积。石制品的数量不多，分布也无规律，没有发现动物化石。这种情况与旧石器时代晚期营地遗址不同，可能只是当时人类的一个临时活动地点。

石制品中，两次发现的细石核有 19 件，细石叶 111 件。细石核均为船底形。细石叶形体细小，平均长度仅 10～11 毫米，宽 3～4 毫米，厚 1～1.5 毫米。其他石制品的形体也普遍细小，长度在 20 毫米左右。但这里的石器种类较为丰富，典型细石器组合的主要类型均可见到，如边刮器、端刮器、凹缺刮器、尖状器、琢背石刀等都有发现，而且加工细致，形制典型。

发现于 80 年代中期的滦县东灰山的石制品与亭泗涧的情况相似，也是以船底形细石核为代表的细石器文化。东灰山的文化层较薄，埋藏的文化遗物也不丰富。在试掘的 65 平方米范围内，仅发现 181 件石制品[14]。但石制品加工精致，端刮器、边刮器、尖状器与雕刻器等均很典型。与亭泗涧有区别的是，其石制品的形体稍大，除船底形细石核外，还兼有锥形细石核。

2. 北京地区的新发现

自从 20 世纪 20 年代北京猿人发现以来，周口店一直是北京地区旧石器时代考古工作的中心。在周口店以外北京其他地区则很少开展工作。从 90 年代初以来，中国科学院古脊椎动物与古人类研究所与北京市文物研究所等单位在北京地区展开有计划的调查工作，发现一批属于不同时代的旧石器时代遗址或地点[15]。

在北京地区的新发现中，城区的王府井东方广场遗址是重要的一处。东方广场遗址位于王府井闹市区，1996 年底在建筑工程施工工地发现石制品等文化遗物，进而发现了这处旧石器时代晚期遗址。这一发现引起有关学术单位的高度重视，随即开始了为期半年多的抢救性发掘。揭露面积达 780 平方米，发现石制品 700 多件。石制品种类包括石核、石片、刮削器、石钻、雕刻器等。石器原料主要是燧石。加工石器的毛坯主要是石片，应属于石片石器文化。还有动物化石发现，一些骨片上带有人工砸击或刻划的痕迹。在有些石制品与骨制品上还粘附有赤铁矿粉。用火遗迹也很清楚，有比较集中的灰烬、木炭、烧石与烧骨等。动物化石的种类有牛、马、鹿、兔与鸵鸟等。[14]C 年代测定的结果为距今 2.2 万年左右。

　　另一项重要的发现是位于怀柔北部山区的宝山寺乡后地的转年遗址。1992 年在平整土地时发现，随后几年进行了多次发掘，揭露面积达 500 平方米，发现各类遗物 18000 多件。文化遗物包括打制石器、磨制石器与陶器。打制石器中既有锤击法加工的石核、石片等，也有典型的细石器。锥状、楔状与柱状的细石核均有发现，还有细石器工业中常见的端刮器、雕刻器等。磨制石器有磨盘、磨棒、石斧与石钵。陶器则只见少量的夹砂陶片。这里的[14]C 的年代数据为距今 9800 年左右，说明已进入全新世。其文化内涵具有明显的过渡性，是研究本地区从旧石器时代晚期向新石器时代过渡的很难得的资料。

　　调查发现的主要是露天地点，分布在不同水系不同高度的河流阶地上。这些地点发现石制品的数量不等，地层堆积的情况也有较大的区别，时代可能有早晚之别。尽管目前尚未经过发掘，也没有更详细的资料，但这些发现还是给了解早期人类在北京地区活动的踪迹提供了重要线索。

3. 舞阳大岗

　　在 90 年代以来寻找新、旧石器时代过渡时期遗存的工作中，地处中原的舞阳大岗的发现尤为引人注目。河南省舞阳县以其境内的贾湖等内涵丰富、处于新石器时代较早阶段的裴李岗文化遗址著称。1989年下半年，在舞阳县北部的大岗村北一岗地的裴李岗文化层下又发现了细石器遗存。为了解两者之间的关系，河南省文物研究所等单位曾两度发掘大岗遗址，揭露总面积达290平方米[16]。

大岗的文化堆积不厚，发掘深度仅1.2米左右。地层自上向下分5层：表土层厚20～30厘米；第2层是含汉代等晚期陶片的浅黄褐色亚黏土，厚10～75厘米；第3层为裴李岗文化层，灰褐色亚黏土，厚15～55厘米；第4层即细石器文化层，褐色亚黏土，厚15～40厘米；再下即不含文化遗物的浅黄色粉砂质亚黏土。上述地层关系很重要，反映了当地从晚更新世之末向全新世的过渡。

大岗遗址的文化内涵也很重要，特别是裴李岗文化层之下细石器遗存的发现。共发现石制品327件。均为小型的块状原料，大部分为燧石，其次是脉石英，玛瑙、石英岩及水晶材料仅有零星发现。细石核的数量较多，从发表的资料看，有船底形、半锥形与楔形等不同类型（图三五）。石器的数量也较多，加工精致。种类包括端刮器、边刮器、凹缺刮器、尖状器与琢背石刀等。还有1件磨刃石片。

上述发现是典型的细石器工业，从船底形与半锥形细石核技术观察，似与晋西南的薛关和柿子滩等发现较为接近。这可能与它们的地理分布有关。大岗遗址地处豫西山地向黄淮平原过渡地带，其西北与晋西南地区相距并不遥远，出现相似文化面貌当很正常。不过这里细石器遗存却不如晋西南丰富。这也可能与发现地点的性质有关。目前还没有找到居址等主要活动

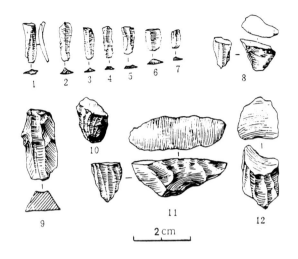

图三五　大岗石制品（据张居中等，1996）

1～7. 细石叶　8、10～12. 细石核　9. 砸击石核

场所，发现的只是临时活动地点留下的零星遗物。尽管如此，大岗的发现还是为认识细石器文化的时空分布，以及中原地区新、旧石器时代的过渡等问题提供了非常难得的信息。

4. 过渡地带的重要发现

1995～1997 年，由陕西省考古研究所等单位组成的联合调查发掘队，在位于秦岭南坡的洛南盆地进行了广泛的旧石器考古调查，发现 30 多处露天旧石器地点，并系统发掘了洛南县城北约 3 公里的龙牙洞洞穴遗址[17]。

露天地点分布在东西长约 50 公里、南北宽约 15 公里的范围内。在调查采集的上千件石制品中，有相当数量是直接采自窑场取土剖面或修建公路开挖的剖面，地层关系确切，应出自中更新统的离石黄土堆积。各地点发现石制品的数量不等，多者有数百件，少者仅数件。石制品以附近河滩砾石为原料，石器系砾石直接加工的。石制品的种类有石核、石片与各类石器。石器有砍砸器、大尖状器、石球与手斧等。

经过三年发掘的龙牙洞遗址的面积虽不大，仅约 20 平方米，但出土石制品多达数万件，同时还有动物化石发现，包括烧骨、动物啃咬的骨头及人工打击的骨片。烧骨、烧石与灰烬层的存在是早期人类在洞内用火的证据。石制品的原料也是来自河滩的砾石，岩性主要有石英岩、石英。石制品有石核、石片、刮削器、尖状器及雕刻器等。极少见到砍砸器以及不见石球与大尖状器等大型工具的情况与露天地点的发现呈鲜明对照，两者的关系非常耐人寻味。

洛南盆地地处中国南北方的过渡地带。这里新发现的深入研究，对于认识中国旧石器文化的发展以及南北方文化的关系都会有十分重要的意义。

（三）南方新发现与旧石器时代栖居形式

90 年代以来，华南的砾石石器工业仍然是中国旧石器时代考古工作的重点。新发现的砾石石器地点的数目仍然象滚雪球似的快速增加，分布地区也在不断扩大。然而此时的发掘与研究工作重点与前一阶段相比，已经有了显著的变化：在继续认识砾石工业在华南地区时空分布的同时，开始注重通过发掘了解遗址的平面布局与埋藏特点，并认识遗址群内各地点间的关系与总体分布规律。湖北江陵鸡公山遗址的发现与长江中、下游一些地点的发掘与研究充分反映了这方面的收获，同时也提出了旧石器时代栖居形式的研究等问题。

1. 陈山遗址的综合研究

从 80 年代后期开始，在安徽宣州水阳江流域有较多的发现。水阳江是长江南岸的一条支流，目前发现的十余个地点集中分布在水阳江中、上游及其支流的两岸，宁国至宣州间长约 70 公里、宽约 20 公里的范围内。各地点之间相距远者有十余公里，近者仅数百米。这些地点均分布在河旁的岗地上，形成相对集中的旧石器地点群。各地点发现的石制品数量相差很大，多者上千件，少者仅一件。其中的陈山遗址一处所发现的石制品数量就多达 1500 件。

陈山遗址位于宣州城东南约 15 公里，1988 和 1992 年曾两度进行过发掘。安徽省文物考古研究所和南京大学大地海洋科学系还对陈山遗址的剖面进行了综合研究[18]。

1988 年发掘的剖面厚约 11 米，按岩性特点和层间接触关系分为 15 个小层、9 个层组。除去最上面的第 1 层，第 2 层以下均由上面的红色粉砂质黏土古土壤层和下面的橘黄或棕黄色粉砂质黏土母质层组成层组。古土壤与母质层间为渐变的过渡关系，但层组间则存在着明显的侵蚀面。其中个别层组有缺失古土壤或母质层的现象。第 2～3 小层仅见铁锰结核或胶膜，第 4～6 层已能见到稀疏的灰白色细网纹。第 6 层以上相当于本区分布广泛的下蜀黄土。第 6 层与第 7 层间有一明显的侵蚀间断。第 7 层以下网纹发育，其中古土壤层的网纹粗大，多垂直分布；母质层中的则较细密，且多水平或倾斜分布。第 7 层以下为网纹红土。第 15 层为砾石层，其上部也已发育了网纹。第 11 层的电子自旋共振法年代测定结果为距今 68 万年。结合邻近地区的年代学研究成果，陈山遗址含旧石器堆积的绝对年代约在距今 90～15 万年之间。

陈山遗址的地层剖面清楚地反映了该地区气候变化的特点。如前所述，该剖面由 15 个小层、9 个层组组成，每个层组又是由上部的古土壤层与下部的母质层所组成。母质层均以黄色为基本色调，系风成的粉砂质黏土，反映了干凉的气候环境；而古土壤层则以红色为基调，系在暖湿环境下经过长期的土壤化过程形成的古土壤。这个过程正好反映了气候从干凉到暖湿的转变周期。陈山剖面的 9 个层组说明，在这个剖面的形成过程中，本地区的气候经历了 9 次周期性的变化。剖面上的网纹说明，在堆积形成以后，又曾经过强烈的网纹化作用。按照对网纹成因的认识，网纹形成时代的环境条件是湿热的，至少应是湿热的亚热带地区。剖面的下部网纹粗大密集，说明网纹化作用强烈，当时的湿热条件好，向上逐渐细小，分布稀疏，到最上面的几层则完全消失，这反映了从更新世早、中期的湿热向晚期的干凉过渡的总体趋势。

对水阳江旧石器地点群的观察结果说明，在同样取土规模的几个地点，所采集到的石制品的数量相差很悬殊。所以出现这种情况的主要原因应是由于不同地点的原始埋藏量所决定的。在已经发现的 16 个地点中，有 3/4 的地点发现的石制品数量不足 10 件，而陈山遗址一地即发现 1500 余件。另外宣州黄渡和宁国罗溪两处石制品的数量均在 200 件以上。本区石制品在同一剖面上的垂直分布也有自己的特点。如陈山地点的剖面厚达 11 米，下部网纹红土地层的时代为早更新世的晚期，而上部地层则属于下蜀黄土的下部，时代为中更新世末。剖面从下向上各层均有石制品发现。从网纹红土到下蜀黄土下层堆积中发现的石制品都属于砾石石器工业，就目前已有的材料，还不能看出上、下层之间文化特征有明显区别。

水阳江地区旧石器工业已经发表的材料还比较少，但从已经发表的该地区旧石器地点的调查报告，仍可以看到其石器工业的基本特点。其石器原料皆是采自附近河滩的砾石，岩性主要是石英砂岩，其次为砂岩，也包括少量的石英等。打片与修理的技术主要是石锤直接打击法。

石器风格浑厚粗犷，石器的种类相对简单。最多见的是砍砸器，系用扁平的砾石一面加工出直刃或凸刃。大尖状器类也有一定数量，但加工方法较为特殊。其中有一类是沿扁平砾石的两侧边向一端加工，修出一个舌形的尖刃，在原研究者的分类中为尖刃砍砸器。有的标本加工方式与前者相近，但为锐尖，侧边加工部分也更长。另一类原分类为"小尖状器"者，也系一面加工，仅修出一个较锐的尖，侧刃修理较少，器身也较前两者相对短小些。石球也较典型，多系经过较细致修理、表面大部分为石片疤的正石球，也有修理较差的准石球。刮削器发现的数量不多，已发表的标本应为重型刮削器。

另外方笃生先生在长江北岸巢湖望城岗附近也发现几处地点，并采集了数量较多的石制品。这里石器工业的整体风格与水阳江地区的一样，石制品普遍具有粗大的特点。石制品所用的原料是来自附近当时河滩的砾石，岩性以石英砂岩为主，也有部分石英岩及少量的砂岩与燧石。在加工石器的技术方面，也只见石锤直接打击法的应用。

在采集的近 300 件石制品中，石核占 2/3 以上，石片的数量很少，不到石核的 1/4。经研究者分类的石器有 49 件。数量最多的是砍砸器，占石器总数的 61%。其中的"尖刃砍砸器"占砍砸器总数的近 1/3。砍砸器的形制与加工方法与水阳江者相似。大尖状器的情况也大致一样，其中的三棱尖状器的形制特殊，尚不见于水阳江地区的报道中。石球数量较多，占整个石器组合的近25%，也分正石球与准石球两式。刮削器的数量不多，占石器组合的10%稍多，形体和重量多较大，皆应归入重型刮削器类[19]。

在铜陵附近也发现了4个砾石石器地点，近者相距不到1公里，远者也不超过10公里。4个地点共发现35件石制品[20]。原料的岩性以石英砂岩为主，亦见少量石英岩与硅质岩。石制品包括石核、石片、砍砸器、大尖状器与石球等几类。石制品的形体、风格与加工方式均与上述两者相近。

经过近十年的工作，在水阳江流域上述已经发现的十余个旧石器地点中，大部分仅有零星的石制品发现，但位于较中心部位的陈山遗址一处所发现的却多达千件以上。陈山地点石器数量多，种类齐全，应是一处活动复杂、占据时间较长的中心居址。而多数只有零星发现的地点，虽因工作开展不够，还未弄清性质，但它们很可能仅是当时占用时间短的临时活动地点而已。这些中心居址与临时活动地点均分布在古代河流旁边，各地点疏密相间，反映了早期人类在本地区活动的特点。类似的情况在华南其他石器地点集中分布地区也有发现。

近年来在水阳江流域还发现早期人类的活动面。在宁国毛竹山遗址发现的砾石环带，其长径近10米，系由搬运来的不同岩性的砾石堆积而成。砾石上分布着各类石制品。据发掘者研究，这个遗迹现象有可能与人类的居住活动有关。

2. 鸡公山遗址的发掘

1992年下半年发掘的鸡公山遗址位于湖北荆州古城东北约5公里，长江左岸的一座小土岗上[21]。土岗高出周围约7米，西北紧邻长湖的一小支汊，南距长江河床约有8公里。土岗的表层已被当地农民取土挖掉，原来的高度与堆积的情况不详。现存的表土层厚约10～20厘米，为较疏松的浅黄色亚黏土。在表土之下仍是浅黄色亚黏土，但土质坚硬，且含数量较多的片状黑色锰膜，厚度约在10～20厘米之间，含数量较多小型的石片石器。其下的土层颜色渐深，呈黄褐色，仍是含锰膜的亚黏土，但石制品的数量很少，厚度也在10～20厘米间。再下是20厘米左右厚的红褐色亚黏土，亦含较多的锰膜，但无文化遗物。在黄褐色与红褐色亚黏土之间，有的地方可以清楚见到一侵蚀面的存在。再向下即是鸡公山遗址的主要文化层或称下文化层，亦是红褐色亚黏土，但含数量众多的砾石石器，厚度约为50～80厘米。文化层之下还有1米多厚的红褐色亚黏土，再向下渐过渡为褐色细砂，出露部分为6～7米。

目前还没有关于鸡公山遗址绝对年代的测定数据。江陵境内有很典型的中更新世网纹红土堆积，但在鸡公山的剖面上却看不到网纹的踪迹。其剖面从上向下为表土层、浅黄色黏土层、侵蚀面之下的红褐色黏土层，再下渐变为粉砂层，然后至砾石层。侵蚀面之下堆积的岩性特征与长江下游地区的典型下蜀土的下层比较接近。下蜀土下层的时代是从中更新世末到晚更新世的早期。所以鸡公山下文化层的时代可能与下蜀土下层相当，也属于中更新世之末到晚更新世之初，即距今大约20～10万年之间。

鸡公山上文化层的时代显然要晚于下文化层。上文化层的小型石片石器埋藏于浅黄色—浅灰黄色亚黏土中。上文化层浅黄色亚黏土之下的侵蚀面的存在，说明在2级阶地形成之后又经过剥蚀作用，才有上文化层堆积。因而其时代应与下文化层有较长时间的间隔。江陵附近的全新世地层之下比较常见的是薄层浅黄色—浅灰黄色亚黏土堆积。这套堆积的时代应与最后冰期最盛期相当，即距今1.8万年左右。上文化层的堆积应当也属于这个时代。

最重要的发现是下文化层，有数以万计的石制品，还有一个面积近500平方米的生活面。这个生活面东西长20余米，南北宽近20米，平面上布满砾石、石核、石片和各类石器。石制品等遗物分布最密集部分在遗址的中、北部，其核心由几个中间有少量加工好的石器或是空白区的石圈组成。空白区近圆形，直径为1.5～2.5米不等，其外围则是较密集的砾石、石核与石片等加工石器的副产品类的分布带，宽度在1米左右。这些石圈很可能与早期人类的居住活动有关，不过要完全解释清楚，尚需进一步的工作。平面上几处人类加工石器的工作区的遗迹比较明显，这类区域内都相对集中分布着数量较多的加工石器的副产品，并遗有石锤或石砧等加工石器的工具。这些迹象表明早期人类曾较长时间占用鸡公山遗址，并有多种活动。

下文化层的石制品形体粗大，主要是采用砾石原料加工而成，属于典型的砾石石器工业。石料应主要来源于附近河滩，以石英岩砾石为主，也有部分石英，还有石英砂岩、细砂岩等。燧石等优质石料则很少见到。关于剥片与修理石器的技术，根据目前的初步观察，也只见石锤直接打击法。石制品包括石核、石片、大量的碎片，以及各类石器。石器种类有大尖状器、砍砸器、原手斧、石球、重型与轻型的刮削器等。其中数量最多，最具特色的是大尖状器。这种尖状器在长江中游地区早期的网纹红土堆积中也有发现，但鸡公山下层的发现数量很多，且形制统一，加工方法固定。尖状器长度在15厘米左

右，宽度在 7～8 厘米左右，厚度多在 4 厘米左右，尖部长度
在 6 厘米左右。多数是将一个长条形的砾石从一侧面的中间剖
开，然后在其一端的两侧向背面加工，修出一个三棱状的短
尖。也有的直接利用长条形砾石原有的平面，向另一面加工，
修出一个同样的三棱短尖（图三六）。还有形体较小，但修理
很规整的尖状器。砍砸器的数量大致与尖状器相当，也可分为
边刃与端刃两式。轻型的刮削器也有一定的数量，其中有的标
本刃口修理得很匀称，显示出较高的修理技术。其他石器类型
的数量都比较有限。

　　上文化层的石器工业与下文化层完全不同，属于典型的小
型石片石器。石制品的分布较密集，在残存的 20 余平方米的
堆积中即发现数百件，而且基本集中于一个平面上，最上与最
下者相差不超过 10 厘米。上文化层的主体部分在发掘前已被
破坏掉，因而没有保留更多的遗迹现象。石器主要由片状毛坯

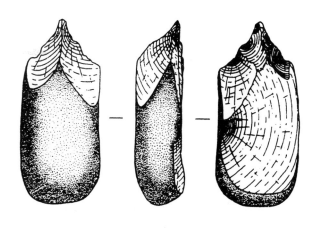

图三六　鸡公山大尖状器（为原大 1/3）

加工制成。石制品的原料中，石英岩仍较多，其次是石英，燧石的比例已达 20%。石英岩、石英等仍是砾石，但燧石则为结核，应不是附近河滩所产，而是由较远处运来的。仍采用石锤直接打击方法进行打片和修理石器。打片时利用砾石或结核的自然面直接打击，在保留台面的石片中，半数以上的标本为自然台面。还有近半数的标本是在剥片后的石片疤上继续打片。没有见到修理台面的标本。第二步加工的方向以正向为主，反向加工者也有 1/3。修理疤痕多很细小，但形状并不很规则。石制品中石片数量最多，居半数以上，其次是数量较多的石核与断块等。石器数量不多，主要为单直刃和单凹刃的刮削器，有 2 件直刃与凹刃结合的复刃类，可归入尖状器类的仅2 件。石器的形体均很小，长度和宽度多在 2～3 厘米间，大于 5 厘米者基本不见。

鸡公山遗址发现了两种不同性质的石器工业的地层关系，很清楚地反映了华南地区旧石器文化的发展特点，即从早、中更新世的典型的砾石石器工业到晚更新世的石片石器工业。这一变化大约是开始在晚更新世的早期，从形体粗大的砾石石器工业向小型的石片石器工业的过渡反映了中国南方旧石器文化发展道路的特殊性。尽管其石器工业发展具有显著的区域性特点，但就遗址内部遗迹、遗物的分布特点来看，与华北及旧大陆西部同期的旧石器文化并没有很大的区别。更新世中、晚期之交在长江中游古河道附近，应是植物繁茂、食物资源充足的地方，是当时人类居住与获取食物的理想地带。鸡公山遗址的居民即居住在靠近水源的河谷地带，利用河滩的砾石打制石器，沿河谷活动，采集各种植物及捕猎动物为食，因而能够留下像下文化层这样大的活动遗迹。

3. 盘县大洞

盘县大洞是 90 年代中国旧石器时代考古的另一项重要发现。位于贵州省西南部的盘县大洞，在 70 年代初就曾采集到动物化石。90 年代初参加六盘水市组织旅游资源考察的斯信强与刘军又发现了石制品。由六盘水市文管会、中国科学院古脊椎动物与古人类研究所等单位合作，从 1992 年起，先后进行过多次发掘，并发表了发掘简报[22]和阶段性研究报告专集[23]。

大洞遗址地处贵州高原西部喀斯特丛沟谷地带，十里坪谷地西部边缘，是一个巨大的石灰岩溶洞。洞穴所处的山体海拔高达 1915 米，相对高程 230 米，发育有 5 层洞穴。大洞位于第 3 层，洞口堆积表面高出谷地表 32 米左右。洞厅进深达 250 米，宽 23～56 米，高 22～30 米，总面积约 9900 平方米。洞厅内由灰岩与钟乳石角砾、砾石、砂、砂质黏土、黏土及钟乳石钙板层等形成的堆积厚近 20 米，石制品、人类化石与动物化石等遗物即埋藏于堆积中。

大洞堆积的物质来源、成因、岩相的水平与垂直变化均很复杂。近百年来，当地人在洞内挖土，使得大部分堆积的顶层受到较严重破坏。根据 1992～1993 年两次发掘所获剖面观察，洞厅前区已出露的部分最深达 6 米，仍未见底。堆积从上到下有 4 个薄厚不等的钙板层与 4 层黄色、灰黄色的砂质黏土或黏土层互层组成。砂质黏土与黏土层及有的钙板层中均有石制品与动物化石的发现。第 1、2、3 钙板层的铀系年代数据分别为距今 13 万年、20 万年和 26 万年，第 4 钙板层尚无年代数据。在洞厅前区另一处发掘探方的石笋铀系年代则为距今 30 万年。与前区不同，在 1993 年发掘的洞厅中区出土的动物牙齿的铀系年龄明显年轻，几个数据分别为距今6.2、1.9、1.7和4.2万年左右。由于尚无一个连接两区的完整剖面，所以要弄清两区的地层关系及确切年代还需要进一步的工作。

尽管大洞堆积的年代尚不能肯定，但其从早到晚有较长的时间跨度，则不会有太大问题。这一点也得到了动物化石研究结果的支持。大洞发现的动物化石的种类已有43个，主要是华南大熊猫—剑齿象动物群的成员，也包括了一些云贵高原的土著种类。其中有些种类的时代明显偏早，当属于中更新世晚期，而相当多的种类的生存时代则较晚。这种情况说明大洞动物化石可能不止属于一个时代，从早到晚也可能还有一定时间的间隔。动物群所反映的总体是一种亚热带生态环境，但间或有过转向干、凉的短期波动。

对前期发现的约2000件石制品的研究表明，大洞的石器工业与云贵高原已有的发现相比，既有相同之处，也有自己的特色。石料选择比较庞杂，燧石、玄武岩、石灰岩、砂岩甚至钟乳石均有使用。但以前三者居多，各占三成左右或稍多，后两者则较少使用。燧石与石灰岩多以断块或石片形式出现，占比例较低的玄武岩与砂岩原料则系砾石。石料来源复杂显示出当时人类对石料的选择能力尚有限，因此要受当地岩石出露条件的影响。钟乳石的使用或许还说明本地适用的石器原料并不很充足。

从石制品观察，大洞石器工业应主要采用石锤直接打击方法剥取石片。石片多为素台面，带脊台面的数量较多，天然台面的比例则不高。还有一定数量修理台面的标本发现（图三七）。多数石片背面只保留部分或没有自然面。这些特点说明大洞的剥片技术与石核的利用率已有一定的水平。不过由于硬

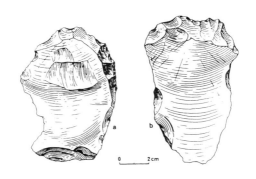

图三七　大洞石片（据斯信强等，1993）

锤技术的局限，从总体来看，大洞的石核、石片及工具的规范
程度并不高。比较规整的长石片很少见到。石器刃口修理平齐
的标本也较少，多数为不太平整或锯齿状。这些情况说明大洞
的石器技术仍较简单。但在另一方面，也有一些进步的因素存
在，如带脊台面与修理台面标本的发现。工具中亦有比较规范
的制品，如有较精致的钻具、凹缺刮器和端刮器等。

　　大洞的石器组合也较有特色。在经过观察统计的 501 件工
具中，边刮器有 184 件，只占石器组合的 37％。钻具有 129
件，占 26％。还有锯齿刃器与端刮器各占 47 件，均不及
10％。其他类型如雕刻器、琢背石片等都很少见。重型工具类
有砍砸器 9 件，手斧、手镐各 1 件。与华南的砾石工业相比，
大洞的重型工具比例很低，两者明显不属于同一系统。与本地
及华北地区已发现的石片工业相比，虽有更多的相似之处，但
也有一些区别。边刮器也是大洞的主要工具，但其在整个石器
组合中所占的比例，要远低于其他石片石器工业。与此相反，
钻具的比例则远高于已知的其他石片工业。

除了以上发现，大洞还有两枚早期人类的牙齿化石：一枚上内侧门齿，一枚下犬齿。牙齿既有一些与北京猿人牙齿相似的特征，也有与早期智人相近之处。牙齿所代表的人类显然应是大洞文化的主人。从文化堆积情况来看，他们在大洞应当生活了相当长的时间。巨厚的文化堆积、丰富的文化遗物及人类化石的发现，确立了大洞遗址在中国旧石器时代考古研究中的地位。不过与其巨厚的堆积相比，已有的工作还只是开始。继续发掘，对大洞的地层、时代与文化特征等进行详细研究，特别是如果能找到更多的典型标本，进一步确证已报道的勒瓦娄哇技术的存在，将会为认识中国与东亚地区旧石器文化的发展与人类演化等问题提供更有益的资料。

4. 华南洞穴遗址的发现

广东封开罗沙岩洞是近年来新发现并经过正式发掘的洞穴遗址。罗沙岩洞的堆积共分5层，第1层与5层没有发现遗物。在第2~4层，分别发现有人类牙齿、哺乳动物化石及石制品等。其中含人类牙齿化石的第4层的时代最早，根据铀系法测定的结果，为距今7.9万年左右[24]。

石制品出自第2层与第3层。根据铀系法测定结果，第3层的时代为距今4.8万年左右。此层共发现7件石制品，石料为石英细砂岩砾石。其中两件加工较好者均为砍砸器，系采用锤击法单面加工的，因而保留着大部分砾石面。第2层的时代为距今2.2万年左右。此层共发现24件石制品，仅包括石片与刮削器两类，原料均为安山岩。其中较具代表性的是一件两面加工的刮削器。

罗沙岩洞的发现为研究早期人类在岭南地区的活动提供了新材料。尽管其材料并不很丰富，但人类化石与石制品所处的时代，却是研究现代人起源的关键时期。在这一地区进行更多的工作，对于研究华南地区现代人类的起源及其与东南亚地区同时期人类与文化的关系，都具有十分重要的意义。

90年代初报道的发现还有湖北枝城九道河洞穴遗址。九道河遗址位于鄂西山地向江汉平原过渡的低山区。该洞穴共发现石制品约400件。所有的标本棱角都很清晰，边缘较锐利，没有流水搬运的痕迹，应属原地埋藏类型。原研究者认为该裂隙式岩屋应是一处原始人类的居住地。从与石制品共生的哺乳动物化石情况看，其时代可能为晚更新世初期[25]。

九道河石制品的原料以各种颜色的石英岩砾石为最多，少量为燧石结核和硅质砂岩砾石。砾石基本上来自九道河河滩。石制品的形体多较粗大，长度在100毫米以上的标本占2/3以上。从石制品观察，锤击法是主要的剥片方法，偶尔也有砸击法的使用。零台面石片的发现，显示了锐棱砸击技术的存在。石器的修理技术主要为锤击法，且以向背面修理为主。石核的数量较多，其中以单台面的居多，双台面的次之，三台面者最少。石片的形状不规则，且多较厚的标本。天然台面的居多，打击台面者次之，有疤台面者仅数件，均与修理台面技术无关。

石器组合相当简单，仅有砍砸器与刮削器两类。原报告分类为砍砸器的共54件，其中用石核或砾石加工的不足1/3，其余均为大石片加工的。单刃砍砸器的数量最多，多刃及盘状者都较少，修理方式有单面、两面或交互打击等。按李炎贤关于砍砸器分类的意见，这里用大石片加工的砍砸器可另归入重型刮削器类。刮削器数量很多，均为石片加工的，单刃者占70%以上，刃缘有直、凸、凹、圆等几类，两刃或多刃者的数量均较少。

从总体看来，九道河的石制品的形体较大，但其石器组合却以刮削器为主，轻型刮削器占石器总数的 50%，重型刮削器占 33%，砍砸器的数量则仅占 17%。这个石器组合与前述的砾石石器工业完全相反，砍砸器退居次要地位，大尖状器等典型工具则已消失。这种情况说明九道河遗址的时代可能要晚于本地区典型的砾石石器工业。

另一项较重要的发现是湖南石门燕儿洞。燕儿洞试掘发现的文化遗物包括石制品 13 件、骨制品 2 件。燕儿洞石器原料仍是采自河滩的砾石。在石制品上多保留有清楚的砾石面。原料的岩性有砂岩、石英岩与燧石。制作石器的毛坯均为石片。石器的制作方法也均为石锤直接打击法，以单面加工为主。石器形体减小，不见大于 10 厘米的石制品。石器只有刮削器一类，形状均不规则。按刃缘的形状还可分为直刃与凸刃两类。用砂岩或石英岩加工者形体稍大，最大径在 7~8 厘米之间。燧石加工的细小刮削器的形体仅在 2~3 厘米之间[26]。骨器有一件骨锥，另一件为骨器柄端。骨锥系用较大动物的管状骨片制作的，侧扁尖，长度为 13.7 厘米。骨器柄端已残断，系鹿类的炮骨近端，加工使用部位集中于神经孔附近。其下有两道八字形"U"形浅槽，系捆绑使用痕迹，其上则有磨光擦痕，残长约 7.5 厘米。

根据燕儿洞出土的哺乳动物化石的情况看，该洞穴堆积的时代显然已进入了晚更新世的晚期。砾石石器的消失，小型石片石器工业居主导地位，典型的骨制品的出现，当与其时代特点密切相关。这一转变与本地区露天地点旧石器工业发生的变化是同步的。

5. 南方旧石器时代的栖居形式

80年代以来，中国南方东部平原河谷地带露天遗址或地点的发现进入高潮。这些遗址或地点成群组分布的特点引起研究者们的关注。进入90年代，随着发掘技术的改进，大规模平面揭露的方法使遗址的平面布局得以认识[27]。遗址平面布局与遗址群落关系的资料，为认识这一地区旧石器时代的栖居形式问题提供了契机，因而有研究者开始提出这方面的问题，并进行了探讨。

从目前在汉水谷地、长江中下游各地与岭南百色盆地等地区发现的资料来看，南方旧石器时代栖居形式的发展具有明显的阶段性特点。这些特点虽然具体反映在遗址与遗物两个方面，但其实质所代表的却是早期人类行为的变化。早期人类的居住与活动，往往以河流为中心，在一个相对独立的地理单元内，形成一个具有不同功能的遗址或地点群落。更新世早、中期期间，华南热带、亚热带的河流附近植物繁茂、食物资源充足，是早期人类居住与获取食物的理想地带。早期人类即居住在靠近水源的河谷地带，利用河滩的砾石打制石器，沿河谷活动，采集各种植物及捕猎动物为食，因而能够留下上述以居住地点为中心的石器地点群的分布形式。

到更新世晚期，这种布局开始变化。露天类型的晚期石器地点的数目明显少于早期，而洞穴遗址的数量则增多，遗址之间也看不到早期那样不同层次的地点成组分布的规律。就已经发表的资料看，在汉水上游、长江中游等地区发现的遗址均为单个分布。各遗址的石器种类与数量都较丰富，代表着较为复杂的活动方式。

石器工业方面也有比较明显的变化。首先是石器原料，早期的特点是就地或在附近的河滩选取石料。这种石料适合加工粗大的砾石石器，华南地区早期的砾石石器的广泛使用显然与其选择石料的方式有一定的关系。但到了晚更新世的较晚阶段，人类选择石料的范围扩大，从外地输入燧石等优质原料的活动已经出现。如在江陵鸡公山上文化层使用的燧石结核，显然不是采自附近的河滩，而应是直接来源于较远的山区。这种变化标志着早期人类所习惯的小范围活动到晚期已经改变。从粗大的砾石石器向小型的石片石器的过渡，除了石料的因素以外，同时也反映了石器加工技术的进步。虽然在华南地区，锤击法从早期一直延续到晚期，但晚期在修理技术方面明显进步，因而晚期才能出现数量众多的各类小型工具。

大型的砾石石器是上述华南不同地区早期的旧石器地点群的基本石器组合。这一组合中最基本的工具类型是砍砸器、大尖状器等重型工具。砍砸器适合于进行劈砍、敲砸等重体力劳动，大尖状器则可用于挖掘、穿刺等。这一组合中的其他类型如石球、手斧、重型刮削器等，也具有与前两者相似的功能。如前所述，华南早期的旧石器地点群均与热带、亚热带的森林环境相联系，尤其石器地点分布的河流附近，更是林木葱郁、植被繁盛之处。大型砾石石器组合，正适宜在这种环境中使用。这种石器组合与遗址分布形式在华南地区持续了相当长的时间，反映了早期人类在该地区以大体相同的方式从早更新世的晚期一直生活到晚更新世之初。

从晚更新世初期开始，在砾石石器工业中首先出现了石片石器的因素，进而在石器组合方面也发生变化。到晚更新世的后期，以刮削器等小型工具为主导的石片石器工业在华南北部完全代替了砾石石器。伴随着这一变化的还有上述遗址的分布形式的变化。新的石器组合与遗址的分布形式反映出此时的人类行为方式与早期已经完全不同。以刮削器为主的石片石器工业在华北地区有非常广泛的分布，主要是适应较开阔的草原环境而出现的，其生计方式往往与较多的狩猎活动相关。华南地区的转变也可能有类似的原因。晚更新世气候的变化，尤其是最后冰期最盛期的强烈影响，使华南大部分地区的环境发生变化，改变了原有的生态条件，促使人类采取新的谋生手段。这应是促使该地区石器工业与居住形态转变的重要因素。

在云贵高原的石灰岩山区，早期人类则面对着与华南河谷地带完全不同的生态环境，所以该地区旧石器时代栖居形式的发展特点也与华南地区不尽相同。在该地区发现了较多的从中更新世晚期开始的旧石器文化遗存。已发现的遗址主要系洞穴类型。同一洞穴往往有多层堆积，并保存着数量众多的石制品与动物化石，反映出当时人类喜欢较长时间或反复居住同一个洞穴。

洞穴遗址是当时这一地区人类活动的中心。从已发现的情况看，人类活动的范围虽然没华南地区明显，但洞穴遗址内人类的居住活动特点则比较清楚。从大量的动物碎骨化石来看，云贵高原地区的早期人类更多的是依靠动物资源。观音洞等时代较早的遗址，偏重捕猎犀牛、牛、象等大型动物。到晚更新世晚期，如龙潭山遗址等，则更多的猎取鹿类等中型食草类动物。时代更晚的更新世末期的一些发现显示，贝类等水生动物也已成为食物来源。与此同时，还出现很多用骨、角质材料加工的工具，如骨铲等，说明在此时植物类食物也应占有重要地位。

上述情况说明，在云贵高原地区以洞穴遗址为主的情况一直延续到更新世末甚至更晚。这些持续时代漫长、保存良好的洞穴堆积，很清楚地显示了本地区狩猎的对象随时代的演进而有所变化，取食范围也在不断扩大。早期人类在该地区的生计活动与本地的地质地理条件对其旧石器工业特点有着重要的影响，因而这里与华南地区的旧石器文化发展情况不同，以中、小型刮削器为主体的石器工业一直持续到晚更新世晚期。只是到更新世临近结束之时，才有锐棱砸击技术与骨角器等新型文化因素的出现。这一旧石器文化发展历程也反映了早期人类对云贵高原石灰岩山区环境的适应。

（四）郧县人等的发现与人类起源
问题的新认识

中国是研究远古人类演化的非常重要地区之一。90 年代以来早期人类化石的发现与研究成果，使得中国大陆再次成为国际古人类学界关注的焦点。这些发现与研究内容包括湖北郧县人、南京汤山人与重庆巫山龙骨坡的化石及石制品。

1. 郧县人及其石器工业

鄂西北地区很早就有直立人化石及旧石器时代早期文化遗存的零星发现，如 1975 年在郧县龙骨洞采集的牙齿。在与其接壤的河南淅川曾从收购的化石中发现十几枚人类牙齿。石制品的发现也有报道，如房县的兔子洼、莲花湾和郧西白龙洞等，尤为重要的是在郧县曲远河口发现的人类化石及文化遗物。郧县人化石地点位于湖北郧县青曲镇弥陀村，在汉江北岸曲远河口的学堂梁子上。1989 年 5 月在文物普查中发现 1 个人类头骨化石。1990 年 5~6 月进行试掘时，又发现第 2 个头骨及一些哺乳动物化石和石制品。1990 年下半年、1991、1995 年又相继进行了三次发掘。历次发掘共开探方 23 个，发掘总面积超过 500 平方米[28]。

学堂梁子是一条东西走向的岗地，高出汉江水面约 50 米，相当于汉水北岸的 4 级阶地。发掘探方的剖面共分 3 层，人化石出自第 3 层。该层为浅褐色砂质黏土，厚 30～50 厘米，含钙质结核块，呈块状和枝状分布，化石被钙质胶结物所包裹。除人化石外，还有丰富的动物化石及石制品发现。

在这里发现的哺乳动物化石数量很多，但胶结坚硬，许多标本尚未修理，无法确切鉴定到种。到目前，已经鉴定的有 23 个种类，其中 19 个可以鉴定到种。可与秦岭北侧的公王岭动物群相比的有 11 种，相同的成分近 60%，说明两者同为南、北混合的过渡动物群。动物群的另一特点是其古老性，如似剑齿虎、桑氏鬣狗、云南水鹿、秀丽黑鹿、大熊猫武陵山亚种等的时代均不会晚于早更新世晚期。动物群的年代与该地点古地磁研究的结果比较吻合。学堂梁子的堆积大部分均处于松山反向极性世，即早于距今 73 万年。所以郧县人及其文化遗物应当属于早更新世晚期，并可与蓝田公王岭的发现相对比。

年代的古老性使得郧县人的发现显得更为重要。郧县人两个比较完整的头骨化石均缺少下颌骨，两者均发现于第 3 层，水平距离 3.3 米，垂直高差 35 厘米。两个颅骨的共同特点是：大而厚重，眉脊粗壮，左右侧两条眉脊相连。前额低平，明显向后倾斜，有较明显的眉脊上沟。眶后缩窄明显。颅顶呈低穹窿状，没有矢状脊。枕骨有明显的枕骨圆枕，呈圆滑的隆起横在枕骨鳞部。枕平面和项平面之间成角状过渡，枕外隆突均不显著。脑量较大，2 号头骨约 1100 毫升。根据这些特点，发现者认为这两个头骨应属于直立人。不过也有学者对其分类归属持不同意见，强调头骨的一些特征更接近早期智人而不是直立人。已有的测年数据与古生物学方面的证据都说明郧县人可能非常古老，甚至可能会与蓝田人相当。年代如此古老的化石竟然显示出与早期智人相似的体质特征，早期人类演化历史上这种扑朔迷离的现象，向人类演化的传统认识提出了疑问。

对郧县人化石地点发现的文化遗物及其埋藏情况的研究，进一步揭示了早期人类在这一地区活动的特点。从保留不同层次的文化遗物来看，人类在这一带的活动持续了很长时间。但在含人化石的地层发现的大量动物化石与石制品，则应是郧县人主要活动时期的遗存。在该层有大量的石英碎片、碎块及相当多可拼合的标本存在，显示郧县人曾在此地制作石器。所遗的石制品没有受到过太大水流的冲刷、搬运，应属原地埋藏类型。大量的动物骨骼化石与石制品伴出，不会完全出于偶然，很可能同郧县人的活动有一定的关系。

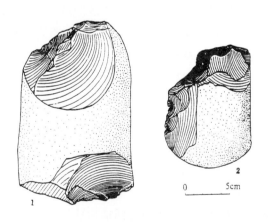

图三八　曲远河口砍砸器（据李炎贤等，1998）

这里发现的石制品有 291 件经过研究，其中 207 件出自文化层，另有 84 件采自地表或扰土层。石制品原料主要是石英，其次是砂岩与灰岩等，均为砾石。石制品包括石核、石片和石器。使用锤击法剥片，砸击法可能也有应用。石器有砍砸器、刮削器与大尖状器三大类。地层中发现的石器有 7 件砍砸器和 2 件刮削器。大尖状器仅见于地表采集品，与邻近地区砾石工业中常见的大尖状器相近。除刮削器形体较小，采用片状毛坯外，砍砸器和尖状器均用较大的砾石直接加工而成（图三八）。郧县人石器工业从原料、技术到石器组合均与华南的砾石石器工业没有区别。

2. 南京人的发现

1993 年 3 月，在南京市江宁县汤山镇雷公山葫芦洞为开发旅游资源而挖掘洞内堆积的过程中，在洞内南侧下方的小洞挖掘时，发现了第一件人类颅骨化石。这一发现引起各级文物主管部门的高度重视，考古工作者随即进驻汤山，保护现场，清理前期由当地农民从葫芦洞内挖出的化石。4 月中旬，南京市博物馆又从接收的化石中发现另一件胶结严重的化石，经北京大学吕遵谔教授清理后确认是另一件颅骨化石。1993 年 12 月至 1994 年 1 月，南京市博物馆与北京大学考古学系合作，对发现人化石的葫芦洞小洞进行正式发掘。发掘报告《南京人化石地点（1993～1994）》一书已经正式出版，发表了有关人类化石、动物化石与洞穴堆积的详细情况。有关南京人化石地点的年代测定、第四纪地质与地貌、孢粉与沉积物分析等研究报告也一并发表[29]。

据研究，南京人化石的额骨低平，且明显向后倾斜。眶上圆枕横直，左右眉脊相连成"一"字形，并有明显的圆枕上沟，眶后缩明显。顶骨的顶面略呈圆形，角圆枕明显发育。枕骨上、下鳞部比较扁平，枕骨圆枕呈宽条形脊状隆起，比较发育。颞鳞部低矮，颅骨较厚，顶结节处厚为 12 毫米。复原后其脑容量初步测定为 1000 毫升。从总体看来，南京人与北京人化石的特征很相似，应处于相同的演化阶段，即属于时代较晚的直立人。

在南京人化石地点还出土大量的脊椎动物化石。已鉴定出的有 15 个种类，包括棕熊、中国鬣狗、虎、豹、中华貉、狐、李氏野猪、肿骨鹿、葛氏斑鹿、小型鹿、梅氏犀、马与剑齿象等。非常有趣的是，这个动物群的绝大部分成员在周口店北京人动物群中均可见到。这说明两者不但时代相近，而且生活环境也不会相差太远。年代测定的结果与动物群的时代特征也相吻合，铀系法与电子自旋共振方法测定的结果为距今 35 万年左右。

到目前为止，在葫芦洞与人化石出土的小洞都没有发现文化遗物等人类活动留下的痕迹。动物化石中食草类的数量最多，且有相当多残骨片上带有食肉类动物的啃咬痕迹。这说明人化石和共生的动物化石一样，可能是由于自然或动物的携带作用而堆积在洞内的，因而葫芦洞及其小洞均不太可能是南京人的居址或其他活动场所。

无论古人类学者关于直立人是否我们直系祖先的争论结果如何，直立人在人类演化历史上的繁荣一页却是不应被遗忘的。南京人头骨的发现，又一次向世人展示了直立人的形象，为深入研究直立人的体质特征提供了难得的新资料。

3. 巫山化石与石制品

1991 年出版的《巫山猿人遗址》一书，详细报告了

1984～1988 年重庆巫山县龙骨坡遗址的发掘收获。遗址位于长江南岸庙宇镇龙坪村的龙骨坡，是一处垂直型溶洞。在1985 年 10 月的发掘中，在更新世初期地层中发现 1 件人类左侧下颌骨。在后来的发掘中又发现 1 枚人类牙齿与 3 件石制品。遗址出土数量最多的是各类脊椎动物化石[30]。

巫山龙骨坡遗址发现的人类化石材料并不多，古人类学界对其认识也有较大的差距。据发掘报告的研究结果，下颌骨仅保留中段，并保留了两枚颊齿，下颌体较垂直，高度超过 21毫米。牙齿的个体虽较小，但基本形态仍属于人类牙齿，确切地说，应是直立人化石。但有些古人类学者则认为下颌骨可能属于猿类，单个的人类牙齿更可能属于晚期人类[31]。

报告发表的石制品只有 2 件，均为安山玢岩原料。1 件是小石块加工的凸刃砍砸器，另 1 件是砾石砸击石锤。据报道，近年来在该地点又发现更多的石制品，遗憾的是还没有详细的研究报告发表。

尽管对巫山的发现尚有不同看法，但这处古老的洞穴堆积确实值得重视。生物地层学的研究与年代测定结果都说明其时代为早更新世之初。如果能找到更多的可靠证据，则会把人类在东亚地区活动的历史上溯到距今 200 万年左右。最近又有消息传来，在安徽繁昌的人字洞发现了时代更早的石制品与骨制品。这些发现给在中国大陆寻找更古老的人类带来新的希望。

4．小结

早在 80 年代，随着巢县人与金牛山人等的发现与年代测定工作的新进展，就有学者注意到直立人与早期智人在中国境内共存的现象。郧县人的发现，特别是随着研究工作的深入，揭示出年代如此古老的头骨竟然有多项与早期智人特征一致之处，实在是令研究者为之震惊。因此，有学者提出，如果认为直立人与智人是两个不同的种，则直立人与智人并存的现象就意味着人属成员的演化并不是以"前进演化"（anagenesis）形式进行的，而是以"分支演化"（cladogenesis）形式实现的。这样的结果，显然会使人们重新审视人类演化史上的很多传统认识[32]。

不过也有学者认为，郧县人的体质特征只是直立人的地区间的差异，并不构成直立人与早期智人的分类不同。而近年来的一些年代测定结果，似乎又倾向于将北京猿人等直立人的年代推向更古老的一端。如此看来，"前进演化"仍有可能还是人类演化的主要形式。然而就人类演化的整体格局来看，分支演化的存在，已是不争的事实。在非洲，早期人科成员的几种类同时并存的情况持续了相当长的时间。近年来在西亚发现，解剖学意义上的现代人与尼人也意想不到地并存了相当长的时间。所以，正确认识中国境内早期人类的演化形式，亦即分支演化或前进演化，应是一个亟待解决的课题。

（五）迈向新世纪的中国旧石器时代考古

自从 20 年代开始到 80 年代末，中国旧石器时代考古经历了初创与发展等不同阶段。90 年代以来，又进入继续发展的新阶段。在即将跨入新的千年之际，旧石器时代考古发掘与研究工作出现了多方面的变化。

1. 研究重点的转移

90 年代以来，中国旧石器时代考古最显著的变化之一就是工作重点的转移。从初创阶段开始，认识中国旧石器文化的时代与空间特点，一直是田野考古发掘与研究工作的重点。随着编年框架的确立以及中国远古文化的复杂面貌与多元化发展道路的揭示，寻求对中国旧石器文化发展特殊性的解释已经成为 90 年代中国旧石器时代考古所面临的新课题。考古发掘与调查工作的重点不再仅仅局限于了解不同时代与不同地区的文化发展序列，更重要的是要认识早期人类的行为特点与活动方式，从而进一步复原原始社会历史。

这一变化清楚地反映在 90 年代以来所进行的主要考古发掘工作上。如前所述，这一阶段更多的是目标明确、经过周密安排的计划项目。在南方露天遗址的发掘中，开始引入大面积平面揭露的方法，目的在于寻找早期人类的活动面与遗址的布局，了解当时人类的行为特点与栖居形式，通过聚落形态特点来进一步认识当时的社会结构。在湖北江陵鸡公山遗址与安徽宁国毛竹山遗址的发掘中都进行了这方面的努力。北方地区在泥河湾盆地东缘展开了一系列早更新世遗址的发掘，在了解不同遗址或地点的时空关系的同时，更注重通过细致规范的科学发掘，引入埋藏学研究、石制品拼合研究等手段，以详细审视早期人类的行为特点。近年来在盆地中部的旧石器时代晚期遗址群的发掘中，也以平面发掘为主，重点在于了解营地的平面布局和不同遗址间的关系。这些工作改变了以建立文化发展序列为中心的旧有模式，将中国旧石器时代考古学研究推进到新的发展阶段。

2．发掘与研究方法的改进

从 90 年代开始，中国旧石器时代考古发掘与研究方法发生了明显的变化。工作重点的转移也促进了发掘与研究方法的改进。一直到 80 年代后期，中国旧石器时代考古的发掘工作仍然沿用 30 年代周口店发掘所创建的"水平方格法"。这种发掘方法为确立中国旧石器文化的编年框架曾作出重要贡献。但随着研究重点的转移，水平方格法的局限性逐渐显露出来。寻求探索新的发掘方法成为本阶段的重要任务。泥河湾早更新世的遗址发掘工作，开始采用 D. Clark 教授在非洲早期遗址发掘中所运用的方法[33]。在鸡公山遗址的发掘中，为了完整展示早期人类的活动面，采用了大面积平面揭露的方法。严格遵守田野考古发掘规程，根据发掘对象特点选取合适的发掘方法，已经成为本阶段田野工作的特点。

改革开放以来，中外考古学者的学术交往得以恢复并迅速发展。随着国际学术交流的增进，国际同行所应用的一些研究方法与技术也逐渐介绍到国内。为了更方便地交流，进行比较研究，一些学者继续在介绍基本概念与规范术语方面努力工作，发表了许多论文或综述文章。工作重点的转移，使得改进传统的以石器分类描述为中心的方法更为迫切。在继续进行石器制作、使用的实验与微痕分析的基础上，石器拼合研究也得以重新重视，并被赋予新的使命。泥河湾盆地岑家湾遗址的拼合研究已经成为这一方面的范例，可拼合石制品的比率高达百分之十几，不但可以复原石器的打制经过，还进一步反映了遗址的埋藏条件以及石器制作者在遗址内的活动等等。

多学科合作的研究方法在本阶段得到更进一步的发展。一些重要项目从计划到实施，都充分注意与相关学科的合作。多学科与跨学科的研究成果，不但促进了旧石器时代考古学研究的进步，也为相关学科的发展提供了条件。近几年来皖南宣州陈山剖面的研究成果，就不但为华南砾石石器工业发展的研究提供了古环境背景与年代学框架，同时也为中国南方第四纪研究建立了标准剖面，因而受到旧石器考古、第四纪地质、古地理、古土壤等多学科研究者的重视[34]。

3. 研究视野的扩展

50 年代以后，中国的旧石器时代考古学研究基本上是在一种封闭状态下运作的。这种情况一直延续到 80 年代改革开放之初。通过 80 年代以来重新展开的学术交流，中外同行增进了相互的了解，取得了新的共识。本阶段另一项显著变化是中国旧石器时代考古在世界史前史的框架下的重新定位。改革开放带来国际学术交流的机会。早期人类及其文化在中国大陆的发展历程也是世界史前史的重要组成部分，要全面认识早期人类与现代人类的起源等问题，同样无法离开中国的证据。

基于上述认识，中国学者开始在世界史前史的框架下来重新审视中国境内发现的旧石器文化。80 年代中期开始，特别是 90 年代以后，东西方文化关系成为许多中国学者的研究课题，如手斧问题的讨论、东西方旧石器技术传统的比较等等。中国与旧大陆西部旧石器文化发展道路的差异以及形成这种差异的因素，也得到关注。

与此同时，很多西方学者，也更重视中国及东亚地区早期人类及其文化的发展。本世纪前期一些西方学者曾把远东视为早期人类进化的边缘地区，认为这里的旧石器文化的发展缓慢，甚至是停滞不前，与西方飞速发展的景象呈鲜明对照。中国旧石器时代考古发现与研究的巨大进展促使西方学者重新认识早期人类及其文化在这一地区的演化特点。40 年代美国学者莫维斯所提出的两个文化圈的理论，不断受到质疑。界定两个文化圈的"莫维斯线"亦变得越来越不清楚。中国与东亚地区的古生态环境、石器原料的特点以及青藏高原等东西方之间

的地理屏障作用等，对本区早期人类与文化发展的影响越来越
受到重视。

这些发展使得中国早期人类及其文化在世界史前史上的重
要性日益受到关注。很多国际学者，包括一些很有影响的旧石
器时代考古学家也纷纷把目光投向中国。正因为如此，才促成
90 年代以来多项中外联合发掘或研究项目的实施。

4. 世纪末的挑战

（1）遗传学研究与现代人起源问题

在临近 20 世纪结束之际，一项关于现代中国人起源问题
的分子生物学研究结果，犹如一石激起千重浪，向我们已有的
关于现代人类起源的认识提出了严峻的挑战。

早在 80 年代中期，遗传学家就已经开始参与现代人类起
源问题的讨论。1987 年美国加州大学伯克利分校的几位学者，
发表了《线粒体 DNA 与人类进化》一文。他们根据对来自世
界不同地区 147 位妇女胎盘细胞中线粒体 DNA 的分析，提出
所有现代人种都可以最终追溯到大约距今 20 万年左右生活在
非洲的一位妇女。这位非洲的"夏娃"应是现在世界上所有人
的共同"祖母"。这一研究成果从遗传学的角度支持现代人非
洲单一起源说。夏娃理论的提出在西方考古人类学界引起强烈
反响。不过，近十多年来我国学者仍然主要注重在化石证据方
面的分析研究。中国境内丰富的早期人类化石的连续性演化特
征，更支持现代人多区进化的学说。

1998 年，十多位中国的生物与医学学者在美国科学院学
报上发表了他们的研究成果。与化石证据相反，中国的遗传学
证据也支持非洲夏娃说。通过对来自中国不同民族和语系以及
日本、朝鲜、美洲土著、澳洲、新几内亚、高加索与非洲的个

体样本进行分析，所得出的种系树枝状图谱，明显支持现代人非洲起源理论。除此之外，他们的研究还有另一个结论，即中国北方人最早是来自南方，而不是通过中亚来的移民。这个研究成果是中国学者，主要是生物学家首次公开支持现代人类非洲起源说[35]。

关于现代人的多区渐进抑或非洲起源之争，并不仅仅是中国或东亚范围内的事情，而是世界史前史上所面临的几个最重大的课题之一。如前所述，中国发现的古人类化石与旧石器文化都具有明显的区域渐进特点，也一直是坚持多区渐进学说者所依据的重要证据。然而在行将跨入新世纪门槛之际，由几代学者辛勤建立起来的古人类与旧石器文化的演化系列，却面临着现代科技进步所带来的严峻挑战。努力工作，发现更多的过渡阶段的人类化石，全面认识中国旧石器时代中期到晚期文化的特点，则是回应挑战的关键。

（2）周口店遗址的纷争

80年代中期，美国学者路易斯·宾弗和旅美华人学者何传坤合作，在美国的《当代人类学》期刊发表了《远距离的埋藏学：周口店是北京人之家吗？》一文。宾弗在访问中国之后又撰写了《周口店，近距离的观察》。两文认为周口店的猿人化石、灰烬和石器的分布并没有明显的人为堆积的特点，自然因素则可能是形成猿人洞堆积的主要因素，因而对周口店是北京人之家的观点提出质疑。宾弗等的观点在当时国内外学术界曾引起较强烈的反响。国外学者多认同宾弗之说，但中国学者尤其是曾亲历周口店发掘工作的专家，则持强烈的反对意见，并撰文加以反驳。

由于北京人用火问题与上述质疑的关系非常密切，更关系到对直立人生存能力的总体评价，90年代中期以来，由以色列、美国与中国学者组成的联合研究组，对周口店第一地点含灰烬层的第10层与第4层进行了采样，通过扫描电子显微镜与红外线光谱分析等手段，观察分析了沉积物的微形态与化学成分。分析结果表明，尽管第10层与第4层都有烧骨的存在，但都没有发现植物燃烧所形成的灰烬的证据。第10层原认为是火塘，实际应是水动力形成的堆积。第4层的石制品、化石与烧骨等也非原地埋藏，而应是流水或泥石流冲入洞中的。因此，他们的结论是"北京人实际上并未用过火"[36]。

同80年代的情况一样，围绕着北京人是否用火问题又起纷争。对上述研究结果持不同意见的学者认为，第一地点已发现数量众多的文化遗物与人类化石，亦保存有清楚的用火遗迹，同时有关用火的证据也曾进行过化学分析，而新研究的采样点位于堆积的边缘部位，对于前人的工作也缺乏足够的认识，因而难免以偏概全。也有学者认识到，周口店是一处蕴藏丰富而又情况复杂的早期人类遗址，已经取得的成就还不能与遗址本身所具有的巨大潜力相比，而且此前的研究成果也还要不断完善和接受后来工作的检验。所以，尽管上述研究还不足以熄灭古老的中华之火，但无论是十多年前宾弗等对周口店是北京人之家的质疑，还是这次对北京人用火能力的不同意见，都对中国考古工作者提出了严峻的挑战。回应这些挑战，将成为新千年的最紧迫课题。

注　释

[1] 河北省文物研究所：《马圈沟旧石器时代早期遗址发掘报告》，《河北省考古文

集》，东方出版社 1998 年版。

[2] 卫奇：《泥河湾盆地半山早更新世旧石器遗址初探》，《人类学学报》1994 年
13 卷 3 期。

[3] 中美泥河湾考古队：《飞梁遗址发掘报告》，《河北省考古文集》，东方出版社
1998 年版。

[4] 侯亚梅、卫奇、冯兴无、林圣龙：《泥河湾盆地东谷坨遗址再发掘》，《第四纪
研究》1999 年第 2 期。

[5] 冯兴无、侯亚梅：《泥河湾盆地霍家地发现的旧石器》，《人类学学报》1998
年 17 卷 4 期。

[6] 谢飞、凯西·石、克·屠尼克、柯德曼：《岑家湾遗址 1986 年出土石制品的拼
合研究》，《文物季刊》1994 年第 3 期。

[7] 谢飞、李君：《岑家湾旧石器时代早期文化遗物及地点性质的研究》，《人类学
学报》1993 年 12 卷 3 期。

[8] 参见注 [2]、[3]、[4]。

[9] 陈淳、沈辰、陈万勇、汤英俊：《河北阳原小长梁遗址 1998 年发掘报告》，
《人类学学报》1999 年 18 卷 3 期。

[10] 张森水：《河北迁安县爪村地点发现的旧石器》，《人类学学报》1989 年 8 卷
2 期。

[11] 河北省文物研究所等：《河北玉田县孟家泉旧石器遗址发掘简报》，《文物春
秋》1991 年第 1 期。

[12] 河北省文物研究所等：《河北昌黎亭泗涧细石器地点》，《文物春秋》1992 年
增刊。

[13] 王恩霖：《河北昌黎亭泗涧细石器遗址的新材料》，《人类学学报》1997 年 16
卷 1 期。

[14] 河北省文物研究所：《燕山南麓发现细石器遗址》，《考古》1989 年第 11 期。

[15] 李超荣、郁金城、冯兴无：《北京地区旧石器考古新进展》，《人类学学报》
1998 年 17 卷 2 期。

[16] 张居中、李占扬：《河南舞阳大岗细石器地点发掘报告》，《人类学学报》
1996 年 15 卷 2 期。

[17] 王社江等：《洛南盆地旧石器考古发现意义重大》，《中国文物报》1997 年 12
月 7 日第 48 期。

[18] 房迎三、杨达源、韩辉友、周旅复：《水阳江旧石器地点群埋藏学的初步研
究》，《人类学学报》1992 年 11 卷 2 期。

[19] 方笃生:《巢湖市望城岗旧石器的发现与研究》,《文物研究》(6), 1990 年。

[20] 房迎三:《安徽铜陵地区发现的旧石器》,《文物研究》(8), 1993 年。

[21] 王幼平:《更新世环境与中国南方旧石器文化发展》, 北京大学出版社 1997 年版。

[22] 斯信强、刘军、张汉刚:《盘县大洞发掘简报》,《人类学学报》1993 年 12 卷 2 期。

[23] 黄慰文、侯亚梅、斯信强:《盘县大洞的石器工业》,《人类学学报》1997 年 16 卷 3 期。

[24] 张镇洪、张锋、陈青松:《广东封开县罗沙岩洞穴遗址第一期发掘简报》,《人类学学报》1994 年 13 卷 4 期。

[25] 李天元:《湖北枝城九道河旧石器时代遗址发掘报告》,《考古与文物》1990 年第 1 期。

[26] 湖南省文物考古研究所等:《石门县燕儿洞旧石器遗址试掘》,《湖南考古辑刊》(6), 1994 年。

[27] 见注 [21]。

[28] 李炎贤、计宏祥、李天元等:《郧县人遗址发现的石制品》,《人类学学报》1998 年 17 卷 2 期。

[29] 南京市博物馆等:《南京人化石地点 (1993~1994)》, 文物出版社 1996 年版。

[30] 黄万波、方其仁:《巫山猿人遗址》, 海洋出版社 1991 年版。

[31] 吴新智:《20 世纪的中国人类古生物学研究与展望》,《人类学学报》1999 年 18 卷 3 期。

[32] 张银运:《直线演化抑或分支演化——中国的人类化石证据》,《第四纪研究》1999 年第 2 期。

[33] 见注 [2]。

[34] 赵其国、杨浩:《中国南方红土与第四纪环境变迁的初步研究》,《第四纪研究》1995 年第 2 期。

[35] J. Y. Chu et. al.: "Genetic relationship of populations in China", *Proc. Natl. Acad. Sci. USA*, Vol. 95, pp. 11763~11768, 1998.

[36] 吴新智:《应严肃对待前人和自己的科研成果》,《人类学学报》1998 年 17 卷 4 期, 第 322~324 页。

结束语

——中国远古人类与旧石器文化的发展

纵观 20 世纪中国旧石器时代考古的发现，可以比较清楚地看出中国境内远古人类与旧石器文化发展的脉络。从已经发表的材料看，重庆巫山与云南元谋等处的时代较早，当属于早更新世的早期。但遗憾的是这几处地点的发现都不够丰富，还存有各种疑问。按研究者的意见，前两者的化石都被放在直立人的分类系统中。70 年代在湖北建始发现的几枚牙齿是中国报道为南方古猿化石的惟一实例，但后来已有研究者指出这些牙齿更可能属于直立人。

到目前为止，中国虽然并没有确切的南方古猿类化石的发现，但在南方很多地区发现的高等灵长类化石，特别是西南地区中新世末期地层中发现的十分丰富的禄丰古猿化石，对人类起源研究都很重要。有学者认为，禄丰化石的特征说明它们可能是人科与现生非洲大猿类的共同祖先。但最近也有学者提出，目前尚无禄丰古猿可以直立行走的证据，且新近发现的禄丰古猿的时代要晚至距今 500～400 万年，和早期的人科成员——南方古猿类的时代很接近，因而不太可能是人类的直接祖先。

在非洲，已经发现了数量众多的距今 400 万年到 200 万年的早期人科成员——南方古猿的化石。结合分子生物学的研究成果，很多古人类学者更相信早期人类起源于非洲。早期人类起源非洲说认为：最早的人科成员与非洲现生大猿的祖先大约在600～500万年前开始分化，但目前还没有发现这一阶段的化石材料。在此之后，最早的人科成员——南方古猿属的几个种类相继生活在非洲东部到南部的广大地区。大约在150万年前，体质与文化较前者更为进步的直立人首先出现在东非，随后走出非洲扩散到欧亚大陆。

与上述观点相反，也有学者认为，东亚地区，特别是中国境内同样存在着从猿到人进化的完整系统。不过就目前已经发现的化石材料看，无论是非洲起源说或是多源论，都还需要进一步的证据。中国境内从第三纪中新世末期到第四纪更新世早期已有的古猿与早期人类化石说明，这里也是研究早期人类起源的重要地区。要最终认识早期人类起源的时间、地点等问题，还需要在东亚特别是中国继续工作。

中国境内早更新世晚期人类化石与文化的发现目前主要集中在北方地区。南方虽然也有一些发现，但材料数量都较少，年代学研究或遗物的性质方面也还需要进一步工作。在北方，除了公王岭直立人化石与石制品的发现以外，在河北阳原小长梁、东谷坨诸地点，还发现非常丰富的文化遗物。南方地区除元谋外，近些年来又有湖南津市虎爪山、安徽宣州陈山遗址下层等新发现。这些反映了中国最早期的人类与文化的基本面貌。

公王岭直立人头骨仍保持着很明显的早期直立人的特征。无论是整体形态，还是具体的测量数据，公王岭直立人的头骨比北京猿人与爪哇猿人都显得原始。古生物学、地层学及古地磁的年代测定都说明其当属早更新世的晚期，绝对年代超过100万年，是目前中国以及东亚地区时代最早的直立人头骨化石。

中更新世是中国境内早期人类发展的空前繁荣时期。本阶段人类化石发现的数量很多，保存程度也非常完好。发现人类化石最多的当然仍数周口店第一地点，早期人类在此居住前后长达数十万年，留下了代表40多个个体的众多化石，其中包括保存比较完好的6个头盖骨。与北京猿人同时代的直立人已经分布到中国境内的很多地方。和县人、郧县人以及新近发现的南京汤山人都是保存比较完好的直立人头骨化石。另外，还有更多地点发现数量不等的直立人化石标本，如山东沂源，河南南召、淅川，湖北郧西等。

进入中更新世以后，旧石器文化在中国南北各地的分布更为普遍。北方北部地区的最重要发现仍是北京周口店第一地点。在黄河中游地区则有蓝田陈家窝附近、甘肃泾川大岭上与河南三门峡诸地点。近年来在北起陕南汉水谷地、南到广西百色盆地新发现的大批露天地点当属于本阶段。到中更新世的晚期，云贵高原的一些洞穴遗址也开始有很丰富的发现，如贵州黔西观音洞与盘县大洞等。不过在更新世的大部分时间里中国南方与北方地区的旧石器工业相差并不很大。尤其是在更新世的早、中期，无论是从遗址的分布与埋藏条件来看，还是石器工业的比较，南方的东西两区与北方的南北两区的文化面貌正好相对应。华南地区河流阶地上发现的砾石工业与北方南部相近；西南地区洞穴内的石片工业则与北方北部更为相似。

更新世的早、中期，在喜马拉雅山和青藏高原以西的旧大陆西部，所流行的是砍砸器或简单的石片石器工业与手斧工业。虽然两者一直并存到末次冰期的来临之前，但手斧文化出现之后即在旧大陆西部很多地区占据着主导地位。砍砸器或简单的石片石器工业最初出现于东非，其时代距今约250万年，典型代表为奥杜威文化。手斧工业最早也出现于东非，其时代距今约 150 万年。与此相比较，中国旧石器时代早期文化，尤其是南方河谷平原区近年来新发现的砾石石器工业，从典型石器的种类到石器组合的比例，都与典型的奥杜威文化较为一致。与手斧工业相比较，无论是南方的砾石石器工业，还是北方的小型石片石器工业，都有较显著的区别。

过渡时期的人类化石与文化材料在中国也已经发现了许多。这些发现的时代主要是属于晚更新世早期，但有一些出现的时代可能更早，在中更新世的晚期已经出现。中更新世晚期的发现有北方的金牛山人、大荔人及南方的巢县人等。晚更新世早期的发现有丁村人、许家窑人、马坝人、长阳人等。过渡时期人类在古人类学上被划分为早期智人，他们的体质特征介于直立人到现代人之间。在中国境内发现的早期智人的材料，根据形态特征，还可细分成早、晚期两种类型。早期的包括巢县人、大荔人等，时代为中更新世晚期至晚更新世初期。晚期的代表是马坝人、丁村人、许家窑人等，时代为晚更新世早期。

从已经发现的化石来看，中国的早期智人与旧大陆其他地区同一发展阶段的古人类具有相同的体质特征，如脑量明显增大、颅穹增高、眉脊由一字形变成八字形、脑颅的增厚结构变弱、颞鳞变高、下颌关节盂变宽变浅、枕骨大脑窝与小脑的比例变小、面部骨骼变弱、突颌度减弱等。这些特征说明，早期智人是较直立人更为进步的人类。

旧石器文化的发展也反映了相似的特点。进入晚更新世以后，中国的旧石器文化面貌与旧大陆西部同一阶段相比，差异更为明显。旧大陆西部的旧石器文化在最后间冰期之初或稍晚，开始进入新的发展阶段。此时西方各地，无论是欧洲、西亚，还是非洲大陆，以预制石核技术为特征的莫斯特工业占据了主导地位。尽管典型的莫斯特文化主要分布在欧洲、西亚与北非地区，但在与之相邻的中亚、南亚及撒哈拉沙漠以南的非洲地区，也都清楚可见莫斯特文化因素的影响。

　　然而在越过喜马拉雅山、青藏高原及中亚沙漠的地区，则很少见到莫斯特文化传统的痕迹。在此阶段，中国旧石器文化仍然延续早期的发展道路，尽管出现一些变化，但仍未超出砾石或石片石器工业的范畴。在南方地区东部与北方南部的露天地点，仍为典型的砾石石器，与当地早期的砾石石器工业没有明显的区别。在北方北部与南方西部的洞穴堆积中发现的石器工业，也还是与早期一样的石片石器。与旧大陆西部旧石器工业几种模式依次出现的发展途径相比，中国晚更新世早期旧石器工业的发展，表现着更多的对本区早期文化的继承性。

　　进入晚更新世晚期，晚期智人化石地点在中国已经有大约近 40 处被发现。其中重要的有北京周口店山顶洞人、广西柳江人、四川资阳人。这一时期中国境内发现的这些早期现代人的体质特征，与世界其他地区同时代的人类相比，既有相同的特点，也有一些特殊之处。前者反映了人类进化在时代方面的普遍发展趋势，后者则是原始人类在进化过程中的区域性特点。总体说来，他们比早期智人的前部牙齿和面部减小，眉脊减弱，颅高增大，脑量和身高都已经增大到当代人类的变异范围。但在时代越早的标本上，也就保留着越多的原始特征，如头骨显得较为粗壮，肌脊较为发达，眉脊和矢状脊较显著，头骨、肢骨的骨壁较厚，肢骨的髓腔较细等等。这些都是早期现代人在进化过程中表现出来的时代特点。随着时间的推移，这些特征逐渐消失，而成为完全的现代人。

晚更新世的后期，是旧石器时代文化发展的最顶峰。在旧大陆西部各地，作为这一阶段在石器技术方面最突出的变化是石叶与细石叶工业的广泛流行。石叶技术最早出现在西亚与南非等地，到距今4～3万年之时，成为旧大陆西部石器工业的主导因素，以此为标志的旧石器时代晚期因而开始。石叶工业在旧大陆西部的许多地区都很发达。不但如此，这种技术还沿着欧亚高纬地区的草原地带一直分布到东北亚地区。在日本也发现数量较多的石叶工业。中国北方亦能见到它的影响。然而在中国南方，到目前为止，尚无石叶工业发现的报道。不见石叶技术的广泛发展，仍是中国大部分地区旧石器时代晚期文化与同一时期旧大陆大部分地区的显著区别。

此时中国南、北方文化的差别也较突出。在华北地区，突出的特点是细石器技术的高度发展。细石器技术是中国北方旧石器技术发展的最高峰。它的出现应与狩猎经济的高度发达密切相关。不过典型的细石器技术一直到更新世末，也没有很明显地影响到中国南方。南方地区旧石器时代晚期石器工业的发展仍明显继承了当地早、中期的文化传统。随着末次冰期最盛期的到来，华南北部的大部分地区已由小型石片石器工业代替了先前的砾石石器工业，但在岭南等地仍可见到砾石石器工业的显著影响。

到距今1万年前后，随着最后冰期的结束，中国旧石器文化的发展已至尾声。萌芽于旧石器时代晚期的磨制石器与制陶等技术在此时得到迅速发展，更主要的是自人类诞生以来所依赖的狩猎—采集经济，逐渐被新兴的农业—畜牧业经济所取代，最终完成了从旧石器向新石器时代的过渡，从而跨入人类社会发展的新石器时代阶段。

回首 20 世纪中国旧石器时代考古，在整整八十年的历程中，经过几代学者的不懈努力，已经奠定了本学科发展的坚实基础。中国旧石器时代文化的发展序列已经得以确立，早期人类及其文化面貌的复杂性与多元化发展道路也已充分展示。在中国已经发现的远古人类与文化材料数量众多，内容也非常丰富。其发展时代漫长且具有高度连续性的特点，是世界上其他国家、地区所罕见的。中国已经成为旧大陆研究早期人类及其文化起源与发展的最重要地区之一。在即将迎来的新的千年，中国的旧石器时代考古工作者需要继续加倍努力，迎接所面临的一系列严峻挑战，为促进中国史前考古学的发展，为解决世界史前史所面临的重要课题作出更多的贡献。

参 考 文 献

1. 安志敏:《河南安阳小南海旧石器时代洞穴堆积的试掘》,《考古学报》1965 年第 1 期。

2. 安志敏:《中国的原手斧及其传统》,《人类学学报》1990 年 9 卷 4 期。

3. 北京大学历史系考古教研室、四川省博物馆:《四川资阳鲤鱼桥旧石器地点发掘报告》,《考古学报》1983 年第 3 期。

4. 蔡回阳:《贵州普定白岩脚洞石片的初步研究》,《人类学学报》1989 年 8 卷 4 期。

5. 曹泽田:《贵州水城硝灰洞旧石器文化遗址》,《古脊椎动物与古人类》1978 年 16 卷 1 期。

6. 曹泽田:《猫猫洞旧石器之研究》,《古脊椎动物与古人类》1982 年 20 卷 2 期。

7. 陈淳:《中国猿人》,贾兰坡主编,上海科学教育出版社 1998 年版。

8. 陈淳:《旧石器时代考古学的昨天与今天》,《第四纪研究》1999 年第 2 期。

9. 陈淳、沈辰、陈万勇、汤英俊:《河北阳原小长梁遗址 1998 年发掘报告》,《人类学学报》1999 年 18 卷 3 期。

10. 陈铁梅:《我国旧石器考古年代学的进展与评述》,《考古学报》1988 年第 3 期。

11. 陈铁梅、R. E. M. Hedges、袁振新:《山顶洞遗址的第二批加速器质谱^{14}C 年龄数据与讨论》,《人类学学报》1992 年 11 卷 2 期。

12. 陈铁梅、原思训、高世君、胡艳秋:《安徽省和县和巢县古人类地点的铀系法年代测定和研究》，《人类学学报》1987 年 6 卷 3 期。

13. 陈星灿：《中国史前考古学史研究（1895－1949）》，生活·读书·新知三联书店 1997 年版。

14. 陈哲英：《陵川塔水河的旧石器》，《文物季刊》1989 年第 2 期。

15. 戴尔俭：《陕西蓝田公王岭及其附近的旧石器》，《古脊椎动物与古人类》1966 年 10 卷 1 期。

16. 戴尔俭：《旧大陆的手斧与东方远古传统》，《人类学学报》1985 年 4 卷 3 期。

17. 房迎三：《试论我国旧石器文化中的砍器传统》，《东南文化》1990 年第 1、2 期。

18. 房迎三、杨达源、韩辉友、周旅复：《水阳江旧石器地点群埋藏学的初步研究》，《人类学学报》1992 年 11 卷 2 期。

19. 高星：《关于“中国旧石器时代中期”的探讨》，《人类学学报》1999 年 18 卷 1 期。

20. 高星、欧阳志山：《趋同与变异：关于东亚与西方旧石器时代早期文化的比较研究》，《演化的实证——纪念杨钟健教授百年诞辰论文集》第 63～76 页，海洋出版社 1997 年版。

21. 盖培、黄万波：《陕西长武发现的旧石器时代中期文化遗物》，《人类学学报》1982 年 1 卷 1 期。

22. 盖培、卫奇：《虎头梁旧石器时代晚期遗址的发现》，《古脊椎动物与古人类》1977 年 15 卷 4 期。

23. 甘肃省博物馆：《甘肃环县刘家岔旧石器时代遗址》，《考古学报》1982 年第 1 期。

24. 顾玉才：《海城仙人洞出土钻器的实验研究》，《人类学学报》1995 年 14 卷 3 期。

25. 何乃汉、邱中郎：《百色旧石器的研究》，《人类学学报》1987 年 6 卷 4 期。

26. 河北省文物研究所：《马圈沟旧石器时代早期遗址发掘报告》，《河北省考古文集》第 30～45 页，东方出版社 1998 年版。

27. 侯亚梅：《考古标本微磨痕初步分析》，《人类学学报》1992 年 11 卷 4 期。

28. 胡长康、齐陶：《陕西蓝田公王岭更新世哺乳动物群》，《中国古生物志新丙种本》第 21 号，科学出版社 1978 年版。

29. 湖南省文物考古研究所、石门县博物馆：《石门县燕儿洞旧石器遗址试掘》，《湖南考古辑刊》1994 年第 6 辑。

30. 黄万波、方其仁等：《巫山猿人遗址》，海洋出版社 1991 年版。

31. 黄万波、徐晓风、李天元：《湖北房县樟脑洞旧石器时代遗址发掘报告》，《人类学学报》1987 年 6 卷 4 期。

32. 黄慰文：《豫西三门峡地区的旧石器》，《古脊椎动物与古人类》1964 年 8 卷 2 期。

33. 黄慰文：《中国的手斧》，《人类学学报》1987 卷 6 卷 1 期。

34. 黄慰文：《中国旧石器时代晚期文化》，《中国远古人类》第 220～244 页，科学出版社 1989 年版。

35. 黄慰文：《南方砖红壤层的早期人类活动信息》，《第四纪研究》1991 年第 4 期。

36. 黄慰文：《东亚与东南亚旧石器初期重型工具的类型学——评 Movius 的分类体系》，《人类学学报》1993 年 12 卷 4 期。

37. 黄慰文、侯亚梅、斯信强：《盘县大洞的石器工业》，《人类学学报》1997 年 16 卷 3 期。

38. 黄慰文、张镇洪：《中国南方砖红壤中的石器工业》，《纪念黄岩洞遗址发现三十周年论文集》第 125～129 页，广东旅游出版社 1991 年版。

39. 黄蕴平：《沂源上崖洞石制品研究》，《人类学学报》1994 年 13 卷 1 期。

40. 贾兰坡：《中国猿人》，龙门联合书局 1950 年版。

41. 贾兰坡：《旧石器时代文化》，科学出版社 1957 年版。

42. 贾兰坡、黄慰文：《周口店发掘记》，天津科学技术出版社 1984 年版。

43．贾兰坡、盖培、李炎贤：《水洞沟旧石器时代遗址的新材料》，《古脊椎动物与古人类》1964 年 8 卷 1 期。

44．贾兰坡、盖培、尤玉柱：《山西峙峪旧石器时代遗址发掘报告》，《考古学报》1972 年第 1 期。

45．贾兰坡、王择义、王建：《匼河——山西西南部旧石器时代初期文化遗址》，《中国科学院古脊椎动物与古人类研究所甲种专刊》第 5 号，科学出版社 1962 年版。

46．贾兰坡、卫奇：《阳高许家窑旧石器文化遗址》，《考古学报》1976 年第 2 期。

47．贾兰坡、卫奇、李超荣：《许家窑旧石器时代文化遗址 1976 年发掘报告》，《古脊椎动物与古人类》1979 卷 17 卷 4 期。

48．金牛山联合发掘队：《辽宁营口金牛山旧石器文化的研究》，《古脊椎动物与古人类》1978 年 16 卷 2 期。

49．黄泗亭、龙风骧、安家媛：《马鞍山南洞旧石器文化遗址试掘报告》，《人类学学报》1992 年 11 卷 1 期。

50．李超荣、徐常青：《江西安义潦河发现的旧石器及其意义》，《人类学学报》1991 年 10 卷 1 期。

51．李天元：《湖北枝城九道河旧石器时代遗址发掘报告》，《考古与文物》1990 年第 1 期。

52．李天元、王正华、李文森、冯小波、胡魁、刘文春：《湖北省郧县曲远河口化石地点调查与试掘》，《江汉考古》1991 年第 2 期。

53．李天元、王正华、李文森：《湖北郧县曲远河口人类颅骨的形态特征及其在人类演化中的位置》，《人类学学报》1994 年 13 卷 2 期。

54．李宣民、张森水：《铜梁旧石器文化之研究》，《古脊椎动物与古人类》1981 年 19 卷 4 期。

55．李宣民、张森水：《资阳人 B 地点发现的旧石器》，《人类学学报》1984 年 3 卷 3 期。

56．李炎贤：《华南旧石器时代的相对年代》，《人类学学报》1982 年 1 卷 2 期。

57．李炎贤：《中国南方旧石器时代早期文化》，《中国远古人类》第159～194页，科学出版社1989年版。

58．李炎贤：《中国旧石器时代晚期文化的划分》，《人类学学报》1993年12卷3期。

59．李炎贤、蔡回阳：《贵州普定白岩脚洞旧石器时代遗址》，《人类学学报》1986年5卷2期。

60．李炎贤、蔡回阳：《白岩脚洞石器类型的研究》，《人类学学报》1986年5卷4期。

61．李炎贤、文本亨：《观音洞——贵州黔西旧石器时代初期文化遗址》，文物出版社1986年版。

62．李炎贤、尤玉柱：《广西百色发现的旧石器》，《古脊椎动物与古人类》1975年13卷4期。

63．李炎贤、袁振新、董兴仁、李天元：《湖北大冶石龙头旧石器时代遗址发掘报告》，《古脊椎动物与古人类》1974年12卷2期。

64．辽宁省博物馆、本溪市博物馆：《庙后山——辽宁本溪市旧石器文化遗址》，文物出版社1986年版。

65．林圣龙：《中国的薄刃斧》，《人类学学报》1992年11卷3期。

66．林圣龙：《对九件手斧标本的再研究和关于莫维斯理论之拙见》，《人类学学报》1994年13卷3期。

67．林圣龙：《中西方旧石器文化中技术模式的比较》，《人类学学报》1996年15卷1期。

68．林圣龙、何乃汉：《关于百色的手斧》，《人类学学报》1995卷14卷2期。

69．刘东生、丁梦林：《关于元谋人化石地质时代的讨论》，《人类学学报》1983年2卷1期。

70．刘景芝：《我国旧石器时代考古发掘和研究的几个问题》，《考古求知集》，中国社会科学出版社1996年版。

71．吕遵谔：《金牛山猿人的发现和意义》，《北京大学学报》（社科版）1985年第2期。

72. 吕遵谔：《金牛山人的时代及其演化地位》，《辽海文物学刊》1989 年第 1 期。

73. 吕遵谔：《金牛山遗址 1993、1994 年发掘的收获和时代的探讨》，《东北亚旧石器文化》第 131～144 页，韩国国立忠北大学校先史文化研究所、中国辽宁省文物考古研究所，1996 年版。

74. 宁夏博物馆、宁夏地质局区域地质调查队：《1980 年水洞沟遗址发掘报告》，《考古学报》1987 年第 4 期。

75. 裴文中：《中国史前时期之研究》，商务印书馆 1948 年版。

76. 裴文中：《中国旧石器时代文化》，《中国化石人类的发现与研究》第 53～89 页。科学出版社 1955 年版。

77. 裴文中：《山西襄汾县丁村旧石器时代遗址发掘报告》，科学出版社 1958 年版。

78. 裴文中：《柳城巨猿洞的发掘和广西其它山洞的探查》，《中国科学院古脊椎动物与古人类研究所甲种专刊》第七号，科学出版社 1965 年版。

79. 裴文中、吴汝康：《资阳人》，《中国科学院古脊椎动物研究所甲种专刊》第一号，科学出版社 1957 年版。

80. 裴文中、张森水：《中国猿人石器研究》，科学出版社 1985 年版。

81. 钱方：《关于元谋人的地质时代问题——与刘东生等同志商榷》，《人类学学报》1985 年 4 卷 4 期。

82. 邱中郎：《中国旧石器时代中期文化》，《中国远古人类》第 195～219 页，科学出版社 1989 年版。

83. 邱中郎、李炎贤：《二十六年来的中国旧石器时代考古》，《古人类论文集》第 43～66 页，科学出版社 1978 年版。

84. 沈冠军、金林红：《贵州黔西观音洞钟乳石样的铀系年龄》，《人类学学报》1992 年 11 卷 1 期。

85. 石金鸣、胡生：《张家山旧石器的初步研究》，《人类学学报》1992 年 11 卷 2 期。

86．斯信强、刘军、张汉刚：《盘县大洞发掘简报》，《人类学学报》1993 年 12 卷 2 期。

87．汤英俊、宗冠福、雷遇鲁：《汉水上游旧石器的新发现》，《人类学学报》1987 年 6 卷 1 期。

88．童恩正：《中国西南的旧石器时代文化》，《中国西南民族考古论文集》第 16～52 页，文物出版社 1990 年版。

89．王建、陶富海、王益人：《丁村旧石器时代遗址群调查发掘简报》，《文物季刊》1994 年第 3 期。

90．王建、王益人：《石片形制探究——旧石器研究的一种新的理论和方法》，《考古与文物》1988 年第 4 期。

91．王建、王向前、陈哲英：《下川文化》，《考古学报》1978 年第 3 期。

92．王令红、彭书琳、陈远璋：《桂林宝积岩发现的古人类化石和石器》，《人类学学报》1982 年 1 卷 1 期。

93．王社江、李厚志：《安康关庙旧石器地点》，《考古与文物》1992 年第 4 期。

94．王向前、丁建平、陶富海：《山西蒲县薛关细石器》，《人类学学报》1983 年 2 卷 2 期。

95．王幼平：《试论环境与华北晚期旧石器文化》，《北京大学学报》（社科版）1990 年第 1 期。

96．王幼平：《中国早期原始文化的相对独立性及其成因》，《国学研究》3 卷，第 525～544 页，1995 年。

97．王幼平：《更新世环境与中国南方旧石器文化发展》，北京大学出版社 1997 年版。

98．卫奇：《东谷坨旧石器初步观察》，《人类学学报》1985 年 4 卷 4 期。

99．卫奇：《泥河湾盆地旧石器遗址地质序列》，《参加第十三届国际第四纪大会论文选》第 61～73 页，北京科学技术出版社 1991 年版。

100．卫奇：《泥河湾盆地半山早更新世旧石器遗址初探》，《人类学学报》1994 年 13 卷 3 期。

101．卫奇：《泥河湾盆地考古地质框架》，《演化的实证——纪念杨钟健教授百年诞辰论文集》第 193～208 页，海洋出版社 1997 年版。

102．吴汝康：《中国古人类学三十年（1949－1979）》，《古脊椎动物与古人类》1980 年 18 卷 1 期。

103．吴汝康：《中国古人类研究在人类进化史中的作用》，《人类学学报》1989 年 8 卷 4 期。

104．吴新智：《20 世纪的中国人类古生物学研究与展望》，《人类学学报》1999 年 18 卷 3 期。

105．吴新智、尤玉柱：《大荔人遗址的初步观察》，《古脊椎动物与古人类》1979 年 17 卷 4 期。

106．向安强：《洞庭湖区澧水流域发现的旧石器》，《南方民族考古》(3) 第 249～269 页，1990 年。

107．谢光茂：《百色手斧研究》，《纪念黄岩洞遗址发现三十周年论文集》第 116～124 页，广东旅游出版社 1991 年版。

108．谢飞、成胜泉：《河北阳原油坊细石器发掘报告》，《人类学学报》1989 年 8 卷 1 期。

109．谢飞、成胜泉：《河北阳原岑家湾发现的旧石器》，《人类学学报》1990 年 9 卷 4 期。

110．阎家祺：《陕西汉中地区梁山龙岗首次发现旧石器》，《考古与文物》1980 年第 4 期。

111．于汇历、尤玉柱：《阎家岗遗址的结构及埋藏学研究》，《考古与文物》1988 年第 4 期。

112．袁家荣：《略谈湖南旧石器文化的几个问题》，《中国考古学会第七次年会论文集》第 1～12 页，文物出版社 1992 年版。

113．袁家荣：《湖南旧石器的埋藏地层》，《跋涉集》第 1～13 页，北京图书馆出版社 1998 年版。

114．原思训、陈铁梅、高世君：《华南若干旧石器时代地点的铀系年代》，《人类学学报》1986 年 5 卷 2 期。

115. 曾祥旺：《广西百色地区新发现的旧石器》，《史前研究》1983年第2期。

116. 张森水：《富林文化》，《古脊椎动物与古人类》1977年15卷1期。

117. 张森水：《我国南方旧石器时代晚期文化的若干问题》，《人类学学报》1983年2卷3期。

118. 张森水：《中国旧石器文化》，天津科学技术出版社1987年版。

119. 张森水：《马鞍山旧石器遗址试掘报告》，《人类学学报》1988年7卷1期。

120. 张森水：《中国北方旧石器时代早期文化》，《中国远古人类》第97～158页，科学出版社1989年版。

121. 张森水：《中国北方旧石器工业的区域渐进与文化交流》，《人类学学报》1990年9卷4期。

122. 张森水：《丁村54：100地点石制品研究》，《人类学学报》1993年12卷3期。

123. 张森水：《穿洞史前遗址（1981年发掘）初步研究》，《人类学学报》1995年14卷2期。

124. 张森水：《管窥新中国旧石器考古学的重大发现》，《人类学学报》1999年18卷3期。

125. 张森水、周春茂：《大荔人化石地点第二次发掘简报》，《人类学学报》1984年3卷1期。

126. 张银运：《直进演化抑或分支演化——中国的人类化石证据》，《第四纪研究》1999年第2期。

127. 张镇洪、傅仁义、陈宝峰、刘景玉、祝明也、吴洪宽：《辽宁海城小孤山遗址发掘简报》，《人类学学报》1985年4卷1期。

128. 张之恒、吴健民：《中国旧石器时代文化》，南京大学出版社1991年版。

129. 中美泥河湾考古队：《飞梁遗址发掘报告》，《河北省考古文集》第1～29页，东方出版社1998年版。

130. 周国兴:《再论白莲洞文化》,《中日古人类与史前文化渊源关系国际学术讨论会论文集》第 203～264 页, 中国国际广播出版社 1994 年版。

131. Aigner, J. S.: "Important archaeological remains from North China". In *Early Palaeolithic in south and east Asia*, 163～232, The Hague: Mouton, 1978.

132. Aigner, J. S.: *Archaeological Remains in Pleistocene China*. Verlag C. H. Beck Munchen, 1981.

133. Bordes, F.: *The Old Stone Age*. New York: McGraw-Hill, 1968.

134. Chang, K. C.: *The Archaeology of Ancient China*. 4th ed., New Haven: Yale University Press, 1986.

135. Klein, R. G.: *The Human Career*. Chicago: University of Chicago Press, 1989.

136. Movius, H. L.: "Early man and Pleistocene stratigraphy in southern and eastern Asia". *Papers of the Peabody Museum* 19 (3): 1～125, 1944.

137. Movius, H. L.: "The Lower Palaeolithic cultures of southern and eastern Asia". *Transactions of the American Philosophical Society* 38 (4): 329～420, 1948.

138. Movius, H. L.: "Lower Palaeolithic archaeology in southern and eastern Asia". *Studies in Physical Anthropology* 1: 17～81, 1949.

139. Movius, H. L.: "Southern and East Asia: Conclusions". In *Early Paleolithic in South and East Asia*, 351～356, The Hague: Mouton, 1978.

140. Olson, J. W. and Sari Miller-antonio: "The Palaeolithic in Southern China". *Asian Perspectives* 31 (2): 129～160, 1992.

141. Pope, G. G.: "Taxonomy, dating and paleoenvironment: the paleoecology of the early Far Eastern hominids". *Modern Quaternary Research in Southeast Asia* 9: 65～80, 1985.

142. Schick, K. D., Dong, Z.: "Early Paleolithic of China and eastern

Asia". *Evolutionary Anthropology* 2（1）22～35, 1993.

143. Schick, K.："The Movius Line reconsidered: Perspectives on the earlier Paleolithic of eastern Asia". In *Integrative Paths to the Past: Paleoanthropological Advances in Honor of F. Clark Howell*, Prentice Hall, Englewood Cliffs, NJ, 569～596, 1994.

144. Wymer, J. J.：*The Palaeolithic Age*. New York: ST. Martin's Press, 1982.

后　记

　　20世纪中国旧石器时代考古的辉煌是几代考古工作者和许多对此热心的人士共同努力的结果。在回顾20世纪中国旧石器时代考古学所走过的历程之际，特别要向为此事业作出贡献的前辈和同事们表示由衷的敬意与感谢。本书所综述的正是他们长期工作的成果。拙著可能会挂一漏万，疏漏很多重要的工作与研究成果，恳请读者予以指正并谅解。

　　对20世纪中国旧石器时代考古学所走过的历程进行讨论与总结，是本学科在世纪之交所面临的一项重要课题。近年来同行们围绕此课题做了很多重要的工作，并取得了丰硕成果。本书表述了笔者近年来对20世纪中国旧石器时代考古学发展进程与特点的一些思考。这些不成熟的看法还曾在1999年6月于河北西陵召开的"中国考古学跨世纪的回顾与前瞻学术研讨会"及其他相关的著述中进行过讨论。

　　感谢《20世纪中国文物考古发现与研究丛书》编委会的信任与支持，使本书得以完成并交付出版。还要感谢文物出版社，特别是责任编辑为本书付出的辛劳。

2000年6月

图书在版编目（CIP）数据

旧石器时代考古／王幼平著．—北京：文物出版社，2000.11
（2021.10重印）

（20世纪中国文物考古发现与研究丛书/张文彬主编）
ISBN 978－7－5010－1218－3

Ⅰ.旧…　Ⅱ.①王…　Ⅲ.①旧石器时代考古—研究—中国　Ⅳ.①K871.114

中国版本图书馆CIP数据核字（2014）第258076号

旧石器时代考古

20世纪中国文物考古发现与研究丛书

编　　著：王幼平

责任编辑：周　成
封面设计：张希广
责任印制：陈　杰

出版发行：文物出版社
社　　址：北京市东城区东直门内北小街2号楼
邮　　编：100007
网　　址：http：//www.wenwu.com
邮　　箱：web@wenwu.com
经　　销：新华书店
印　　刷：河北鹏润印刷有限公司
开　　本：850mm×1168mm　1/32
印　　张：9.125
版　　次：2000年11月第1版
印　　次：2021年10月第7次印刷
书　　号：ISBN 978－7－5010－1218－3
定　　价：38.00元

本书版权独家所有，非经授权，不得复制翻印